Maik Philipp

Motiviert lesen und schreiben
Dimensionen, Bedeutung, Förderung

Klett | Kallmeyer

Bibliografische Information der Deutschen Nationalbibliothek
Die Deutsche Nationalbibliothek verzeichnet diese Publikation in der Deutschen Nationalbibliografie;
detaillierte bibliografische Daten sind im Internet über http://dnb.d-nb.de abrufbar.

Impressum

Maik Philipp
Motiviert lesen und schreiben.
Dimensionen, Bedeutung, Förderung

1. Auflage 2012

Das Werk und seine Teile sind urheberrechtlich geschützt. Jede Nutzung in anderen als den gesetzlich
zugelassenen Fällen bedarf der vorherigen schriftlichen Einwilligung des Verlages. Hinweis zu § 52 a UrhG:
Weder das Werk noch seine Teile dürfen ohne eine solche Einwilligung eingescannt und in ein Netzwerk
eingestellt werden. Dies gilt auch für Intranets von Schulen und sonstigen Bildungseinrichtungen.
Fotomechanische oder andere Wiedergabeverfahren nur mit Genehmigung des Verlages.

© 2012. Kallmeyer in Verbindung mit Klett
Friedrich Verlag GmbH
D-30926 Seelze
Alle Rechte vorbehalten.
www.friedrich-verlag.de

Redaktion: Michael Banse, Leipzig
Realisation: Lars Pätsch
Druck: Beltz Bad Langensalza GmbH, Bad Langensalza
Printed in Germany

ISBN: 978-3-7800-4964-3

Nicht in allen Fällen war es uns möglich, den Rechteinhaber ausfindig zu machen. Berechtigte
Ansprüche werden selbstverständlich im Rahmen der üblichen Vereinbarungen abgegolten.

Maik Philipp

Motiviert lesen und schreiben

Dimensionen, Bedeutung, Förderung

Klett | Kallmeyer

Vorwort 8

1 Einleitung 11
   1.1 Ein erhellender Blick in den ‚Bildungskeller' 13
   1.2 Ziele und Aufbau dieses Buchs 14

2 Motivierter Umgang mit der Schriftsprache – theoretische Perspektiven 17
   2.1 Wie motiviert lesen und schreiben Sie eigentlich? 18
      2.1.1 Das Lesen und Sie 19
      2.1.2 Das Schreiben und Sie 21
      2.1.3 Auswertung Ihrer Antworten 23
   2.2 Welche individuellen Funktionen erfüllt das Lesen bzw. das Schreiben für Heranwachsende? 25
      2.2.1 Funktionen des Lesens 25
      2.2.2 Funktionen des Schreibens 27
      2.2.3 Konvergenz der Lese- und Schreibfunktionen 29
   2.3 Wie werden Lese- und Schreibmotivation gegenwärtig definiert? 31
   2.4 Welche Dimensionen haben Lese- und Schreibmotivation, und wie lassen sie sich systematisieren? 33
      2.4.1 Eine Übersicht der für dieses Buch zentralen Konstrukte 33
      2.4.2 Interesse: eine Verbindung von Gegenstand und Person 35
      2.4.3 In- und extrinsische Motivation: der interne oder externe Anreiz der Aktivität 37
      2.4.4 Tätigkeitsbezogene Ziele von Personen: verschiedene zeitübergreifende Orientierungen 42
      2.4.5 Wahrnehmungen der eigenen Leistungsfähigkeit: Selbstwirksamkeit, Selbstkonzept und Attributionen 44
      2.4.6 Das Zusammenspiel von Aktivitätsanreiz und der Erfolgsaussicht: Wert und Erwartung 46
   2.5 Welche Facetten der Motivation gelten für Lese- und Schreibleistungen als förderlich bzw. hinderlich? 49

3 Zur Entwicklung und Bedeutung von Lese- und Schreibmotivation – empirische Perspektiven ... 53

3.1 Wie hängen einzelne Facetten der Lese- und Schreibmotivation untereinander zusammen? ... 54
    3.1.1 Die Facetten der Lesemotivation und ihre Verbindungen untereinander ... 55
    3.1.2 Die Facetten der Schreibmotivation und ihre Zusammenhänge ... 63
    3.1.3 Zum Verhältnis von Lese- bzw. Schreibmotivation und Testleistungen ... 66

3.2 Unterscheiden sich Jungen und Mädchen in der Lese- bzw. Schreibmotivation? ... 69
    3.2.1 Schreibmotivation und Geschlecht: Wert des Schreibens und Annäherungsziele ... 69
    3.2.2 Geschlecht und Lesemotivation – viel Lärm worum eigentlich? ... 70
    3.2.3 Kompetenzüberzeugungen von Jungen und Mädchen – im Lesen, im Schreiben und im Muttersprachenunterricht ... 74

3.3 Wie verändern sich die Lese- und Schreibmotivation im Laufe der Schulzeit? ... 76
    3.3.1 Schreibmotivation ... 77
    3.3.2 Lesemotivation ... 82

3.4 Wodurch erwerben Kinder und Jugendliche die Motivation, sich mit Schrift zu beschäftigen? ... 90
    3.4.1 Schreibsozialisation ... 90
    3.4.2 Lesesozialisation ... 93

4 Motivation im Lese- und Schreibunterricht in Theorie und Praxis ... 99

4.1 Welche Merkmale machen aus theoretischer Sicht einen motivierenden (Lese- und Schreib-)Unterricht aus? ... 100

4.2 Was lehren qualitative Studien zum motivierenden Unterricht? ... 104
    4.2.1 Erkenntnisse aus Interviews mit Schülern und Lehrkräften ... 105
    4.2.2 Der Unterricht von exemplarischen Lehrkräften in der direkten Beobachtung ... 109
    4.2.3 Die Ergebnisse aus zwei Dutzend Beobachtungsstudien in der Zusammenschau ... 113

4.3 Welche Problembereiche zeichnen sich bei der schulischen Förderung der Lese- und Schreibmotivation ab? ... 120

4.3.1 Problembereich 1: Fehlende Berücksichtigung der Motivation mit zunehmendem Alter der Heranwachsenden ... 121
4.3.2 Problembereich 2: Mangel an (herausfordernden) Lese- und Schreibgelegenheiten ... 122
4.3.3 Problembereich 3: Geringer Stellenwert der systematischen, direkten Lese- und Schreibförderung ... 124

5 Der Hauptansatz zur Erhöhung der Lese- und Schreibmotivation: Selbstregulation in der Domäne Schrift fördern ... 129

5.1 Wie kann man sich Selbstregulation allgemein vorstellen? ... 130
    5.1.1 Was Lese- und Schreibstrategien sind ... 130
    5.1.2 Ein Modell der Selbstregulation ... 132
    5.1.3 Zur Bedeutung der Motivation bei der Selbstregulation ... 134
5.2 Was ist selbstreguliertes Lesen? ... 137
5.3 Wodurch zeichnet sich selbstreguliertes Schreiben aus? ... 140
5.4 Wie erwerben Heranwachsende selbstregulatorische Fähigkeiten aus theoretischer Sicht? ... 144
5.5 Welchen Erfolg haben Interventionsstudien zum Erwerb selbstregulatorischer Fähigkeiten beim Lesen und Schreiben? ... 148
    5.5.1 Was hilft schwach lesenden Heranwachsenden dabei, selbstregulierter zu lesen? ... 150
    5.5.2 Was hilft schwach Schreibenden? ... 151
    5.5.3 Ein ausführliches Beispiel für erfolgreiche Interventionen und ihre Merkmale ... 152

6 Einige weitere Ansatzpunkte: Günstige Rahmenbedingungen für die Selbstregulation beim Lesen und Schreiben schaffen ... 161

6.1 Was sind authentische/situierte Aufgaben und Lese- und Schreibanlässe? ... 162
    6.1.1 Authentische bzw. situierte Schreib- und Leseanlässe: Versuch einer Begriffsbestimmung ... 162
    6.1.2 Kontextualisiertes und integriertes Lesen und Schreiben ... 165
    6.1.3 Wie Jugendliche situierte Schreibaufgaben beurteilen ... 167
6.2 Welche Rückmeldungen sind hilfreich? ... 168

  6.2.1 Auf welche Fragen und auf welchen Ebenen hilfreiche Rückmeldungen Antworten geben ... 170

  6.2.2 Was man als Lehrkraft bei Rückmeldungen sonst noch beachten sollte ... 172

 6.3 Wie können positive Selbstwahrnehmungen gefördert werden? ... 173

  6.3.1 Ansatzpunkte zur Erhöhung von Kompetenzüberzeugungen aus theoretischer Warte ... 173

  6.3.2 Quellen der Selbstwirksamkeit und Förderung der Erfolgszuversicht ... 174

  6.3.3 Quellen des Selbstkonzepts und Förderung eines stabilen Selbstbildes ... 177

 6.4 Wie hilft kooperatives Lernen? ... 178

  6.4.1 Weshalb sich kooperatives Lernen auszahlt ... 179

  6.4.2 Vier Formen von kooperativem Lernen ... 180

  6.4.3 Worauf Lehrkräfte beim kooperativen Lernen achten sollten ... 184

 6.5 Wie lässt sich Autonomie erhöhen? ... 190

  6.5.1 Warum sich Autonomieförderung lohnt ... 191

  6.5.2 Elemente und Dimensionen der Autonomieunterstützung ... 193

7 Ausblick: A Teacher under Construction ... 199

Literatur ... 206
Stichwortverzeichnis ... 226
Bildquellen ... 230
Übersicht über das Downloadmaterial ... 231

Vorwort

Je mehr man sich mit der Motivation beschäftigt, warum Heranwachsende sich mit Schrift befassen (oder auch nicht), desto mehr Fragen werfen die Begriffe Lese- und Schreibmotivation auf. Das beginnt schon damit, wenn man sie nur inhaltlich zu füllen versucht. Probieren Sie es ruhig selbst aus, indem Sie die folgenden Fragen für sich beantworten:
- Lesen Sie motiviert?
- Würden Sie von sich sagen, dass Sie motiviert schreiben?
- Immer?
- Jeden Text?
- Heißt motiviert lesen *gern* lesen?
- Ist es ein Zeichen von mangelnder Motivation, wenn eine Person Texte vor allem dafür schreibt, um gut dazustehen?
- Glauben Sie, Ihre Schülerinnen und Schüler lesen motiviert in der Freizeit?
- Schreiben die Heranwachsenden in Ihrer Klasse motiviert im Unterricht?
- Woran liegt es, wenn sie es nicht tun?
- Und: Worauf haben Sie sich gestützt, als Sie die Fragen beantwortet haben?

Gerade die letzte Frage im Katalog will dieses Buch genauer in den Blick nehmen (die anderen aber auch). Das hat einen entscheidenden Grund: Wenn man einen Blick in die derzeit erhältliche Literatur zur Lese- und Schreibförderung wirft, dann entsteht während der Lektüre bei einem Großteil der konsultierten Werke ein Unbehagen aus zwei Gründen. Erstens werden Lese- und Schreibmotivation häufig nicht definiert und so gebraucht, als gäbe es nur eine Form. Zweitens werden Maßnahmen, die der Verbesserung der ‚einen' Lese- und Schreibmotivation dienen sollen, oftmals leider weder theoretisch begründet noch ist hinreichend belegt, ob sie nachweislich wirksam sind. Wenn Wirkungen behauptet oder zumindest suggeriert werden und nicht klar ist, wieso und ob sie tatsächlich eintreten, dann wirft das die Frage auf, wo die Grenze zur (sicher auf guten Absichten basierenden) Ideologie noch trennscharf zu ziehen ist. Eine solche Frage mag kleinlich oder drastisch wirken, aber in Zeiten von großen Schulleistungsstudien und Bildungsmonitoring einerseits und einer zugänglichen ungeheuren Wissensbasis über nachgewiesenermaßen erfolgreiche Maßnahmen zur Verbesserung von Schulleistungen, darunter im Lesen und Schreiben, andererseits darf und muss sie gestellt werden. Das gilt umso mehr, als auch hinsichtlich der entscheidenden Vorläufer von Leistungen, nämlich der Bereitschaft, sich mit dem Lerngegenstand auseinanderzusetzen – sprich: der Motivation –, inzwischen viele praxisrelevante Erkenntnisse aus der Forschung vorliegen. Diese Befunde kommen in der deutschdidaktischen Aus- und Weiterbildung bislang nur teilweise oder sehr verkürzt an.

Motivation ist, nach allem was bekannt ist, ein Motor für das Lernen. Sie lässt sich zudem anders als andere für das Lernen relevante Merkmale von Schülerinnen und Schülern wie die soziale Herkunft direkt durch schulische Maßnahmen beeinflussen. Eine Lehrkraft kann diesen Motor des Lernens im besten Falle befeuern, und im schlimmsten Falle würgt sie ihn ab. Damit der Positivfall eintritt, brauchen Lehrkräfte Wissen darüber, wie sie die für das Lernen günstige Motivation erhöhen oder stabilisieren können. Hier setzt dieses Buch an, indem es die Begriffe Lese- und Schreibmotivation klärt und die wichtigsten Facetten bzw. Dimensionen der vielschichtigen Lese- und Schreibmotivation in ihrer inhaltlichen und empirischen Ähnlichkeit bestimmt. Neben diesen Grundlagen widmet sich der Band Forschungsbefunden zum Erwerb der Lese- und Schreibmotivation und zeigt Perspektiven, wie sich über einen Unterricht, der kognitive und motivationale Aspekte des Schreibens und Lesens kombiniert, sowohl die Motivation als auch die Kompetenz im Lesen und Schreiben erhöhen lassen. Das ist das Hauptziel des Buches: Ihnen praxisrelevantes Wissen systematisch zu vermitteln.

Was *nicht* Gegenstand des Buches ist, sind Beschreibungen von Unterrichtseinheiten, Sammlungen von Arbeitsblättern (die im Übrigen auch nicht unbedingt motivationsfördernd sind, s. dazu Kap. 4.3.2) und andere vorgefertigte Materialien. Das hat vor allem damit zu tun, dass Motivationsförderung keine kurzfristige Angelegenheit ist, sondern im Gegenteil erst dann Erfolg hat und haben kann, wenn sie auf lange Sicht konzipiert ist. Außerdem gibt es auch kein Standardvorgehen, das für alle Heranwachsenden und jede ihrer Lehrkräfte funktioniert. Vielmehr sind Sie als (angehende) Lehrerin oder (zukünftiger) Lehrer gefordert, Ihren eigenen Unterricht in dem Maße motivationsförderlich zu gestalten, wie es Ihnen wichtig und möglich erscheint. Das ist gewissermaßen schon eine Anwendung der Motivationspsychologie: Dem Bedürfnis nach Selbstbestimmung Rechnung tragen, ist ein erster wichtiger Schritt. Damit es aber nicht unspezifisch und unanschaulich wird, enthält dieses Buch zahlreiche echte Beispiele von Lehrkräften und Heranwachsenden aus diversen Studien. Wer von Ihnen es gern noch handfester hätte, sei auf den Band „Besser lesen und schreiben" verwiesen (Philipp 2012a), der die Instruktion von Lese- und Schreibstrategien behandelt, welche essenzieller Teil der Selbstregulation sind. Vieles, was in „Besser lesen und schreiben" nicht Platz hatte, aber wichtig ist, ist in dieses Buch geflossen. Damit entfalten beide Bücher unter der Klammer eines engagierten Umgangs mit Schriftsprache zusammen den größten Nutzen, aber sie funktionieren natürlich auch für sich.

Das vorliegende Buch können Sie selektiv lesen. So gibt es beispielsweise Abschnitte, die mit „Fokus" übertitelt sind und einer Vertiefung dienen. Zusätzlich gibt es diverse Fallbeispiele, von denen die meisten aus Studien stammen und sich auf echte Personen beziehen. Bei diesen Personen handelt es sich sowohl um Schülerinnen und Schüler als auch um Lehrkräfte. Diese Fallbeispiele seien Ihnen ganz ausdrücklich ans Herz gelegt, denn sie füllen die abstrakten Inhalte gewissermaßen mit Leben. Es sei noch auf die Möglichkeit hingewiesen, einzelne Teile des Buches im Internet auf der Verlagswebsite herunterzuladen. Eine Übersicht dazu findet sich am Ende dieses Buches.

Vorwort

Zu guter Letzt möchte ich noch folgenden Personen für ihre Unterstützung bei der Entstehung dieses Buches danken: Gabriela Holzmann vom Klett-Kallmeyer Verlag für das Interesse an diesem Buchprojekt und Michael Banse für das sorgfältige Lektorat.

1 Einleitung

*„Wenn ich was richtig lesen will wie ‚Herr der Ringe‘,
dann lese ich es auch, sodass ich so schnell wie möglich weiß, wie das endet."*
(ein ehemaliger Hauptschüler)

1 Einleitung

Ich möchte Ihnen gern einen Gegenstand bzw. seine Eigenschaften in Form von sieben Prinzipien schildern. Versuchen Sie doch einmal, anhand der nachfolgenden Schilderung den Gegenstand zu erraten.

> **Beispiel: Ein Gegenstand und seine sieben Prinzipien**
> Der Gegenstand hat erstens klar definierte Ziele, die man auf verschieden anspruchsvollen Ebenen erreichen kann. Diese Ebenen sind der Leistungsfähigkeit der Personen angepasst. Zweitens muss man sich mit dem Gegenstand übend beschäftigen, erhält dabei Rückmeldungen und übt so lange, bis man Meisterschaft entwickelt hat. Drittens dient die Beschäftigung nicht nur dem Ziel der Meisterschaft, sondern auch dazu, Wissen und Fähigkeiten dauerhaft im Gedächtnis abzuspeichern und zu automatisieren. Das hilft später dabei, sich bewusst auf neue Informationen einzulassen, um sie zu begreifen bzw. anzuwenden oder – viertens – die eigenen Fähigkeiten auf neue Gegenstände auszuweiten oder in Situationen anzuwenden. Für diesen Prozess der Ausweitung der Meisterschaft offeriert der Gegenstand fünftens zum einen Phasen, in denen massiv geübt wird, damit sich diejenigen, die sich auf den Gegenstand einlassen, die Fähigkeiten erwerben, und zum anderen werden die erworbenen Fähigkeiten später immer wieder ausdrücklich verlangt. Ein sechstes, eng mit dem fünften Prinzip des Gegenstands zusammenhängendes Merkmal besteht darin, dass der Gegenstand sehr gut abgestimmte Abfolgen anbietet, sei es in der ansteigenden Schwierigkeit, der Komplexität oder auch dem Tempo. Der Erfolg bei der Beschäftigung mit dem Gegenstand ist von den Fähigkeiten abhängig, die man zuvor erworben hat. Um diesen Prozess der zeit- und denkintensiven Beschäftigung auf dem Weg zur Meisterschaft reizvoll zu machen, bietet der Gegenstand siebtens äußere Belohnungen wie Punkte, aber auch innere Belohnungen wie komplexere Aufgaben und das Gefühl der Beherrschung an.
>
> (Quelle: nach Gentile/Gentile 2008, S. 128–130)

Als Sie eben die Beschreibung des Gegenstands gelesen haben, haben Sie sich zu dem im Kasten beschriebenen Gegenstand hingezogen gefühlt? Würde es sich aus Ihrer Sicht lohnen, sich mit ihm zu befassen? Und: Haben Sie den Gegenstand erraten und herausgefunden, dass es sich um *Computerspiele* handelte? Computerspiele folgen nach der Auffassung von Douglas und Ronald Gentile (2008) sieben Prinzipien, die hervorragende Lehrkräfte anwenden, um ihre Schülerinnen und Schüler zu motivieren und sie zum Lernen zu animieren. Andere Autoren kommen sogar zum Schluss, dass es fünf Mal so viele Prinzipien gibt (Gee 2008). Unabhängig von der Zahl der Prinzipien unterstreicht das Beispiel Computerspiele eindrucksvoll, dass die Anreize, welche Gegenstände bzw. die Beschäftigung mit ihnen systematisch offerieren, einen entscheidenden Einfluss auf die Entwicklung der Meisterschaft oder auch Kompetenz in einer Domäne haben. Hier setzt das Konzept der Motivation an.

1.1 Ein erhellender Blick in den ‚Bildungskeller'

Lese- und Schreibmotivation sind sicherlich nicht Merkmale, die man Jugendlichen aus formal niedrigen Schulen zuschreibt. Wenn man in den „Bildungskeller" geht und ehemalige Hauptschuljugendliche zu ihrem Lesen befragt, dann zeigt sich jedoch, dass der motivierte Umgang mit Schrift auch dort stattfindet. Die beiden nachstehenden Zitate verdeutlichen dies:

> Michael, 19 Jahre, in Deutschland geboren: „Wenn ich was richtig lesen will wie *Herr der Ringe*, dann lese ich es auch, sodass ich so schnell wie möglich weiß, wie das endet. Und bei *Herr der Ringe* war es so, also das habe ich bei keinem anderen Buch vorher so empfunden. So schlimm oder so krass, wo ich sage, dass mich das Buch in seinen Bann gezogen hat, und ich konnte einfach nicht aufhören zu lesen. Du liest eine Seite, die ist voll spannend, dann liest du noch eine Seite, die ist noch spannender. Du kannst nicht aufhören, du denkst, ich lese noch die Seite fertig, und dann musst du noch die nächste und übernächste Seite lesen."
>
> (sprachlich geglättetes Zitat aus Pieper/Rosebrock/Wirthwein/Volz 2004, S. 113)

> Tuba, 19 Jahre, in der Türkei geboren und mit 14 Jahren nach Deutschland gekommen: „Die beiden Bücher *Sophies Welt* und *Theos Reise* sind echt schwierig, und ich verstehe sie manchmal nicht. Vielleicht liegt das auch daran, dass ich, wenn ich mein Deutsch verbessern würde, mehr verstehe, worum es geht. Ich unterstreiche das alles und notiere das alles in einem Heft, und mein Freund erklärt mir halt, was das ist. Also, ich habe vor, dass ich diese Bücher einmal und noch dann noch einmal lese, weil das echt ein interessantes Buch ist, und *Theos Reise* interessiert mich echt. Da geht es um Religionen, wie sich sie sich entwickelt haben und wie sie zusammenhängen. Wie gesagt, es gibt Wörter, die ich nicht verstehe. Ich muss mich noch ein bisschen verbessern, weil es echt schöne Bücher sind, auch *Sophies Welt*."
>
> (sprachlich geglättetes Zitat aus Pieper et al. 2004, S. 128)

Michael und Tuba berichten davon, dass sie Texte mit hunderten Seiten Umfang bewältigen, weil sie die Texte spannend finden (Michael) oder weil das Thema des Textes wichtig ist (Tuba). Intrinsisch motiviertes Lesen nennt man das, das im Falle Michaels eher tätigkeits- und bei Tuba gegenstandsspezifisch erfolgt, und diese Form der Lesemotivation gilt gemeinhin als besonders wichtig für das Leseverstehen und das -verhalten (Schiefele / Schaffner / Möller / Wigfield 2012). Das zeigt sich sowohl statistisch (s. Kap. 3.1.3) als auch in den Befunden der qualitativ arbeitenden Leseforschung. Sie demonstriert immer wieder, dass das Interesse an einem Thema sogar bei schwachen Leserinnen und Lesern dazu führt, dass jemand trotz Schwierigkeiten im Textverstehen so energisch am Ball bleibt, wie Tuba und Michael es tun (Fink 2006; Pieper et al. 2004; Smith/Wilhelm 2002, s. Kap. 3.4). Wie es sich beim Schreiben verhält, ist leider noch kaum erforscht.

1.2 Ziele und Aufbau dieses Buchs

Das übergreifende Ziel des Buchs ist es, Ihnen einen Überblick über die Gestalt von Lese- und Schreibmotivation und Ansatzpunkte zu deren Förderung zu verschaffen. Mit diesem Hauptziel sind drei Teilziele verbunden, die sich in der Gestaltung des Bandes niederschlagen. Diese drei Teilziele seien noch kurz erläutert.

Ziel 1: Gemeinsame Betrachtung von Lesen und Schreiben
Lese- und Schreibmotivation sind in der Vergangenheit vornehmlich isoliert betrachtet worden. Das erscheint auch sinnvoll, wenn man von einem domänenspezifischen Lernen ausgeht. Aber gerade in Zeiten, in denen einerseits mit dem übergreifenden und alles andere als schon geklärten Konzept der „Literalität" eine Nähe von Lesen und Schreiben postuliert wird und in der andererseits die digitalen Medien Lesen und Schreiben eng verquicken, scheint eine gemeinsame Betrachtung geboten. Solch eine Betrachtung darf freilich nicht so tun, als könne man von dem, was man über das Lesen weiß (und das ist im Vergleich bei vielen Themen weit mehr), sofort auf das Schreiben schließen und umgekehrt. Deshalb ist es erklärtes Anliegen dieses Buchs, sowohl die Lese- als auch die Schreibmotivationsforschung aufgrund des Schriftsprachbezugs als inhaltlich verwandt, aber keineswegs als notwendigerweise deckungsgleich zu betrachten. Wo es Konvergenz zwischen beiden Forschungslinien gibt, wird sie dargestellt; wo es sie nicht gibt, stehen beide Zweige für sich.

Ziel 2: Grundlegende Klärung der Begriffe Lese- und Schreibmotivation
Kaum einen Begriff umgibt eine so schillernde Aura wie den der Motivation. Eine verlockende Strahlkraft scheint von der viel und gern verwendeten Hochwertvokabel auszugehen, und sie scheint sich so leicht und so intuitiv zu erschließen. Tatsächlich aber verbergen sich hinter der Lese- und Schreibmotivation gleich mehrere inhaltlich verwandte, aber nicht identische komplexe psychologische Konzepte, die nicht immer kompatibel mit dem Alltagsverständnis sind. Auch in der Fachdidaktik Deutsch scheint das Verständnis von Lese- und Schreibmotivation bislang unvollständig zu sein, und die Begriffe werden häufiger verwendet als inhaltlich gefüllt. Es lohnt sich daher, sich intensiver mit dem Gegenstand Lese- und Schreibmotivation auseinanderzusetzen.

Diese Auseinandersetzung erfolgt vor allem im Kapitel 2, in dem eine Handvoll prominenter Motivationsfacetten aus theoretischer Warte betrachtet werden. In dem Kapitel werden definitorische Grundlagen gelegt und verschiedene Formen der Motivation hinsichtlich ihrer Ähnlichkeit und Differenz zueinander in Beziehung gesetzt. Im Kapitel 3 kommt die empirische Perspektive zum Tragen. In dem Kapitel werden der Erwerb und Verlauf von Lese- und Schreibmotivation in Kindheit und Jugend, Geschlechterspezifika sowie Zusammenhänge zwischen Facetten der Lese- und Schreibmotivation untereinander einerseits und mit Lese- und Schreibleistungen andererseits beleuchtet. Die Basis beider Kapitel bilden vornehmlich Erkenntnisse aus der (angelsächsischen) pädagogisch-psychologischen Forschung, die noch kaum Einzug in die Lese- und Schreibdidaktik gehalten haben.

Ziel 3: Ein anderer Blick auf Lese- und Schreibmotivation und ihre Förderung – insbesondere bei schwachen Schülerinnen und Schülern
Vergleicht man die Äußerungen von Michael und Tuba aus dem Kapitel 1.1, so ließe sich als erste lesedidaktische Konsequenz formulieren: *Es braucht mehr interessante Texte im Unterricht, die mit individuellen Zugängen gelesen werden.* Das ist sicher richtig und alles andere als eine neue Forderung, aber es ist eben nur ein Teil der Wahrheit. Viel bedeutsamer erscheint bei Tuba das Potenzial, das sich aus ihrem Umgang mit einem schwierigen Text herauskristallisiert: Tuba scheint gezielt unbekannte Begriffe zu suchen, die ihr das Verständnis erschweren, schreibt sie auf und klärt sie. Das ist ein planvolles, strategisches und anscheinend auch wirksames Verfahren, sich systematisch einen Text zu erschließen, dessen Inhalt starke Anreize offeriert. Man kann auch sagen: Tuba geht mit einem Ziel an den Text heran (den Text verstehen wollen) und wählt mit dem Klären unbekannter Begriffe eine Lesestrategie, die ihr beim Textverständnis und bei Erhöhung des Wortschatzes in der Zweitsprache Deutsch helfen soll.

Das Beispiel Tuba zeigt, dass selbst schwierige Texte keine Bücher mit sieben Siegeln sein müssen, wenn Heranwachsenden Schlüssel in Form von Strategien zur Verfügung stehen. Das wäre gewissermaßen die zweite lesedidaktische Konsequenz: *Gewinnbringend ist ein Unterricht, der herausfordernde, attraktive Texte und eine strategiebezogene Instruktion gleichermaßen offeriert, mittels derer sich Heranwachsende Textinhalte selbstständig erschließen können.* Ein solcher Unterricht würde aufnehmen, was die jüngste PISA-Studie als einen der am meisten ermutigenden Befunde überhaupt präsentiert hat: Das (in der Schule durchaus erhöhbare) Wissen über angemessene Lesestrategien nebst einer (schulisch beeinflussbaren) stabilen tätigkeitsspezifischen Lesemotivation verringert die (unveränderlichen) ungünstigen Effekte der Herkunft auf die Leseleistung erheblich (OECD 2010b). Strategien und Motivation als Zielgrößen der Schriftsprachinstruktion werden zunehmend unter dem Begriff des *selbstregulierten Lernens* integrativ gefasst, und dieses selbstregulierte Lernen im Bereich Schrift wird in diesem Buch zentral behandelt.

Dass Motivation, Strategien und Leistungen in diesem Buch gemeinsam in den Blick genommen werden, hat einen weiteren wichtigen Grund: Im Lese- und Schreibprozess bedarf es sowohl der Motivation als auch der Strategien, um Texte zu verstehen bzw. verständliche Texte zu verfassen. So kann jemand zum Beispiel durchaus einen Text schreiben wollen, mangels angemessener Strategien aber nicht das Produkt herstellen, welches ihm oder ihr vorschwebt, und dieses

Erlebnis kann zukünftige Anstrengungen unterwandern. Umgekehrt kann jemand zwar über diverse Lesestrategien verfügen, aber wenn die Beschäftigung mit dem Text keinen erkennbaren Anreiz ausübt, dann aktiviert diese Person die Strategien nicht und arbeitet ggf. oberflächlich und bleibt deshalb im Textverstehen in den Leistungen unter dem eigentlich möglichen Optimum. Im ungünstigsten aller Fälle verfügen Schülerinnen und Schüler weder über die Motivation noch die Strategien zum Umgang mit Texten, im besten Fall setzen sie beides gleichermaßen zielführend ein. All dies vollzieht sich nicht im ‚luftleeren Raum', sondern vor, in und nach dem Unterricht, der ganz erheblich dazu beitragen kann, wie stark sich Heranwachsende mit Texten engagieren. Die grundlegende Prämisse dabei ist: Aussichtsreich ist ein Unterricht, der so systematisch wie Computerspiele auf lange Sicht Fähigkeiten schult und zugleich günstige motivationale Prozesse nutzt, damit Heranwachsende zu selbstregulierten Lesenden und Schreibenden werden.

Ansatzpunkte hierfür liefert der zweite Teil des Buches. In Kapitel 4 werden zunächst sehr knapp theoretische Überlegungen zum motivierenden Unterricht konsultiert und von Untersuchungsergebnissen aus Beobachtungs- und Interventionsstudien flankiert. Gerade die Forschungsergebnisse zeigen, dass ein kompetenzförderlicher und ein motivierender Lese- und Schreibunterricht so viel gemeinsam haben, dass eine Trennung gar nicht sinnvoll erscheint. In einem solchen Unterricht bildet die Vermittlung selbstregulierten Lesens und Schreibens nämlich das Kerngeschäft. Entsprechend greift Kapitel 5 die Vermittlung der Selbstregulation im Umgang mit Schriftsprache als zentralen Ansatzpunkt der Lese- und Schreibförderung gerade für schwach schreibende und lesende Heranwachsende auf und zeigt, wie Schülerinnen und Schüler die Fähigkeit zur Selbstregulation erfolgreich erwerben. Kapitel 6 kümmert sich um rahmende Aspekte des Unterrichts, zum Beispiel die Art von kompetenzförderlichen Leistungsrückmeldungen, sinnvolle Aufgaben, kooperatives Lernen und Unterstützung bei der Autonomie sowie der Entwicklung von Kompetenzwahrnehmungen.

2 Motivierter Umgang mit der Schriftsprache – theoretische Perspektiven

„Das ist das größte Problem durch die gesamte Schulzeit: danach zu leben, was die Lehrer von deinem Schreiben erwarten. Ich denke, das ist es, was das Schreiben mehr zur Arbeit als zum Vergnügen macht."
(eine Elftklässlerin)

2 Motivierter Umgang mit Schriftsprache

Lese- und Schreibmotivation sind als Begrifflichkeiten in aller Munde, aber sie werden nicht immer mit der gleichen Bedeutung verwendet. Dieses Kapitel beschäftigt sich deshalb genauer mit der Motivation, sich schriftsprachlichen Texten zu widmen. Folgende Fragen beantwortet das Kapitel:
- Wie lese- und schreibmotiviert sind Sie selbst (2.1)?
- Welche psychischen, kognitiven und sozialen Funktionen erfüllen das Lesen und Schreiben für Heranwachsende (2.2)?
- Wie werden gegenwärtig die Begriffe Lese- und Schreibmotivation ganz allgemein inhaltlich gefüllt (2.3)?
- Welche verschiedenen Teildimensionen haben Lese- und Schreibmotivation, und was sind in- und extrinsische Motivation, Zielorientierungen, Selbstwahrnehmungen sowie Wert- und Erwartungskognitionen (2.4)?
- Welche Facetten der Lese- und Schreibmotivation gelten aus theoretischer Sicht als besonders günstig für die Verbesserung von schriftsprachlichen Leistungen (2.5)?

2.1 Wie motiviert lesen und schreiben Sie eigentlich?

Ehe es überhaupt um die theoretischen Grundlagen der Lese- und Schreibmotivation gehen soll, sind Sie eingeladen, einen kleinen Selbstversuch zu unternehmen. Dieser Selbstversuch besteht darin, dass Sie sich zunächst einmal selbst über Ihre eigene Schreib- und Lesemotivation Gedanken machen. Konkret steht Ihnen ein Katalog von Fragen zur Verfügung (📋 1–3), die in diversen Studien mit Kindern und Jugendlichen zur Erfassung verschiedener Facetten der Motivation zur Auseinandersetzung mit Schriftsprache zum Einsatz gekommen sind. Es liegt in der Natur der Sache, dass sich viele der Fragen auf das Lesen und Schreiben in der Schule beziehen. Das macht es für Sie vielleicht schwieriger, die Fragen zu beantworten, aber versuchen Sie es trotzdem (indem Sie sich an Ihre Schulzeit erinnern).

Kapitel 2.4 wird auf diese Fragen zurückgreifen, wenn es darum geht, die verschiedenen Aspekte von Lese- und Schreibmotivation präziser zu beschreiben, zu ordnen und ihre Zusammenhänge aus empirischer Sicht genauer zu bestimmen. Bitte antworten Sie auf die folgenden Fragen zum Lesen und Schreiben möglichst vollständig, und bitte tun Sie es ehrlich. Es gibt bei den Antworten weder richtig noch falsch, vielmehr zählen Ihre Wahrnehmungen.

2.1.1 Das Lesen und Sie

Nachstehend sind einige Aussagen zum Lesen aufgelistet. Bitte geben Sie an, wie sehr diese Aussagen für Sie stimmen.

2.1 Wie motiviert lesen und schreiben Sie eigentlich?

Mein Lesen (1)				
Aussagen	stimmt gar nicht	stimmt eher nicht	stimmt eher	stimmt genau
1. Lesen gehört nicht gerade zu meinen Lieblingsbeschäftigungen.	☐₄	☐₃	☐₂	☐₁
2. Ich kann Texte sehr gut und schnell verstehen.	☐₁	☐₂	☐₃	☐₄
3. Gutes Leseverstehen ist in allen Fächern nützlich.	☐₁	☐₂	☐₃	☐₄
4. Wenn ich genügend Zeit hätte, würde ich noch mehr lesen.	☐₁	☐₂	☐₃	☐₄
5. Ich glaube, es ist egal, wenn ich etwas nicht verstehe, das ich lese.	☐₄	☐₃	☐₂	☐₁
6. Es macht wirklich Spaß etwas zu lesen, wenn man den Textinhalt gut versteht.	☐₁	☐₂	☐₃	☐₄
7. Ich habe manchmal Schwierigkeiten, einen Text wirklich gut zu verstehen.	☐₄	☐₃	☐₂	☐₁
8. Ich mag es wirklich, wenn ich Texte verstehe, die ich in der Schule lese.	☐₁	☐₂	☐₃	☐₄
9. Ich lese gerne zu Hause.	☐₁	☐₂	☐₃	☐₄
10. Selbst wenn es schwierig ist, den Inhalt von Textbüchern zu verstehen, denke ich, dass es wichtig ist, ihn zu verstehen.	☐₁	☐₂	☐₃	☐₄
11. Ich muss vieles erst mehrmals lesen, bevor ich es richtig verstanden habe.	☐₄	☐₃	☐₂	☐₁
12. Ich denke nicht, dass es möglich ist, in der Schule gut zu sein, wenn man nicht versteht, was man liest.	☐₁	☐₂	☐₃	☐₄
13. Ich finde Lesen interessant.	☐₁	☐₂	☐₃	☐₄
14. Ich bin immer daran interessiert zu verstehen, was ich lese.	☐₁	☐₂	☐₃	☐₄
15. Ich kenne oft nicht alle Wörter, wenn ich einen Text lese.	☐₄	☐₃	☐₂	☐₁
16. Gutes Leseverstehen ist nützlich, um einen guten Job zu bekommen.	☐₁	☐₂	☐₃	☐₄
17. Es macht mir Spaß, Bücher zu lesen.	☐₁	☐₂	☐₃	☐₄
18. Gelesenes zu verstehen, ist nicht mal im Fach Deutsch nützlich.	☐₄	☐₃	☐₂	☐₁

2 Motivierter Umgang mit Schriftsprache

▶ Ich lese, weil …	trifft gar nicht zu	trifft sehr begrenzt zu	trifft weitgehend zu	trifft völlig zu
19. ich über bestimmte Themen gerne nachdenke.	☐₁	☐₂	☐₃	☐₄
20. mir das hilft, im Verstehen von Texten besser zu werden.	☐₁	☐₂	☐₃	☐₄
21. andere sagen, dass Lesen wichtig ist.	☐₁	☐₂	☐₃	☐₄
22. ich Texte und Bücher über bestimmte Themen spannend finde.	☐₁	☐₂	☐₃	☐₄
23. ich weiß, dass meine Freunde auch viel lesen.	☐₁	☐₂	☐₃	☐₄
24. mir das hilft, im Unterricht besser zu sein als meine Mitschüler.	☐₁	☐₂	☐₃	☐₄
25. in Geschichten und Romanen oft spannendere Dinge passieren als im Alltag.	☐₁	☐₂	☐₃	☐₄
26. ich dabei manchmal alles um mich herum vergessen kann.	☐₁	☐₂	☐₃	☐₄
27. mir viel daran liegt, Texte besser als andere verstehen zu können.	☐₁	☐₂	☐₃	☐₄
28. ich mich dabei mit Themen auseinandersetzen kann, die mir persönlich wichtig sind.	☐₁	☐₂	☐₃	☐₄
29. ich dabei mehr über Dinge erfahren kann, die mich interessieren.	☐₁	☐₂	☐₃	☐₄
30. es mir wichtig ist, Texte möglichst gut interpretieren zu können.	☐₁	☐₂	☐₃	☐₄
31. ich dabei lerne, auch schwierige Texte zu verstehen.	☐₁	☐₂	☐₃	☐₄
32. man Anerkennung bekommt, wenn man viel liest.	☐₁	☐₂	☐₃	☐₄
33. ich im Lesen und Verstehen von Texten möglichst gut sein möchte.	☐₁	☐₂	☐₃	☐₄
34. es mir wichtig ist, in der Schule zu den Besten zu gehören.	☐₁	☐₂	☐₃	☐₄
35. ich mich gerne in die Hauptfigur einer guten Geschichte hineinversetze.	☐₁	☐₂	☐₃	☐₄
36. mir viel daran liegt, als einzige Person in der Klasse die Antwort auf eine Frage zu wissen.	☐₁	☐₂	☐₃	☐₄ ▶

2.1 Wie motiviert lesen und schreiben Sie eigentlich?

Ich lese, weil ...	trifft gar nicht zu	trifft sehr begrenzt zu	trifft weitgehend zu	trifft völlig zu
37. es mich freut, wenn andere mich für einen fleißigen Leser bzw. eine fleißige Leserin halten.	☐₁	☐₂	☐₃	☐₄
38. ich mich gerne in Fantasiewelten hineinversetze.	☐₁	☐₂	☐₃	☐₄

2.1.2 Das Schreiben und Sie

Wie sicher sind Sie auf einer Stufe von 0 (keine Chance) bis 100 (total sicher), dass Sie die unten stehenden Schreibaufgaben erledigen können? Bitte denken Sie daran, dass Sie jede Zahl zwischen 0 und 100 wählen können.

Mein Schreiben (2)	
Schreibaufgaben	Punktzahl
39 a) alle Wörter in einer einseitigen Geschichte bzw. einem einseitigen Aufsatz richtig schreiben	
39 b) alle Satzzeichen in einer einseitigen Geschichte bzw. einem einseitigen Aufsatz richtig setzen	
39 c) alle Wortarten in einem schriftlichen Aufsatz richtig verwenden	
39 d) einfache Sätze grammatisch richtig schreiben	
39 e) Singular und Plural sowie Verben in Zeitformen und Vor- und Nachsilben richtig anwenden	
39 f) einen starken Absatz mit einer guten Hauptidee schreiben	
39 g) Absätze so strukturieren, dass einzelne Sätze die Hauptidee unterstützen	
39 h) Absätze mit angemessenen abschließenden Sätzen beenden	
39 i) einen gut organisierten und angeordneten Text mit Einleitung, Hauptteil und Abschluss schreiben	
39 j) Ideen klar vermitteln, indem Sie fokussiert bleiben und nicht vom Thema abkommen	

2 Motivierter Umgang mit Schriftsprache

Nachstehend finden Sie einige Aussagen zum Schreiben (📖 2). Bitte geben Sie an, wie sehr diese Aussagen auf Sie zutreffen.

	definitiv falsch				definitiv wahr
40. Ich würde mich gut fühlen, wenn ich die einzige Person in der Klasse wäre, die im Deutschunterricht einen Text schreiben kann.	☐₁	☐₂	☐₃	☐₄	☐₅ ☐₆
41. Ich erledige meine Schreibaufgaben, damit andere in der Klasse nicht denken, ich sei dumm.	☐₁	☐₂	☐₃	☐₄	☐₅ ☐₆
42. Ein wichtiger Grund, weshalb ich Schreibaufgaben erledige, ist, dass ich gern neue Dinge lerne.	☐₁	☐₂	☐₃	☐₄	☐₅ ☐₆
43. Ein wichtiger Grund, warum ich Schreibaufgaben erledige, ist, dass ich mich nicht blamieren will.	☐₁	☐₂	☐₃	☐₄	☐₅ ☐₆
44. Ich würde mich im Deutschunterricht erfolgreich fühlen, wenn ich besser als die anderen bin.	☐₁	☐₂	☐₃	☐₄	☐₅ ☐₆
45. Ein wichtiger Grund, warum ich für die Schule schreibe, ist, weil ich es gern tue.	☐₁	☐₂	☐₃	☐₄	☐₅ ☐₆
46. Ich möchte im Deutschunterricht gern besser schreiben als meine Mitschüler.	☐₁	☐₂	☐₃	☐₄	☐₅ ☐₆
47. Ich mag Schreibaufgaben, von denen ich lernen kann, selbst wenn ich viele Fehler mache.	☐₁	☐₂	☐₃	☐₄	☐₅ ☐₆
48. Ich würde mich beim Schreiben im Unterricht nicht beteiligen, wenn ich damit verhindern kann, dass andere mich für blöd halten.	☐₁	☐₂	☐₃	☐₄	☐₅ ☐₆
49. Besser als die anderen zu schreiben, ist für mich wichtig.	☐₁	☐₂	☐₃	☐₄	☐₅ ☐₆
50. Ich mag Schreibaufgaben, die mich zum Nachdenken bringen.	☐₁	☐₂	☐₃	☐₄	☐₅ ☐₆
51. Es ist für mich sehr wichtig, dass ich beim Schreiben nicht dumm wirke.	☐₁	☐₂	☐₃	☐₄	☐₅ ☐₆
52. Ich erledige Schreibaufgaben, weil sie mich interessieren.	☐₁	☐₂	☐₃	☐₄	☐₅ ☐₆
53. Ich erledige meine Schreibaufgaben, damit mein Deutschlehrer nicht denkt, ich wisse weniger als andere.	☐₁	☐₂	☐₃	☐₄	☐₅ ☐₆
54. Ich würde meinem Deutschlehrer gern zeigen, dass ich besser als die anderen in meiner Klasse schreibe.	☐₁	☐₂	☐₃	☐₄	☐₅ ☐₆ ▶

55. Ein wichtiger Grund, warum ich für die Schule schreibe, ist, dass ich beim Schreiben besser werden will.	☐₁	☐₂	☐₃	☐₄	☐₅	☐₆
56. Eines meiner Hauptziele beim Schreiben ist, dass ich nicht wirken will, als könnte ich die Aufgaben nicht erledigen.	☐₁	☐₂	☐₃	☐₄	☐₅	☐₆

(Quellen: Skala „Wert des Lesens": Übersetzung und Anpassung von Anmarkrud/Bråten 2009, S. 256 – die ursprünglich zehn Antwortmöglichkeiten wurden aus Gründen der Vereinheitlichung auf vier reduziert; Skalen „Selbstkonzept Lesen" und „Tätigkeitsspezifische intrinsische Lesemotivation": Möller/Bonerad 2007, S. 261; Skalen „Erlebnisbezogene Lesemotivation (LM)", „Objektbezogene LM", „Leistungsbezogene LM", „Soziale LM" und „Wettbewerbsbezogene LM": Schaffner/Schiefele 2007, berichtet in Schaffner 2009, S. 149f.; Skala „Selbstwirksamkeit beim Schreiben": Übersetzung und Anpassung von Pajares 2007, S. 244; Skalen „Lernannäherungsziele Schreiben", „Performanzannäherungsziele Schreiben" und „Performanzvermeidungsziele Schreiben": Übersetzung und Adaption der Skalen von Midgley et al. 1998, S. 128f. mit Ausnahme der übersetzten Einzelitems 40, 46 und 50 aus der Skala von Pajares/Britner/Valiante 2000, S. 409)

2.1.3 Auswertung Ihrer Antworten

Vielleicht ist Ihnen beim Beantworten der Fragen durch den Kopf gegangen, dass sich bestimmte Fragen ähneln oder Überlappungen aufweisen. Das ist erstens gewollt, weil man in der Psychometrie die Aussagekraft einzelner Fragen bzw. Fragebogenstatements (Items) anzweifelt. Daher verwendet man Fragebatterien, die mit ähnlichen Aussagen ein zugrundeliegendes sogenanntes „Konstrukt" messen. Dieser technisch klingende Begriff beinhaltet, dass man Motivation nicht direkt beobachten, sondern nur durch Messungen auf sie schließen kann. Das heißt wiederum nicht, dass sie nicht existieren würde, vielmehr geht man (durchaus übliche) Umwege. Beispielsweise nehmen wir im Alltag auch an, dass uns ein Quecksilberthermometer die Temperatur anzeigt. Tatsächlich zeigt es die Ausdehnung des Metalls, aber wir können wegen zugrundeliegender physikalischer Gesetzmäßigkeiten vom temperaturabhängigen Volumen auf die Temperatur schließen (Husfeldt/Lindauer 2009). Analog dazu geben uns Skalen mit Items Hinweise auf die individuelle Lese- und Schreibmotivation.

Zweitens rühren die Überschneidungen auch daher, dass es im weiten Feld der Lese- und Schreibmotivation inhaltlich ähnliche Konstrukte gibt. Die Fragen, die Sie eben beantwortet haben, repräsentieren die teilweise nahe beieinander liegenden Facetten bzw. den in diesem Buch synonym gebrauchten „Dimensionen", die bislang am meisten Aufmerksamkeit in der Lese- und Schreibmotivationsforschung erhalten haben. Ehe Sie nun weitergehen, sollen Sie aber noch Gelegenheit haben, Ihre individuellen Werte zu bestimmen. In Tabelle 1 sind dazu die Konstrukte genannt, die sich hinter den Items verbergen, und die Itemnummern aufgeführt. Bei den meisten Aussagen aus den Teilen 2.1.1 und 2.1.2 sind kleine Zahlen neben den Antwortkästchen aufgeführt. Sie können mit diesen Zahlen die Summe der Einzelaussagen ermitteln und durch die Zahl der von Ihnen beantworteten Fragen teilen. Auf diese Weise gelangen Sie zu Ihrem individuellen Lese- und Schreibmotivationsprofil (📖 3).

Theoretisches Konstrukt	erfasst mit den Aussagen	Summenwert Ihrer Aussagen (= Zähler)	Anzahl der Aussagen zur Erfassung (= Nenner)	Ihr Wert (Zählerwert geteilt durch Wert des Nenners)
Selbstkonzept Lesen	2, 7, 11, 15		4	
Wert des Lesens	3, 5, 6, 8, 10, 12, 14, 16, 18		9	
Tätigkeitsspezifische intrinsische Lesemotivation	1, 4, 9, 13, 17		5	
Erlebnisbezogene intrinsische Lesemotivation	25, 26, 35, 38		4	
Objektbezogene intrinsische Lesemotivation	19, 22, 28, 29		4	
Leistungsbezogene extrinsische Lesemotivation	20, 30, 31, 33		4	
Soziale extrinsische Lesemotivation	21, 23, 32, 37		4	
Wettbewerbsbezogene extrinsische Lesemotivation	24, 27, 34, 36		4	
Selbstwirksamkeit beim Schreiben	39a–j		10	
Performanzannäherungsziele beim Schreiben	40, 44, 46, 49, 54		5	
Performanzvermeidungsziele beim Schreiben	41, 43, 48, 51, 53, 56		6	
Lernannäherungsziele beim Schreiben	42, 45, 47, 50, 52, 55		6	

Tabelle 1: Übersicht über die in den Fragen erfassten theoretischen Konstrukte von Lese- und Schreibmotivation

> **ZUSAMMENFASSUNG**
>
> Dass Sie zu Beginn dieses Kapitels zunächst einmal Fragen zu Ihrer eigenen Lese- und Schreibmotivation beantwortet haben, hat mehr als eine rein dramaturgische Funktion. Sie haben nicht nur verschiedene Facetten der Lese- und Schreibmotivation kennen gelernt, sondern auch gesehen, wie man gegenwärtig in Studien mit Heranwachsenden die Motivation im Umgang mit Texten erfasst. Hinter diesen Fragen verbergen sich ein Dutzend unterschiedlicher Dimensionen der Lese- und Schreibmotivation, die in der bisherigen Forschung relativ prominent erforscht wurden. Dazu zählen im Falle des Schreibens verschiedene Ziele, die jemand beim schulischen Schreiben verfolgt, sowie die Selbstwirksamkeit. Beim Lesen handelt es sich um die ex- und intrinsische Lesemotivation, den Wert des Lesens und das lesebezogene Selbstkonzept. Auf diese Facetten gehen insbesondere das Kapitel 2.4 aus theoretischer Sicht und Kapitel 3.1 aus empirischer Warte genauer ein.

2.2 Welche individuellen Funktionen erfüllt das Lesen bzw. das Schreiben für Heranwachsende?

Angenommen, man würde Sie fragen, was Lesen und Schreiben für Sie bedeutet und wozu Sie es benötigen, was würden Sie antworten? Und was glauben Sie, würden Heranwachsende als Replik geben? Diese Frage ist gar nicht so trivial, wie sie scheint, denn Lesen und Schreiben gelten aus bildungspolitischer und gesellschaftlicher Warte als außerordentlich wichtig. Dem versierten Umgang mit Schriftsprache, d.h. Lese- und Schreibkompetenz, wird sogar zugestanden, als derart wichtige Basis für eine zufriedenstellende Lebensführung zu fungieren, dass es eine der zentralen Aufgabe der Schule ist, Lese- und Schreibkompetenz zu vermitteln. Es ist entsprechend kein Zufall, dass seit einem Jahrzehnt das Textverstehen in diversen Schulleistungsstudien als zentrale Fähigkeit getestet wurde. Deshalb erfolgt an dieser Stelle eine kurze Auseinandersetzung damit, welche Funktionen das Lesen und Schreiben aus individueller und gesellschaftlicher Sicht haben bzw. haben sollen. Das geschieht auch vor dem Hintergrund, dass die Funktionen, die das Lesen und Schreiben für Heranwachsende haben, eine Rolle dafür spielen, ob, was und wie engagiert sie sich mit Texten befassen.

2.2.1 Funktionen des Lesens

In der jüngsten PISA-Studie wurde Lesekompetenz als Fähigkeit definiert, „geschriebene Texte zu verstehen, zu nutzen und über sie zu reflektieren und sich mit ihnen auseinanderzusetzen, um eigene Ziele zu erreichen, das eigene Wissen und Potenzial weiterzuentwickeln und aktiv am gesellschaftlichen Leben teilzunehmen" (OECD 2010a, S. 40). Es ist bemerkenswert, dass neben der Binnendifferenzierung, was Lesekompetenz ist (Texte verstehen, über sie reflektieren, sich mit ihnen engagieren und sie nutzen), auch der praktische Gebrauchswert betont wird: persönliche Ziele erreichen, Wissensaneignung und Partizipation an der Öffentlichkeit. Lesekompetenz erfüllt damit verschiedene Zwecke und wird daher als Schlüsselkompetenz betrachtet.

Das Konzept der Schlüsselkompetenz steht in Verbindung zu den Schlüsselqualifikationen; darunter versteht man „übergreifende Qualifikationen, die sowohl quer- wie längsschnittlich für eine Vielzahl von beruflichen Positionen, Funktionen etc. unerlässlich sind" (Groeben/Hurrelmann 2004, S. 441). Das wirkt auf den ersten Blick einleuchtend, führt aber zur Frage, welche Qualifikationen in den Katalog aufgenommen werden und wie die Wirkung auf andere Bereiche zu denken ist. Darin offenbart sich nach Auffassung von Norbert Groeben und Bettina Hurrelmann „zugleich die größte Schwäche des Konzepts ‚Schlüsselqualifikation'": Der Begriff enthalte „nur die These, dass sich die jeweils thematische Qualifikation für die Entwicklung anderer Kompetenzen positiv auswirkt; eine explizite theoretische Modellierung dieser Wirkung bleibt aber praktisch aus" (ebd., S. 443). Der Begriff ist damit verlockend eingängig, aber wissenschaftlich zu unpräzise.

Daher ist es günstiger, eine andere und genauere Begrifflichkeit zu wählen, die immer noch die Wünschbarkeit des Lesens und Schreibens enthält, die auch dem Schlüsselkompetenz-Begriff innewohnt, aber genauer erklärt, welche Folgen das Lesen hat bzw. haben soll. In der Forschungsliteratur hat sich der Begriff der *Funktion* eingebürgert, der noch weiter untergliedert werden kann, nämlich in

▸ direkt und mit einer hinsichtlich des Ergebnisses ganz konkreten Absicht angesteuerten individuellen *Prozesse* (also etwa das Lesen zur Unterhaltung oder zur Information),
▸ die wünschenswerten, aber nicht direkt angesteuerten *Folgen* für das Individuum (wie die Entwicklung der Fantasie oder die Meinungsbildung) und
▸ überindividuelle, soziale Wirkungen des Lesens wie das kulturelle Gedächtnis oder die Dokumentation des gesellschaftlichen Wandels (Groeben 2004a, s. Tabelle 2).

	Fiktionale Texte	Non-fiktionale Texte
Prozess-ebene	Bedeutungskonstruktion/Textverständnis	
	Unterhaltung (Spannung, Freude/ Traurigkeit, ästhetischer Genuss, Fantasieren, Entlastung)	Information (Wissenserwerb, Bewertung, Begründung, Handlungskompetenzen, Durchblick)
Personale Ebene	Primäre Fantasie-Entwicklung	(Argumentative) Kommunikation
	Entwicklung von ästhetischer Sensibilität und sprachlicher Differenziertheit	
	• Anerkennung von Alterität • Stärkung von Empathie, Moralbewusstsein, lebensthematischer Identität	• (Politische) Meinungsbildung • Kognitive Orientierung/Wissensvertiefung (vor allem auch zur beruflichen Qualifizierung)
Soziale Ebene	Reflexion über mögliche (vs. reale) Welten	
	Entwicklung/Aufrechterhaltung von kulturellem Gedächtnis	Kenntnis/Verständnis von gesellschaftlichen Strukturen/sozialem Wandel

Tabelle 2: Funktionen des Lesens im (unmittelbaren) Handlungsprozess und hinsichtlich der (unmittelbaren) Folgen (Quelle: Groeben 2004a, S. 24)

Damit lassen sich verschiedene Analyseebenen trennen, von denen für die Zwecke dieses Bandes die des Prozesses und der Person am wichtigsten sind. Beide sind an eine lesende bzw. schreibende Person gebunden, und es lässt sich sowohl für das Lesen als auch das Schreiben eine simple Frage stellen: Wozu beschäftigen sich Personen mit Schriftsprache? Diese Frage ist stärker für das (belletristische) Lesen als fürs Schreiben untersucht worden, und es lässt sich sagen, dass es eine Vielzahl von Funktionen gibt, die Leserinnen und Leser mit der Lektüre verfolgen. Das breite Spektrum reicht vom Schwelgen in verschiedenen Emotionen über gezielten Wissensaufbau oder ästhetischem Genuss hin zum Mitreden-Können (Andringa 2004; Graf 2004a; Greaney/Neuman 1990; Nolen 2007; Pfaff-Rüdiger 2011). Zugleich sind selbst bei so offensichtlich plausibel erscheinenden Funktionen des Lesens wie dem Aufbau von Wissen auf der personalen Ebene bislang nur wenige längsschnittlich gewonnene Belege vorhanden (Cunningham/Stanovich 1991).

2.2.2 Funktionen des Schreibens

Unter Schreibkompetenz wird allgemein die Fähigkeit verstanden, Texte mit bestimmten Zielen adressatengerecht zu verfassen (Harsch/Neumann/Lehmann/Schröder 2007), wobei diese allgemeine Beschreibung sehr verschiedene Teilfähigkeiten erfordert (s. Becker-Mrotzek/Schindler 2007). Diese Teilfähigkeiten fallen auch nach dem produzierenden Text jeweils anders aus, und zudem werden auch je andere Funktionen bei verschiedenen Texten angenommen. In der US-amerikanischen Trendstudie „National Assessment of Educational Progress" (NAEP) etwa werden narrative und Sachtexte und ihre Funktionen aus Sicht der Schreibenden unterschieden. Narratives Schreiben, so die Autoren des NAEP-Berichts, ermutige unter den Schreibenden den Einsatz von Vorstellungskraft, Kreativität und Reflexionen, indem eigene Gefühle zum Ausdruck gebracht und Emotionen sowie menschliche Handlungen analysiert werden. Informatives Schreiben erlaube Wissensvermittlung und die Produktion neuen Wissens (Salahu-Din/Persky/Miller 2008).

Grundlegende Gedanken zu Funktionen des Schreibens hat sich vor mehr als 30 Jahren Otto Ludwig (1980) gemacht. Auch wenn er seinen Überlegungen als „Versuch einer Skizze" tituliert, so werden die von ihm postulierten neun Funktionen nach wie vor in der Literatur zur Schreibdidaktik (bspw. Fix 2006) angeführt. Grundsätzlich lassen sich zwei Bereiche unterscheiden: Schreiben für sich und Schreiben für andere (s. Tabelle 3).

Schreiben für sich		Schreiben für andere
Kognitiv und emotional klärendes Schreiben	**Kognitiv entlastendes Schreiben**	
a) Schreiben zur Verschriftung innerer (emotionaler) Zustände b) Schreiben zur Korrespondenz mit sich selbst c) Schreiben zur Objektivierung d) Schreiben zur (kognitiven) Durchdringung	e) In Ruhe formulieren f) Konzipieren g) Konservieren	h) Wissenstransfer i) Überzeugen bzw. Handeln veranlassen

Tabelle 3: Funktionen des Schreibens (nach Ludwig 1980)

Unter die erste Kategorie des *Schreibens für sich* fallen
a) das Schreiben aus sich heraus, um Innerliches, meist Emotionales zu verschriften (sich Belastendes von der Seele schreiben),
b) Schreiben, um mit sich selbst zu korrespondieren (Tagebuchschreiben)
c) das bewusst machende Schreiben zur Objektivierung, gedanklichen Verarbeitung oder Durchdringung (seine Gedanken im Schreiben erkennen) und
d) intellektuelles Schreiben (Probleme schriftlich klären und lösen).

Diese ersten vier Funktionen eint, dass innere Prozesse, Emotionen und Gedanken festgehalten bzw. Probleme gelöst werden. Die nächsten drei Funktionen des Schreibens dienen der Gedächtnisentlastung, indem man schreibt, um

e) in Ruhe etwas zu formulieren,
f) einen Plan, eine Geschäftsidee oder eine Argumentationskette zu konzipieren oder
g) einen Gedanken, den man nicht vergessen will, zu konservieren, worunter auch das Schreiben von Einkaufszetteln fällt.

Zwei weitere Funktionen des *Schreibens für andere* haben einen sozialen Aspekt. Dabei handelt es sich zunächst um
h) das transferierende Schreiben, das dazu dient, für andere etwas so zu schreiben, dass sie beim Lesen ohne all das Wissen der schreibenden Personen trotzdem verstehen, worum es geht.
i) das kommunikative Schreiben, dem es um Veränderungen im Denken bzw. Handeln geht, was sich beispielsweise in Reklamationsbriefen oder Einladungen niederschlägt.

Analog zum Lesen ist das Terrain der Funktionen aus empirischer Sicht noch relativ unausgewiesen, auch wenn es durchaus Forschungsbemühungen gibt (z. B. Florio/Clark 1982; Nolen 2007). Die kognitiv geprägte pädagogisch-psychologische Forschung fokussiert bislang vor allem das Wissen von Heranwachsenden darüber, was (gutes) Schreiben auszeichnet (Barbeiro 2011; Graham/Schwartz/MacArthur 1993; Kos/Maslowski 2001; Lin/Monroe/Troia 2007; Saddler/Graham 2007), und teilweise werden hier auch Funktionen des Schreibens von den Befragten thematisiert. Daneben hat sich auch die therapeutisch orientierte Psychologie mit dem Schreiben befasst und gezeigt, dass das Schreiben über traumatische Erlebnisse gesundheitsförderlich ist (Frattaroli 2006; Smyth 1998), also jene Funktion der psychischen Entlastung tatsächlich erfüllt.

2.2.3 Konvergenz der Lese- und Schreibfunktionen

Vergleicht man die bislang vorliegenden Überlegungen zu den Funktionen von Lesen und Schreiben, so ist die größte Konvergenz noch auf der Prozessebene, also bei den direkt intendierten Folgen des Lesens bzw. Schreibens festzustellen. Das hat vor allem damit zu tun, dass sich die Funktionen des Schreibens gemäß Ludwig (1980) mit überwiegender Mehrheit auf das unmittelbare Ziel des Schreibprozesses konzentrieren und nicht auf mittelbare Wirkungen auf höheren Ebenen. Eine weitere Konvergenz besteht darin, dass sich die Funktionen auch nach übergeordneten Kategorien ordnen lassen, zum Beispiel der kognitiven, psychischen und sozialen Funktion der Schriftsprache (Ossner 1995). Die Funktionen des Lesens und Schreibens lassen sich entsprechend so systematisieren:

▸ Die *kognitive Funktion* ließe sich beim Lesen im Textverstehen auf Prozessebene und allen weiteren personalen Folgefunktionen der Lektüre non-fiktionaler Texte lokalisieren. Beim Schreiben besteht sie darin, Erkenntnisse zu generieren (Funktionen c und d gemäß Ludwig 1980) oder sein Gedächtnis zu entlasten (Funktionen e–g).

2 Motivierter Umgang mit Schriftsprache

- Der *psychischen Funktion* begegnet man beim Schreiben im Verschriftlichen von Gedanken und Emotionen (Funktion a), der Kommunikation mit sich selbst (Funktion b) und teilweise auch bei beim Bewusstmachen (Funktion c). Alle diese Schreibfunktionen eint, dass das Schreiben für sich erfolgt und eine psychisch entlastende Wirkung hat. Im Falle des Lesens lässt sich die psychische Funktion an zwei Orten auffinden: zum einen auf der Prozessebene der Unterhaltung, zum anderen auf der personalen Ebene tendenziell bei der Fantasieentwicklung, der Anerkennung von Andersartigkeit und der Lebenshilfe wie Einfühlung in andere, Fragen der Moral und der Identität.
- Die *soziale Funktion* des Lesens und Schreibens bildet sich beim Lesen in der eigenen sozialen Ebene ab, taucht jedoch auch in der personalen Ebene, und hier der Kommunikation, auf der Seite nicht-fiktionaler Texte auf. Beim Schreiben ist diese wichtige kommunikative Komponente in Form des Verfassens von entweder wissensvermittelnden oder argumentativen bzw. instruierenden Texten (Funktionen h und i) angesprochen.

ZUSAMMENFASSUNG

Lese- und Schreibkompetenz gelten gemeinhin als zentrale Fähigkeiten, ohne die niemand mehr auskommen kann, der sich selbst weiterentwickeln und an der Öffentlichkeit teilhaben will. Das bedeutet, dass Lesen und Schreiben spezifische Funktionen haben, und über die diversen direkt ansteuerbaren und eher mittelbaren Funktionen des Lesens auf Prozess-, personaler und sozialer Ebene lässt sich überhaupt nur legitimieren, warum etwa der Lesekompetenz eine so große Bedeutung beigemessen wird. Für das Schreiben sind die Funktionen bisher nicht so umfassend expliziert worden; genau genommen sind sie am ehesten auf der Prozessebene zu verorten und dort als Ziele, die man mit dem Schreiben erreichen will. Obwohl es gravierende Differenzen gibt und man gut daran tut, weder vom Lesen auf das Schreiben zu schließen noch umgekehrt, ergibt sich eine aus didaktischer Sicht hilfreiche Konvergenz. Sie betrifft die kognitiven, psychischen und sozialen Zwecke, welche das Verfassen und das Rezipieren von Texten haben.

Texte helfen dabei, Erkenntnisse zu generieren bzw. Wissen zu erwerben, und haben damit eine wichtige kognitive Funktion. Sie ermöglichen es aber auch durch diverse psychische Funktionen, sich mit sich selbst und anthropologischen Grundfragen zu beschäftigen, und ermöglichen Unterhaltung. Zu guter Letzt sind Texte ein wichtiges Kommunikationsmittel und erfüllen damit soziale Funktionen zwischen lesenden und schreibenden Personen. Diese Funktionen der Schriftlichkeit werden an späterer Stelle, wenn es um authentische Lese- und Schreibaufgaben geht (Kap. 4.2), noch einmal aufgegriffen.

2.3 Wie werden Lese- und Schreibmotivation gegenwärtig definiert?

Die Begriffe Lese- und Schreibmotivation werden, wie mehrfach erwähnt, in aller Regel häufiger verwendet als inhaltlich klar gefüllt. Deshalb erfolgt an dieser Stelle eine nähere, wenn auch nicht abschließende Klärung der Begrifflichkeiten, zunächst von der Lese- und danach von der Schreibmotivation.

Einer der am breitesten rezipierten Definition der *Lesemotivation* stammt von John Guthrie und Allan Wigfield, die bei der Forschung zur Lesemotivation sehr den Diskurs geprägt und mit ihrem „Motivation for Reading Questionnaire", dem Fragebogen zur Erfassung von Lesemotivation (Wigfield/Guthrie 1997), ein breit eingesetztes Diagnoseinstrument geschaffen haben (s. Kap. 3.1.1). Lesemotivation umfasst „individuelle persönliche Ziele, Werte und Überzeugungen hinsichtlich des Themas, Prozesses und Ergebnisses des Lesens" (Guthrie/Wigfield 2000, S. 405). Damit liegt ein sehr breit gefasstes Verständnis von Lesemotivation vor, das im Kapitel 2.4 systematischer betrachtet wird.

Die Frage darauf, was das Konstrukt *Schreibmotivation* umfasst, mündet in Definitionen häufig in erheblich umfangreicheren Antworten. Zwei Beispiele – eines aus der Deutschdidaktik, eines aus der Pädagogischen Psychologie – sollen dies demonstrieren. In einer deutschdidaktischen Perspektive ist die Schreibmotivation stark mit Zielen verknüpft:

> „Die Motivation ist [...] eng mit der *Schreibfunktion* verknüpft. Sie ist nur im Idealfall *intrinsisch*, das heißt hier, durch ein unmittelbares Mitteilungsbedürfnis bestimmt. Gerade im schulischen, aber auch später im beruflichen Umfeld ist *extrinsische* Motivation sogar häufiger der Fall (eine Schreibaufgabe wird von außen an den Schreiber herangetragen). Daher ist die auf das Schreiben bezogene *Fähigkeit zur Selbstmotivation* durchaus eine Kompetenz. Hier kann die *Bewusstheit über den Zweck* des eigenen Tuns im Hinblick auf einen *Leser* und die die damit verbundene *intendierte Wirkung* helfen, störende Emotionen wie etwa *Schreibunlust* zu überwinden; im günstigsten Fall wird im Verlauf der Beschäftigung mit der Schreibaufgabe *die extrinsische Motivation in Richtung einer intrinsischen Motivation überführt*: man will sein mühsam angefangenes Produkt nun *mit eigenem Anspruch* erfolgreich zu Ende bringen."
>
> (Fix 2006, S. 28, Hervorhebung MP)

An dieser Sicht auf Schreibmotivation wird evident, dass Schreiben als eine zielgerichtete, nicht per se von Individuen selbst initiierte Aktivität ist, bei der Metakognition, Schreibziel und Emotionsregulation eine Rolle spielen. Interessant ist auch, dass das Spannungsverhältnis von ex- und intrinsischer Motivation angeschnitten wurde, auch wenn durchaus zu hinterfragen ist, ob das Schreiben wegen eines Mitteilungsbedürfnisses tatsächlich mit einer intrinsischen Motivation gleichzusetzen ist.

Und wie sieht die pädagogisch-psychologische Perspektive auf Schreibmotivation aus? Hierfür kann die Beschreibung einer schreibmotivierten Person angeführt werden (Boscolo 2009). Eine zum Schreiben motivierte Person schätze das Schreiben, indem sie es als *Werkzeug für verschiedene kommunikative Ziele* in verschiedenen Genres betrachte, selbst wenn sie in der Schule nur ein paar dieser Genres kennen gelernt habe. Eine schreibmotivierte Person *schreibe nicht notwendigerweise gern*, setze das Schreiben aber dann ein, wenn es *nötig* sei, und ziehe *dann Befriedigung* aus dem Schreiben. Zu dieser Befriedigung trägt bei, dass sich eine schreibmotivierte *Person realistisch über ihre Adressaten und die eigene Wirksamkeit* aufgrund früherer Erfahrungen mit dem Genre *bewusst* sei. Diese Person kenne *viele Funktionen des Schreibens* und kann *Schwierigkeiten beim Schreiben überwinden*.

Auch die pädagogisch-psychologische Definition zeichnet sich durch mehrere Aspekte aus, die sich sowohl auf kognitive Aspekte wie Wissen, Repräsentationen von Zielen, Lesern sowie eigenen Fähigkeiten als auch auf motivationale Merkmale wie Gratifikationen und Handlungssteuerung beziehen. Es ist insgesamt markant, dass beide Definitionen einen selbstregulierten Schreiber umreißen, und dieser Thematik wird an anderem Ort gebührend Raum gegeben (Kap. 5.3).

Betrachtet man in den Definitionen die rein motivationalen Merkmale, so lassen sich ex- und intrinsische Motivation, Ziele und Wissen über die eigenen Fähigkeiten extrahieren. Im Falle des Lesens kommen aus motivationaler Perspektive Wertvorstellungen und Überzeugungen hinzu, die sowohl den Gegenstand als auch den Prozess als auch das Ergebnis der Lektüre betreffen. Auf den allgemeinsten Nenner gebracht geht es bei der Lese- und Schreibmotivation um a) gegenstands- sowie tätigkeitsspezifische bzw. außerhalb des reinen Umgangs mit Texten liegende Anreize, b) Selbstwahrnehmungen und c) Wert- und Erwartungskognitionen, in denen Anreize und Kompetenzerwartungen des Lesens und Schreibens zusammenkommen.

Deutlich ist damit, dass es auch nicht nur eine Variante von Lese- oder Schreibmotivation gibt, sondern verschiedene Vorläufer, Dimensionen oder Facetten, die Lese- und Schreibmotivation ausmachen (s. Kap. 2.4). Diese jeweiligen Konstrukte stammen aus sehr unterschiedlichen Theoriefamilien der Motivationspsychologie wie der Selbstbestimmungstheorie, der sozial-kognitiven Lerntheorie, der Theorie zu Zielorientierungen, der Interessentheorie und Metatheorien wie der Erwartungs-×-Wert-Theorie. Wie sie zueinander in Beziehung gesetzt werden können, bildet den Gegenstand des Folgekapitels.

> **ZUSAMMENFASSUNG**
>
> Ob und wie sehr sich jemand mit Schriftsprache produktiv oder rezeptiv beschäftigt, hängt mit der individuellen Lese- und Schreibmotivation zusammen. Dabei kann sich die Motivation aus verschiedenen Quellen speisen. Einen Text zu lesen oder zu schreiben kann in sich belohnend sein oder anderen Zwecken dienen (in- und extrinsische Anreize). Der Anreiz des Lesens und Schreibens hängt aber auch mit den Wahrnehmungen der eigenen Lese- und Schreibfähigkeiten zusammen und den Merkmalen der lese- oder schreibbezogenen Aktivität. Damit ist deutlich, dass es nicht nur eine Form der Lese- und Schreibmotivation gibt, sondern viele verschiedene. Man kann auch sagen: Lese- und Schreibmotivation weisen individuell unterschiedlich ausgeprägte Dimensionen auf (s. Kap. 2.1).

2.4 Welche Dimensionen haben Lese- und Schreibmotivation, und wie lassen sie sich systematisieren?

Lese- und Schreibmotivation bedeuten mehr, als lediglich gern zu lesen oder zu schreiben. Unterschiedliche theoretische Ansätze haben sich mit der Motivation befasst, sich (nicht) mit Schrift zu beschäftigen. Entsprechend gibt es diverse Perspektiven auf die Lese- und Schreibmotivation und obendrein sehr eigene Forschungstraditionen. Dieses Kapitel verschafft zunächst einen Überblick und zeigt zwei Arten, auf die man lese- und schreibmotivationale Konstrukte systematisieren kann.

2.4.1 Eine Übersicht der für dieses Buch zentralen Konstrukte

Wer sich erstmalig mit Motivation befasst, wird von der schieren Zahl zum Teil sehr ähnlicher und häufig auch untereinander zusammenhängender motivationaler Konstrukte fast überwältigt, die auch für jene zur Herausforderung wird, die im Feld der Motivationspsychologie forschen. Deshalb ist es für dieses Buch günstig, wie auf einer Art Landkarte die zentralen Konstrukte (oder Begriffe) darzustellen. Dies geschieht in Abbildung 1. Es handelt sich dezidiert um eine *Auswahl* und eine nicht allzu detaillierte Darstellung. An dieser Stelle sei noch ein darstellerischer Hinweis gestattet: In der Grafik sind die Konstrukte nummeriert. Diese Nummerierung der Kästen dient dazu, dass Sie die Konstrukte in weiteren theoretischen Systematisierungen (in Abbildung 2 auf S. 47, Tabelle 6 auf S. 50 und Abbildung 9 auf S. 133) schnell wieder auffinden können.

2 Motivierter Umgang mit Schriftsprache

Lern-annäherungsziel Fokus auf Lernen, Verstehen und Verbesserung (Maehr/Zusho 2009, S. 56)	**Lern-vermeidungsziel** Fokus darauf, eigene Fähigkeiten nicht zu verlieren (Maehr/Zusho 2009, S. 56)	**Performanz-annäherungsziel** Fokus auf Überlegenheit gegenüber anderen (Maehr/Zusho 2009, S. 56)	**Performanz-vermeidungsziel** Fokus darauf, im Vergleich mit anderen nicht inkompetent zu wirken (Maehr/Zusho 2009, S. 56)

Individuelle Absichten bezüglich angestrebter Zustände

situativ ❻❹
kurzzeitiger Zustand der erhöhten Aufmerksamkeit, Kognition, Involvierung und Neugier (Schiefele 2009, S.198)

Tätigkeitsbezogene Ziele

Gegenstand der Tätigkeit und Person: Interesse

Kombination von Personen- und Tätigkeits-merkmalen

❼ **Erwartung**
situative bzw. situationsübergreifende Einschätzung des Erfolgs bei Tätigkeiten (Eccles/Wigfield 2002, S. 119)

individuell ❺
zeitlich stabile affektiv-evaluative Orientierung gegenüber bestimmten Themen (Schiefele 2009, S. 201)

Motivation
„die aktivierende Ausrichtung des momentanen Lebensvollzuges auf einen positiv bewerteten Zielzustand" (Rheinberg 2002, S.17)

❽ **Wert**
individuelles Verhältnis von Merkmalen der Tätigkeit und subjektiver Absicht, sie auszuüben (Wigfield/Cambria 2010, S.4)

Tätigkeitsanreiz
Interner oder externer (temporärer/habitueller) Anreiz der Aktivität

Wahrnehmung der eigenen Fähigkeiten
Prospektive bzw. retrospektive Begründung der eigenen Fähigkeiten

intrinsisch ❾ eine Aktivität wegen der ihr inhärenten Befriedigung statt anderen davon zu trennenden Gründen ausüben (Ryan/Deci 2000a, S.56)	**extrinsisch** ❿ eine Aktivität wegen Gründen außerhalb der Aktivität, d.h. instrumentell ausüben (Ryan/Deci 2000a, S.60)	❶**Attribution** Meinungen oder Überzeugungen über die Ursachen von wichtigen, unerwarteten oder negativen Ereignissen und Sachverhalten (Weiner 2005, S. 73–77)	❷**Selbstkonzept** generalisierte, stabile, bewertende, hierarchisch organisierte und vergangenheitsorientierte Selbstwahrnehmung (Schunk/Pajares 2009, S. 39)	❸**Selbstwirksamkeit** aufgaben-, kontext- und zielabhängige kognitive Überzeugungen über eigene Fähigkeiten (Bandura 1997, S. 3; Schunk/Pajares 2009, S. 39)

Abbildung 1: Überblick über allgemeine motivationale Konstrukte (eigene Darstellung, basierend auf einer einfacheren Variante von Murphy/Alexander 2000, S. 8).

In der Mitte von Abbildung 1 ist der zentrale Begriff enthalten: Motivation. Darunter lässt sich eine aktivierende Ausrichtung verstehen, den gegebenen jetzigen Zustand mit einem erwünschten Zustand zu vergleichen und ggf. tätig zu werden, um die gewünschte Situation herbeizuführen. Dazu bedarf es einer Person, die aktiv werden kann, eines Ziels, das sie erreichen will, einer konkreten Situation und einer Aktivität. All dies wird nun noch einmal systematischer betrachtet.

2.4.2 Interesse: eine Verbindung von Gegenstand und Person

Rund um den zentralen Begriff Motivation sind in der Abbildung 1 weitere Termini in grauen Kästen arrangiert, z. B. das *Interesse* als eine Verbindung zwischen einer Person und einem Gegenstand(sbereich) bzw. Thema, das für die Person eine individuelle Bedeutsamkeit hat (Schiefele 2009). Das können bestimmte Tierarten, historische Perioden oder Ereignisse, Naturwissenschaft, Persönlichkeiten etc. sein.

Auch wenn der Interesseforschung noch eine übergreifende allgemeingültige Theorie fehlt, zeichnen sich die bisherigen diversen theoretischen und empirischen Forschungsbemühungen durch eine Schnittmenge aus (Renninger/Hidi 2011):

- Interesse bezieht sich erstens auf einen Gegenstand oder Inhalt, mit dem sich eine Person beschäftigt und auf den die Person ihre Aufmerksamkeit richtet. Jemand kann sich also für die mythologischen Bezüge in den Harry-Potter-Romanen interessieren, aber gleichzeitig an den Verfilmungen uninteressiert sein. Dies wird auch als Objekt- oder Inhaltsspezifität bezeichnet.
- Das Interesse zeichnet sich zweitens durch kognitive und affektive Komponenten aus, es ist also nicht nur eine ‚kalte' Kognition oder nur eine ‚warme' Emotion, die im Zusammenhang mit einem Gegenstand wie Harry Potter zu betrachten sind, sondern eine Mischung aus beidem. Das bedeutet, dass Interesse nicht nur durch eine erhöhte Aufmerksamkeit beim genauen Lesen, sondern auch durch zeitgleich auftretende positive Gefühle gekennzeichnet werden kann, etwa wenn jemand im Roman eine Anspielung verstanden hat und sich darüber freut.
- Dabei kann – drittens – eine Person sich ihres Interesses aber auch gar nicht bewusst sein, weil sie beispielsweise so absorbiert vom Lesen ist, dass alle Kapazitäten darauf verwendet werden und ein bewusstes Interessiert-Sein der lesenden Person nicht zugänglich ist.
- Das Interesse ist viertens nicht von einer Umwelt unabhängig; es gibt also eine Beziehung zwischen Person und Umgebung, die darüber entscheidet, wie sich das Interesse entwickelt. Grundsätzlich sorgen Interaktionen für einen Erhalt des Interesses. Wenn jemand also in einer Familie aufwächst, in der die Eltern ein Faible für Harry Potter haben und ihren Nachwuchs immer wieder daraus vorlesen, über die Inhalte diskutieren und ihren Kindern die

Bücher schenken, ist die Chance groß, dass ein Kind selbst Interesse an der Hogwarts-Welt entwickelt.

Wie sich Interesse entwickelt, haben Hidi und Renninger (2006) in ihrem Vier-Phasen-Modell beschrieben. Es unterteilt Interesse danach, ob es temporär (situativ) oder als stabile Orientierung in Form des individuellen Interesses auftritt. Ein Beispiel für die Entwicklung eines stabilen Interesses enthält der nachfolgende Kasten. Das darin vorgestellte Vier-Phasen-Modell wird noch einmal in Kapitel 3.3 konsultiert, wenn es um empirische Hinweise zum Verlauf der Schreibmotivation bei Jugendlichen geht.

> **Fokus: Vom flüchtigen zum stabilen Interesse**
>
> Das flüchtige situative Interesse kann zum individuellen werden, wenn es wiederholt auftritt. Die erste Phase in dem Modell besteht darin, dass ein *situatives Interesse ausgelöst* wird, zum Beispiel weil jemand wie der elfjährige Tom einen Zeitungsartikel entdeckt, der über einen aufgestellten Rekord bei Gebäuden wie dem Taipeh 101 berichtet und den eine Person liest. Wenn Tom nach dieser Lektüre noch mehr erfahren will und beispielsweise im Internet nach Wolkenkratzern sucht oder sich ein Buch bestellt, auf welches der Artikel hinweist, lässt sich bereits von einem *aufrecht erhaltenen situativen Interesse* reden. In dieser zweiten Phase fokussiert Tom seine Aufmerksamkeit wiederholt und sucht aktiv nach der Beschäftigung mit dem Thema über einen längeren Zeitraum. Wie schon in der ersten Phase kommt der äußeren Umwelt eine Bedeutung zu, zum Beispiel in der Form, dass Toms Eltern ihm Texte zur Verfügung stellen oder ihm DVDs über gigantische Bauprojekte und die Logistik von Großbaustellen schenken.
>
> In Phase 3, dem *aufkommenden individuellen Interesse*, braucht Tom weniger Unterstützung von anderen. Für ihn hat das Thema Architektur der Wolkenkratzer einen eigenen Wert erhalten, und er beschäftigt sich freiwillig und wiederholt mit dem Thema, weil es ihm zunehmend Spaß bereitet, sich mit Hochhäusern intellektuell auseinanderzusetzen. Er fängt an, regelmäßig nach neuen Texten zu recherchieren, und beginnt, sich und seiner Umwelt immer neue Fragen zum Thema zu stellen. Da Tom das so häufig macht, entwickelt er im Laufe der Zeit eine stabile Wertschätzung zum Thema und hat sich zum Ziel gesetzt, alles über Hochhäuser zu erfahren. Er spielt sogar mit dem Gedanken, Architekt zu werden, so viel liegt ihm inzwischen am Thema. Tom ist nun in der vierten und letzten Phase der Interesse-Entwicklung angelangt: dem *gut entwickelten individuellen Interesse*.

Hinsichtlich der Verwendung des Interesse-Begriffs beim Lesen und Schreiben ist noch auf eine Besonderheit im Sprachgebrauch hinzuweisen, die bereits in den Bereich der intrinsischen Motivation fällt. Bei der *Lesemotivation* ist mit Lesen aus Interesse in aller Regel das Lesen aufgrund der Merkmale eines Textes gemeint, unter denen das Thema besonders prominent ist. Zahlreiche Instrumente erfassen diese Facette der Lesemotivation gesondert, auch wenn sie sie unterschiedlich benennen, zum Beispiel Lesen aus Interesse (Möller/Bonerad 2007), Neugier (Wigfield/Guthrie 1997) oder objektbezogene Lesemotivation (Schaffner/Schiefele 2007); wie die letztgenannte erfasst wurde, haben Sie in Kapitel 2.1 selbst erlebt.

In der *Schreibmotivations*forschung wird ganz ähnlich das Schreiben über ein Thema, das jemanden interessiert, als Schreiben aus Interesse aufgefasst (Schreiben über ein interessantes Thema). Parallel dazu existiert aber auch die Auffassung des Schreibens als interessante Tätigkeit (Boscolo 2009; Boscolo/Hidi 2007; Hidi/Boscolo 2008). Hier rückt der tätigkeitsspezifische Anreiz in den Fokus, der aus theoretischer Warte eine andere Form von intrinsischer Motivation darstellt und – wie Sie in Kapitel 3.1 zu den empirischen Zusammenhängen zwischen lesemotivationalen Konstrukten sehen werden – auch nicht dasselbe wie die Beschäftigung mit Texten wegen ihres Themas ist. Dass beide Anreize (Gegenstand und Tätigkeit) in der Schreibmotivationsforschung unter dem gleichen Begriff zusammengefasst werden, erschwert das Verständnis und sorgt für eine unnötige begriffliche Unschärfe. Um diese Unschärfe zu vermeiden, wird in den folgenden Darstellungen für die als Interesse deklarierte tätigkeitsspezifische Schreibmotivation ein * hinter das Wort Interesse gesetzt (= Interesse*).

2.4.3 In- und extrinsische Motivation: der interne oder externe Anreiz der Aktivität

Das Interesse an einem Gegenstand kann ein positiver Anreiz für die Lese- und Schreibaktivitäten sein, aber es gibt weitaus mehr Anreize. Damit ist die Frage nach den Gründen des Lesens oder Schreibens angesprochen. Liegt der Zweck des Lesens oder Schreibens im Akt der Textrezeption oder -produktion selbst, spricht man von einer *intrinsischen Motivation*. Intrinsisch motiviertes Lesen oder Schreiben ist Selbstzweck, weil es allgemein darum geht, einen Text zu lesen bzw. zu schreiben, weil etwa die Beschäftigung mit Schriftsprache positive Erlebnisqualitäten mit sich bringt (tätigkeitsspezifische Motivation; s. Kap. 2.1 für zwei Facetten der intrinsischen Lesemotivation). Geht es darum, aus eigenem Wunsch heraus einen Text zu einem Thema der eigenen Wahl zu schreiben bzw. zu lesen, motiviert der Gegenstand oder aber der Text aufgrund seiner Merkmale (gegenstandsspezifische Motivation; Möller/Schiefele 2004). Hier liegt also eine Überlappung zum Interesse vor.

Von diesen intrinsischen Tätigkeitsanreizen lassen sich jene trennen, bei der der Umgang mit Texten einen instrumentellen Charakter hat. Auch hierfür haben Sie in Kapitel 2.1 Beispiele in Form der leistungs- sowie wettbewerbsbezogenen und der sozialen extrinsischen Lesemotivation kennen gelernt. Lesen und Schreiben dienen also nicht dem Lesen und Schreiben von etwas, sondern stehen im Dienst einer anderen Absicht. Ein solches Schreiben oder Lesen verfolgt jemand mit anderen Zielen, d. h. mit *extrinsischer Motivation*. Sowohl die in- als auch die extrinsische Motivation können einmalig (situativ) oder gewohnheitsmäßig (habituell) auftreten.

In- und extrinsische Motivation sind jedoch nicht als grundsätzlich konträr zu denken, vielmehr bilden gerade die extrinsischen Formen der Motivation ein Kontinuum, in dem einige Varianten der extrinsischen Motivation Merkmale mit der intrinsischen Motivation teilen. Besonders fruchtbar für die Klärung von ex- und intrinsischer Motivation ist die Selbstbestimmungstheorie, die Edward Deci und Richard Ryan über viele Jahre hinweg modelliert und verfeinert haben (Deci/Ryan 1985, 2000a, b). Die Selbstbestimmungstheorie geht davon aus, dass Menschen drei fundamentale Bedürfnisse innewohnen: sich erstens kompetent, zweitens selbstständig und drittens mit anderen verbunden zu fühlen. Je besser es Personen gelingt, diese Bedürfnisse zu befriedigen, desto angepasster und günstiger verläuft ihre Entwicklung. Von den drei Bedürfnissen erscheinen für die Zwecke dieses Kapitels diejenigen nach Autonomie und Kompetenz besonders bedeutsam, wenn es um die Betrachtung der in- und extrinsischen Motivation geht. Das heißt nicht, dass das Bedürfnis nach Verbundenheit irrelevant wäre, denn dieses Bedürfnis dürfte insbesondere in der Lese- und Schreibsozialisation eine besondere Rolle spielen, wenn positiv getönte lese- und schreibbezogene Interaktionen (sogenannte Anschlusskommunikationen, Charlton/Sutter 2007) zwischen Familienangehörigen, Lehrkräften und Peers einen wichtigen extrinsischen Anreiz für den Umgang mit Schriftsprache offerieren (s. Kap. 3.4).

In der Selbstbestimmungstheorie werden zwei Prozesse unterschieden, die dabei helfen, ein Verhalten auszuführen, das nicht als um seiner selbst willen einen Reiz ausübt, also intrinsisch motiviert. Der erste Prozess wird *Internalisierung* genannt und bezeichnet, dass jemand ein äußeres, sozial sanktioniertes Verhalten oder ein Ziel sukzessive in sein eigenes Verhaltensrepertoire bzw. Zielsystem übernimmt und selbst aktiviert und reguliert (Ryan/Deci 2000a, b). Im Grunde genommen ist damit das gemeint, was im Laufe der Lese- und Schreibsozialisation passiert: Das Verhalten, das Mitglieder der Sozialisationsinstanzen demonstrieren bzw. im Falle der Schule explizit fordern, soll von den Heranwachsenden angeeignet werden (Philipp 2011). Dabei hilft ein zweiter Prozess, nämlich die *Integration*. Sie bezeichnet die Transformation des ursprünglich fremdinduzierten Verhaltens, das allmählich Bestandteil des individuellen Selbst einer Person geworden ist. Als förderlich gelten dabei – ganz im Einklang mit den drei Grundbedürfnissen – ein Gefühl der Zugehörigkeit, Kompetenzüberzeugungen und Erleben von Autonomie (Ryan/Deci 2000a, b).

Je nachdem, wie weit diese beiden Prozesse fortgeschritten sind, lassen sich verschiedene Formen der Motivation voneinander unterscheiden. Diese sind in Tabelle 4 (s. S. 40f.) dargestellt. Das in der Tabelle abgebildete Kontinuum folgt den Arbeiten von Ryan und Deci, ergänzt sie aber in der letzten Zeile um in- und extrinsische Motivationsformen, die mittels des angelsächsischen Fragebogens zur Lesemotivation (*Motivation for Reading Questionnaire*, kurz MRQ; Wigfield/Guthrie 1997) bzw. darauf aufbauenden Arbeiten erfasst wurden. Dieses Instrument, das im Kapitel 3.1 noch genauer betrachtet wird, trennt fast ein Dut-

2.4 Dimensionen der Lese- und Schreibmotivation

zend verschiedener motivationaler Konstrukte (Dimensionen) für das Lesen, von denen die hier wichtigsten in Tabelle 4 (s. S. 40) am Tabellenende aufgeführt sind.

Die Dimensionen der Lesemotivation aus dem MRQ helfen dabei, die verschiedenen feinen Abstufungen aus dem Kontinuum besser zu verstehen und haben daher einen illustrativen Zweck. Denn wenn es sich um theoriekonforme Zusammenhänge handelt, müssten in Studien, die mit dem MRQ arbeiten, die Korrelationen umso geringer ausfallen, je weiter der horizontale Abstand zwischen zwei Facetten der Motivation in der Tabelle ist. Umgekehrt müssten benachbarte Dimensionen statistisch stärker miteinander korrelieren. Das ist in den Studien mit dem MRQ-Originalskalen bzw. abgeleiteten Instrumenten mal mehr oder minder der Fall (s. Kap. 3.1). Dass das so ist, mag auch damit zu tun haben, dass eine Sortierung der MRQ-Dimensionen anhand des Kontinuums von Ryan und Deci an dieser Stelle nachträglich erfolgt und der Fragebogen MRQ anders ist als jener, der in einer kanadischen Studie zum Einsatz kam (Guay/Chanal/Ratelle/Marsh/Larose/Boivin 2010), nicht direkt auf der Selbstbestimmungstheorie basierte. Bei besagter Untersuchung zeigte sich aber der erwartete Zusammenhang: Je theoretisch ferner die Motivationsvarianten waren, desto geringer fielen die Korrelationskoeffizienten aus (ähnlich im Längsschnitt bei Otis/Grouzet/Pelletier 2005). Auch fürs Lesen gibt es dafür erste Hinweise: Wer selbstbestimmt liest, hat auch eine höhere intrinsische Lesemotivation im MRQ, während eine fremdbestimmte Lesemotivation mit stärkerer extrinsischer Lesemotivation aus dem MRQ korrespondiert (Naeghel/van Keer/Vansteenkiste/Rosseel 2012).

Motivationsform und ihre Merkmale	Amotivation	Extrinsisch	
Regulationsstil	*keine Regulation:* Ich will nicht lesen/schreiben.	*external:* Ich muss lesen/ schreiben, sonst …	*introjizierend:* Ich lese/ schreibe, um damit …
Ort der Handlungsverursachung	unpersönlich	extern	noch extern, aber beginnend intern
Relevante Prozesse der Regulation	keine Intention, keine Wertschätzung, Inkompetenz erleben, Kontrollmangel	Fügsamkeit, externe Belohnungen und Bestrafungen	Selbstkontrolle, Ego-Involvierung, interne Belohnungen und Bestrafungen
Motivationsformen des Lesens bzw. Schreibens	Vermeidung des Lesens bzw. Schreibens	Fügsamkeit beim Lesen und Schreiben, Lesen und Schreiben wegen Noten (s. Kap. 2.1)	Anerkennung bzw. Wettbewerb in punkto Lesen und Schreiben (s. Kap. 2.1)

Tabelle 4: Kontinuum von Motivationsformen nach Art der Regulation, Ort der Handlungsverursachung und Prozessen der Regulation (basierend auf Ryan/Deci 2000b, S. 72)

Was hat es nun mit den sechs Facetten der Motivation mit ihren unterschiedlichen Regulationsstilen auf sich, die in Tabelle 4 enthalten sind? Die beiden äußersten Facetten bilden die Endpunkte des Kontinuums. Auf dessen linker Seite befindet sich die *Amotivation*, bei der der Antrieb zum Lesen oder Schreiben aus Sachzwängen heraus geschieht, für die Heranwachsende keine positive Form der Reaktion kennen, dafür aber Überforderung. Als Konsequenz werden sie das Lesen oder Schreiben aktiv vermeiden. Das ist für Lehrkräfte gewissermaßen die ungünstigste Konstellation mit den größten Hürden: Wer amotiviert ist, wird aus eigenem oder fremdem Antrieb kaum selbst etwas schreiben oder lesen. Entsprechend bildet auf der rechten Seite in der Tabelle die *intrinsische Motivation* den Gegensatz zur Amotivation.

Dazwischen liegen vier Formen der extrinsischen Lese- und Schreibmotivation, auf die Heranwachsende mehr oder minder aktiven Einfluss haben. Im Falle der *externalen Motivation* liest oder schreibt jemand gezielt (anders als bei der Amotivation), aber die Handlung als solche ist von außen abhängig: Man liest oder schreibt, weil man einer Strafe oder schlechten Note entgehen will. Ein weiterer Grund kann auch die auf Gehorsam basierende Fügsamkeit sein. Wer so liest oder schreibt, tut es in aller Regel nicht freiwillig oder autonom.

Bei der *introjizierten Motivation* ist ein innerer Druck bzw. Anstoß die treibende Kraft, und dieser Anstoß hat mit der Selbstachtung einer Person zu tun. Man liest oder schreibt, weil man als Konsequenz Gefühle wie Scham, Minderwertigkeit und Schuld vermeiden oder Emotionen wie Stolz erleben will. Beispiele

2.4 Dimensionen der Lese- und Schreibmotivation

Extrinsisch		Intrinsisch
identifizierend: Es ist mir wichtig zu lesen/schreiben, weil ich dadurch…	*integrierend:* Ich will lesen/ schreiben, um zu …	*intrinsisch:* Ich lese/schreibe (bestimmte Texte) gern.
schon intern, aber noch zum Teil extern	intern	intern
Persönliche Bedeutsamkeit, bewusste Wertschätzung	Kongruenz, Bewusstsein, Übereinstimmung mit dem Selbst	Interesse, Freude, inneliegende Befriedigung
Lesen und Schreiben, um sozial eingebunden zu sein (s. Kap. 2.1)	Verbesserung der eigenen Schreib- und Lesefähigkeit (s. Kap. 2.1)	tätigkeits- bzw. gegenstandsspezifische Motivation (s. Kap. 2.1)

dafür sind das Lesen und Schreiben, weil man im Wettbewerb mit anderen gut dastehen will oder von anderen als guter Leser oder gute Schreiberin wahrgenommen werden möchte. Dies zeigt schon, dass das Lesen oder Schreiben etwas mit dem Selbst von Personen zu tun hat, aber das Lesen bzw. Schreiben ist noch nicht völlig ins Selbst integriert: Immer noch liegt der entscheidende Antrieb außerhalb der eigenen Person, da man liest oder schreibt, um einer Norm zu entsprechen.

Die *identifizierende Motivation* geht hinsichtlich der Bedeutung des Lesens oder Schreibens weiter: Immer noch ist das Verhalten instrumentell, aber nun wird es stärker geschätzt und ist auch stärker Teil der Identität geworden. Wer beispielsweise Harry Potter liest, damit er oder sie auf dem Pausenhof mitreden kann, oder im Internet auf Facebook freiwillig etwas schreibt, um mit den Gleichaltrigen zu kommunizieren, hätte sich ausreichend mit dem Lesen bzw. Schreiben identifiziert. Es braucht also keinen (wahrgenommenen) Druck mehr von außen, da der Umgang mit Schriftsprache einen hohen Wert für die Person hat.

Den höchsten Grad an Transformation von außen herangetragenen Verhaltensweisen und Werten weisen Personen mit *integrierter Motivation* auf. Sie haben sich praktisch vollständig mit dem Lesen oder Schreiben identifiziert und in ihr Selbstkonzept integriert: Es ist ihnen für sich selbst wichtig, dass sie gut lesen bzw. schreiben und sie versuchen aktiv, sich darin zu verbessern. Diese Motivation, sich mit Schriftsprache zu befassen, hat ihren Anreiz zwar immer noch außerhalb der eigentlichen Aktivität des Lesens oder Schreibens, aber sie ist autonomer Natur und selbstinitiiert. Insofern ähneln sich integrierte extrinsische und intrinsische Lese- und Schreibmotivation sehr stark: Es braucht keinen Handlungsanstoß mehr von außen.

Ryan und Deci (2000b) verweisen trotz der von ihnen beschriebenen Identifikations- und Integrationsprozesse ganz ausdrücklich darauf, dass es sich bei ihrem Kontinuum von ex- und intrinsischer Motivation *nicht* um ein klassisches Entwicklungsmodell handelt, das strikt hintereinander zu durchlaufende Phasen beinhaltet. Gleichwohl wohnt dem Modell unübersehbar eine gewisse Fortschritts- oder auch Aneignungslogik inne. Sie besteht darin, dass es auf dem Weg zur intrinsischen Motivation Personen immer besser gelingt, mit Handlungsveranlassungen von außen umzugehen, weil sie entweder immer mehr mit der eigenen Motivation übereinstimmt oder aber die Personen die wichtige Fähigkeit besitzen, ihre Motivation zu regulieren (s. dazu Kap. 5.1; Wolters 2011).

Damit weiten die Arbeiten von Ryan und Deci das Spektrum der verschiedenen Formen extrinsischer Motivation erheblich aus und verdeutlichen, dass es Varianten der extrinsischen Motivation gibt, die stark der intrinsischen Motivation ähneln. Die zum Teil sehr feinen Differenzen liegen darin, ob der Anlass für eine Aktivität a) innerhalb oder außerhalb der eigenen Person liegt und b) in welchem Maße die Aktivität kongruent zu den Vorstellungen einer Person ist oder nicht. Es gibt mithin ein Kontinuum der Varianten extrinsischer Motivation, und das ist aus der Sicht der Lese- und Schreibdidaktik wichtig. Dieses Kontinuum eröffnet nämlich Möglichkeiten, über die Förderung der extrinsischen Motivation eine intrinsische Motivation zu initiieren. Zugleich verdeutlicht das Kontinuum samt seinen zugrunde liegenden Transformationsprozessen, dass die habituelle intrinsische Lese- und Schreibmotivation ein didaktisches Fernziel ist, von dem man nicht annehmen sollte, es lasse sich durch punktuelles Handeln erreichen.

2.4.4 Tätigkeitsbezogene Ziele von Personen: verschiedene zeitübergreifende Orientierungen

Von den Tätigkeitsanreizen ist es nicht weit zu den *Zielen* der (angestrebten oder unterlassenen) Tätigkeit. Ziele sind kognitiv repräsentierte zukunftsbezogene Vorstellungen eines angestrebten oder zu vermeidenden Zustands und steuern das Verhalten (Elliot/Fryer 2008). So kann jemand sagen, er möchte bis zum Ende der Woche ein Sachbuch gelesen haben oder einen Aufsatz schreiben, mit dem er eine gute Note erlangt. Ziele können sehr situativ sein, aber besonders große Aufmerksamkeit haben zeitübergreifende stabile *Zielorientierungen* erhalten.

Es gibt vier große Bereiche von (schulkompatiblen) Zielen, die derzeit in der Forschung dominieren (Elliot 2005; Maehr/Zusho 2009; Pintrich 2000) und wie eine 2-×-2-Feld-Matrix zu denken sind (s. Tabelle 5). Ziele können wie die eben genannten damit zu tun haben, dass jemand etwas verstehen (Lernziele) oder Leistung demonstrieren will (Performanzziele). Daneben kann jemand seine Lese- bzw. Schreibfähigkeiten verbessern, sei es für sich (Lernannäherungsziel)

2.4 Dimensionen der Lese- und Schreibmotivation

oder als Überlegenheit anderen gegenüber (Performanzannäherungsziel). Umgekehrt haben Vermeidungsziele damit zu tun, dass jemand anstrebt, im Lesen oder Schreiben nicht schlechter zu werden (Lernvermeidungsziel) bzw. schlechter zu sein als andere (Performanzvermeidungsziele). Wie man drei der vier genannten Zielorientierungen beim Schreiben in der Schule erfasst, ist im Kapitel 2.1 bereits angeklungen. Daneben gibt es noch weitere Ziele wie das Umgehen von Anstrengungen (Arbeitsvermeidungsziele) oder die Beziehungspflege (soziale Ziele) nebst anderen, die in der Tabelle nicht enthalten sind (Elliot 2005; Maehr/Zusho 2009). Diese Zielorientierungen zeigen außerdem, dass es im Kontext Schule weitere Funktionen des Umgangs mit Schriftsprache gibt, die über jene hinausgehen, die in Kapitel 2.2 angeklungen sind

Ziel	Lernen (Meisterschaft)		Performanz (Leistung)	
Antrieb	Annäherung (Wie kann ich es schaffen?)	Vermeidung (Kann ich es schaffen?)	Annäherung (Werde ich gut dastehen?)	Vermeidung (Werde ich schlecht dastehen?)
Fokus	Aufgabe bewältigen, etwas lernen oder verstehen	Missverständnisse, mangelndes Lernen oder Versagen bei der Aufgabe vermeiden	Anderen überlegen sein, als der Klügste oder Schnellste wirken wollen	Unterlegenheit kaschieren, im Vergleich mit anderen nicht unterlegen wirken wollen
Beurteilungsmaßstab	Internal: Verbesserung des eigenen Fortschritts und des Verstehens	Internal: Nichts falsch machen, Aufgabe nicht falsch bearbeiten	External: Gute Noten, Zugehörigkeit zur leistungsstärksten Gruppe	External: Schlechte Noten, Zugehörigkeit zur leistungsschwächsten Gruppe
Prozess- oder Ergebnisorientierung	Prozess	Verschiebung vom Prozess zum Ergebnis	Ergebnis	
Wahrnehmung von Fehlern	als Lerngelegenheit	als Ausdruck des Scheiterns		
Wahrnehmung von Unsicherheit	als Herausforderung	als Bedrohung		
Umgang mit externer Leistungseinschätzung	Suche nach akkuratem Feedback	Vermeidung unvorteilhafter Urteile		

Tabelle 5: Vergleich von Zielorientierung (nach Maehr/Zusho 2009, S. 88; Pintrich 2000, S. 477)

Insgesamt deutet sich aus der Vielzahl der Ziele eine große Nähe zu den intrinsischen oder extrinsischen Anreizen der Tätigkeit an (s. Tabelle 4 auf Seite 40). Maarten Vansteenkiste, Willy Lens und Edward Deci (2006) schlagen entsprechend eine Unterscheidung in intrinsische und extrinsische Ziele vor. Intrinsische Ziele wie die Lernannäherungsziele sind in sich lohnend, während extrinsische Ziele wie die Performanzziele mit ihrer Außenorientierung einen instrumentellen Charakter aufweisen. Wie aus Tabelle 5 ebenfalls hervorgeht, ist je nach Art des Ziels der Umgang mit Unsicherheit und Fehlern sowie der Art, woran man sich und seinen Erfolg bei der Zielerreichung misst, sehr unterschiedlich. Als insgesamt günstigste Zielorientierung gilt die Lernannäherungszielorientierung, welche positiv mit Leistungen, Lernstrategieeinsatz und Selbstwirksamkeit korreliert (Payne/Youngcourt/Beaubien 2007).

2.4.5 Wahrnehmungen der eigenen Leistungsfähigkeit: Selbstwirksamkeit, Selbstkonzept und Attributionen

Weniger um die Aktivität und den Grund, warum man sie (nicht) ausführt, als um die *Wahrnehmung der eigenen Fähigkeiten* kreisen drei sich ähnelnde Konstrukte: Selbstkonzept und -wirksamkeit sowie die Attribution von Erfahrungen mit (Miss-)Erfolgen mit der Schrift. Unter diesen drei Konstrukten ist die von Albert Bandura (1977, 1997) beschriebene *Selbstwirksamkeit* derzeit sicher die schillerndste Facette. Selbstwirksamkeit bedeutet, dass jemand so wie Sie in Kapitel 2.1 einschätzt, wie sehr er oder sie bei einer klar definierten und unmittelbar bevorstehenden Tätigkeit wie dem Schreiben einer Erörterung oder dem Lesen eines Harry-Potter-Romans davon überzeugt ist, diese Tätigkeit erfolgreich aus eigener Anstrengung heraus bewältigen zu können. Diese Einschätzung erfolgt auf bisherigen Erfahrungen mit Aufgaben. Das bedeutet: Je ähnlicher eine bevorstehende Lese- bzw. Schreibaktivität jenen ist, die man in der Vergangenheit erfolgreich durchgeführt hat, desto höher ist die Selbstwirksamkeit. Bei unvertrauten oder solchen Aufgaben, die jemandem früher schwer fielen, sinkt die Erfolgsaussicht (Bandura 1997; Schunk/Pajares 2009).

Verwandt, aber nicht identisch mit der Selbstwirksamkeit ist das *Selbstkonzept* (s. Kap. 2.1 für ein Beispiel bzgl. des Lesens). Darunter versteht man in der Motivationspsychologie eine stabile, rückwärtsgewandte Selbstwahrnehmung als Leser oder Schreiberin, die neben der kognitiven Einschätzung auch eine emotionale Qualität hat (Chapman/Tunmer 1995), welche der Selbstwirksamkeit fehlt. Die Selbstwirksamkeit lässt sich mit der Frage „Kann ich diese konkrete (Lese- oder Schreib-)Aufgabe bewältigen?" übersetzen, während das Selbstkonzept eher mit der Frage „Sehe ich mich selbst als eine gut lesende bzw. schreibende Person?" adäquat abgebildet wäre. Der Blick zurück oder nach vorn nebst dem Vorhandensein oder Mangel einer emotionalen Qualität trennt beide motivationale Variablen. Was sie eint, ist der Bezugspunkt der Fähigkeitsselbsteinschätzung (Bong/Skaalvik 2003), die häufig in der Literatur auch unter dem Begriff *Kompetenzüberzeugungen* zusammengefasst werden, und vermutlich ist die Selbstwirksamkeit Vorläufer des Selbstkonzepts. So wird angenommen, dass Heranwachsende durch verschiedene Erfahrungen mit ähnlichen Aufgaben sukzessive eine stabile kognitive Repräsentation ihrer eigenen Leistungsfähigkeit formen (Bong/Skaalvik 2003). Je nachdem, ob sich diese verfestigenden Sichtweisen auf die eigenen Schreib- und Lesefähigkeiten für die Heranwachsenden vorteilhaft oder nachteilig gestalten, fallen auch die Emotionen bezogen auf das Lesen oder Schreiben günstig oder ungünstig aus.

Wie bekommt eine Fähigkeitsselbsteinschätzung ihre emotionale Qualität? Auf diese Frage bietet die *Attributions*theorie eine Antwort, die sich mit den Ursachenzuschreibungen befasst, die bei wichtigen oder unerwartet negativen Ereignissen wie einer schlechten Note von Personen kausal begründet (attribuiert) werden und für die Selbstkonzepte besonders wichtig sind. Einflussreich sind die Arbeiten von Bernhard Weiner (1985, 2010). In ihnen unterscheidet er drei miteinander kombinierbare Dimensionen von Attributionen, die sich über diese Frage darstellen lassen: Liegt das Ergebnis an mir und kann ich es selbst beeinflussen? Die zugeschriebenen Gründe für (Miss-)Erfolg können also ihren Ursprung erstens inner- oder außerhalb der Person haben (intern oder extern sein), zweitens zeitlich stabil oder variabel auftreten und drittens von jemanden mehr oder weniger stark kontrollierbar sein. Es lassen sich damit $2^3 = 8$ Kombinationen denken, von denen vier besonders prominent diskutiert werden:

1. Wenn jemand eine Note bei einem Aufsatz über seine *Fähigkeit* attribuiert, wäre das eine interne, stabile und unkontrollierbare Form der Attribution.
2. Erfolge auf die *Anstrengung* beim Lesen oder Schreiben ist zwar auch intern, aber sie ist weniger stabil und deutlich kontrollierbarer.
3. Die *Aufgabenschwierigkeit* als Grund anzuführen ist extern, für den Moment stabil und für einen Schüler nicht zu kontrollieren (wohl aber von der Lehrkraft).
4. Leistungen vom *Zufall* abhängig zu betrachten, ist sowohl extern als auch zeitlich variabel und nicht zu kontrollieren.

Die Art und Weise, wie Heranwachsende ihre (Miss-)Erfolge beim Lesen oder Schreiben begründen, hängt eng mit begleitenden Emotionen zusammen: Wer (Miss-)Erfolge seinen (mangelnden) Fähigkeiten oder dem (fehlenden) Einsatz zuschreibt, empfindet Stolz bei Erfolg bzw. Scham oder Ärger bei Misserfolg. Besonders wichtig ist, dass die wahrgenommene Kontrollierbarkeit von Lese- oder Schreiberfolgen den Wert der Tätigkeit erhöht bzw. verringert, wenn der Erfolg oder Misserfolg in der Vergangenheit nicht in der eigenen Hand zu liegen schien. Die Stabilität, mit der Ereignisse eingetreten sind, ist wiederum bedeutsam für die Erwartung, dass sich ein lesebezogener (Miss-)Erfolg wiederholt: Glaubt jemand, seine Lesefähigkeiten würden nicht ausreichen oder die Aufgaben seien stets zu schwer, ist die Überzeugung geringer, beim nächsten Mal erfolgreich zu sein. Es liegt auf der Hand, dass gerade die Schülerinnen und Schüler sehr ungünstige Attributionsstile entwickelt haben, welche die emotional stark beanspruchenden Misserfolge über mangelnde Fähigkeiten statt über mangelnde Anstrengung erklären und im Falle des Erfolgs externe Gründe wie Glück oder Aufgabenschwierigkeit als Gründe heranführen (Weiner 2010).

2.4.6 Das Zusammenspiel von Aktivitätsanreiz und der Erfolgsaussicht: Wert und Erwartung

Der schon unter dem Stichwort Attributionen angesprochene Wert, den eine bevorstehende Aktivität aufgrund früherer Kausalitätserfahrungen aufweist, und die gegenwärtige Erwartung, ob sich ein Zustand angesichts stabil oder unstet aufgetretener Resultate in Lese- und Schreibbemühungen einstellen wird, geben einer Theorie ihren Namen: der Erwartungs-×-Wert-Theorie (Möller/Schiefele 2004; Wigfield/Cambria 2010). Aus der Kombination der beiden Komponenten *Erwartung* (Werde ich Erfolg beim Lesen bzw. Schreiben des Textes haben?) und *Wert* (Warum will ich mich mit dem Lesen oder Schreiben des Textes befassen?) lässt sich nach dieser Theorie Verhalten erklären (Nagengast et al. 2011). Je höher der Wert (verstanden als Kombination aus individueller Wichtigkeit des Lesens/Schreibens, Aufwand/Kosten der Lese- und Schreibaktivität sowie antizipierter Nutzen und wahrscheinliches Vergnügen) bzw. die Erfolgsaussicht ist, desto wahrscheinlicher wird jemand etwas lesen oder schreiben. Und selbst wenn der Wert (oder die Erwartung) einer bevorstehenden Beschäftigung mit Schriftsprache gering ausfällt, kann eine stark ausgeprägte positive Erwartung (bzw. ein hoher Wert) den Mangel des Tätigkeitsanreizes (oder die hohe Anstrengungsnotwendigkeit) ausgleichen. Wenn eine Tätigkeit wie das Lesen oder Schreiben weder Erfolg verspricht noch in sich einen aus Sicht von Heranwachsenden nachvollziehbaren Nutzen erkennen lässt, ist die Wahrscheinlichkeit gering, dass jemand einen Text liest bzw. schreibt.

Die insbesondere von den Arbeiten Jacquelynne Eccles' geprägte Erwartungs-×-Wert-Theorie ist im Kern eine integrative Theorie oder auch Metatheorie, die diverse motivationale Konstrukte in sich vereint und systematisiert (Eccles/Wigfield 2002). Das zeigt sich exemplarisch daran, dass sich die Konstrukte Erwartung und Selbstwirksamkeit inhaltlich kaum sinnvoll trennen lassen. Eccles' Modell haben Jens Möller und Ulrich Schiefele (2004) adaptiert und für das Lesen genauer beschrieben. Ihr Modell ist – zusätzlich erweitert auf das Schreiben – in Abbildung 2 dargestellt. Die Grafik enthält die zentralen Konstrukte, die in diesem Kapitel bereits kurz vorgestellt wurden. Zwischen der nachstehenden Grafik und der Abbildung 1 auf Seite 34 besteht ein Zusammenhang insofern, als die in Abbildung 1 nummerierten Konstrukte auch in Abbildung 2 wieder auftauchen. Dieses Modell sei nur kurz beschrieben; eine ausführliche Erläuterung auf Deutsch findet sich bei Möller und Schiefele (2004) und Philipp (2011).

2.4 Dimensionen der Lese- und Schreibmotivation

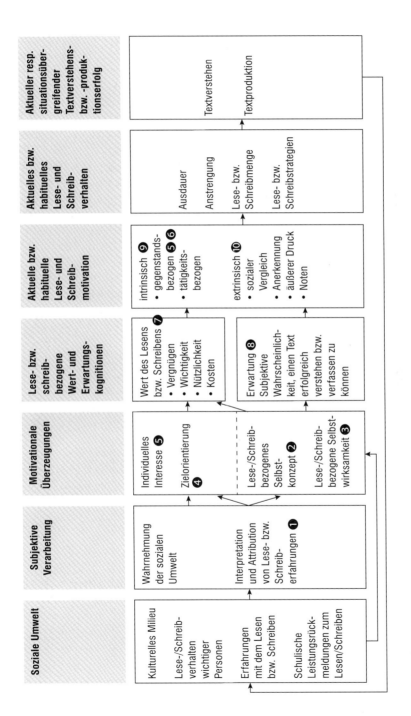

Abbildung 2: Ein Erwartungs-×-Wert-Modell für die motivationalen Grundlagen von Lese- und Schreibleistungen (ursprüngliches Modell von Möller/Schiefele 2004, S. 105, adaptiert gemäß Philipp/Sturm 2011, S. 71)

Die Grundidee des Modells besteht darin, dass sich Verhalten über das Zusammenspiel von Wert- und Erwartungskognitionen erklären lässt. Den Ausgangspunkt bildet die soziale Umwelt, in der Individuen wichtige Bezugspersonen und deren Verhalten in punkto Schriftsprache wahrnehmen und dies ebenso wie ihre (schulischen) Erfahrungen mit dem Lesen und Schreiben interpretieren, verarbeiten und attribuieren. Aus diesen Prozessen speisen sich schriftsprachbezogene motivationale Überzeugungen, welche die Wert- und Erwartungskognitionen beeinflussen. Aus dem Wechselspiel von Wert des Lesens bzw. Schreibens und der Erwartung, einen Text zu bewältigen, resultiert dann die jeweilige intrinsisch und extrinsisch getönte Lese- und Schreibmotivation. Diese wiederum beeinflusst die Lese- resp. Schreibmenge und den Einsatz von Strategien (s. dazu Kap. 5), d. h. das Lese- und Schreibverhalten, und dieses hat wiederum einen Einfluss auf das Verstehen bzw. Produzieren von Texten. Der Erfolg oder Misserfolg beim Umgang mit Texten wird über eine Rückkopplung zur Erfahrung mit Schriftlichkeit, die in der Schule häufig mit Leistungsrückmeldungen korrespondiert. Das Modell ist also zyklisch angelegt und unterstreicht damit, wie wichtig für die vielen verschiedenen motivationalen Konstrukte die soziale Umwelt ist. Somit sind die Erfahrungen mit der Schriftsprache in der Schule ein zentraler Ansatzpunkt einer gezielten Förderung der Lese- und Schreibmotivation.

> **ZUSAMMENFASSUNG**
>
> Die motivationalen Konstrukte aus diesem Kapitel lassen sich nach verschiedenen Gesichtspunkten systematisieren. Zwei dieser Möglichkeiten seien an dieser Stelle erwähnt. Der erste Systematisierungsaspekt bezieht sich auf die Zeit. Grundsätzlich gibt es Konstrukte, die eher einen Vergangenheitsbezug bzw. eine Stabilität aufweisen. Hierzu zählen das Selbstkonzept, das individuelle Interesse, stabile Zielorientierungen und zeitübergreifende Attributionsmuster sowie habituelle in- und extrinsische Motivationsformen. Im Zeichen eines Gegenwarts- oder tendenziellen Zukunftsbezugs resp. eines eher situativen Charakters stehen variable Attributionen, situatives Interesse und situative in- und extrinsische Motivationen sowie die Selbstwirksamkeit und aktuelle Ziele.
>
> Die zweite Systematisierung der Konstrukte betrifft einerseits die Frage, was an der schriftsprachlichen Aktivität den Anreiz bildet, und andererseits die Frage, ob sich die Person es zutraut, die Aktivität erfolgreich durchzuführen. Damit sind exakt jene Aspekte berührt, die konstitutiv für die Erwartungs-×-Wert-Theorie sind und in ihrer Kombination dafür entscheiden, ob jemand eine Handlung realisiert oder nicht. Man könnte das auch in zwei Fragen übersetzen, die sich eine Person stellt:
>
> ▸ „Wozu will ich eine schriftsprachliche Aktivität ausüben?" Hier sind Konstrukte wie Ziele, in- und extrinsische Motivation, der Wert und das Interesse angesprochen, und es ergeben sich zwei grundsätzliche Antworten: Entweder erfolgt die Beschäftigung mit Schrift um ihrer selbst willen oder aber – und im schulischen Kontext vermutlich häufiger – dazu, um ein Ziel zu erreichen, das außerhalb des Lesens oder Schreibens liegt.

▶ „Wie gut kann ich die schriftsprachliche Aktivität ausüben?" An dieser Frage setzen Konstrukte wie die aktuelle Selbstwirksamkeit und die gegenwärtigen Erwartungskognitionen an; retrospektiv gewendet sind das Selbstkonzept und die Attributionen zu nennen.

Besonders wichtig erscheint aus der Förderperspektive, dass aus Erwartungs-×-Werttheoretischer Sicht die soziale Umwelt angesprochen ist. Im Erwartungs-×-Wert-Modell bildet die soziale Umwelt sogar den Ausgangspunkt. Das bedeutet für die schulische Förderung der Lese- und Schreibmotivation (und damit auch der Lese- und Schreibkompetenz), dass es darauf ankommt, dauerhaft eine motivationsförderliche Umgebung zu kreieren (s. dazu Kap. 6). Die Förderung von Lese- und Schreibmotivation – das deutet sich vor allem im Systematisierungsaspekt Zeit an – ist eine eher langfristig angelegte Angelegenheit, bei der sich durch singuläre Maßnahmen auch nur begrenzte Effekte erzielen lassen.

2.5 Welche Facetten der Motivation gelten für Lese- und Schreibleistungen als förderlich bzw. hinderlich?

Weil der versierte Umgang mit Schriftsprache wegen der vielfältigen erwünschten Folgen ein hohes gesellschaftliches Prestige hat, stellt sich aus der Sicht der Schriftsprachdidaktik die Frage, welche Facetten der Lese- und Schreibmotivation das Lernen und den Kompetenzerwerb unterstützen bzw. hemmen. Damit sind zugleich Förderbereiche angesprochen, denn es sind die kompetenzförderlichen motivationalen Prozesse und Konstrukte, die prioritär zu behandeln sind. Diese für den Erwerb der Lese- und Schreibkompetenz günstigen motivationalen Prozesse und Konstrukte sind in Tabelle 6 den ungünstigen gegenübergestellt. Die Systematik folgt den Überlegungen von John Guthrie und Cassandra Coddington (2009), die Prozesse und Konstrukte hinsichtlich ihrer Funktionalität für das Leseverstehen in förderliche und hemmende Variablen getrennt haben. Sie folgen damit dem Befund, dass sowohl intrinsische als auch extrinsische Motivationen in einem positiven Verhältnis zur Leseleistung stehen können (s. dazu vertiefend Kap. 3.1) und zeigen damit ein differenziertes Bild. Zusätzlich haben sich die beiden Forschenden in ihrer für die Schriftsprachdidaktik sehr nützlichen Gegenüberstellung auf breite und allgemeine motivationspsychologische Befunde gestützt, sodass es legitim erscheint, ihre eigentlich auf das Lesen fokussierte Systematik auf das Schreiben zu übertragen. Dies geschieht auch vor dem Hintergrund, dass die in diesem Kapitel beschriebenen motivationalen Konstrukte grundsätzlich für jede Domäne (Lesen, Schreiben, Mathematik, Naturwissenschaft etc.) spezifiziert werden können und auch müssen.

Kompetenzförderliche motivationale Prozesse und Konstrukte	Kompetenzhinderliche motivationale Prozesse und Konstrukte
Intrinsische Motivation ❺ ❻ ❾ sowie internale extrinsische Motivation ❿	Kontrollierte extrinsische Motivation/Amotivation ❿
Günstige Kompetenzüberzeugungen (Selbstkonzept ❷ und -wirksamkeit ❸) sowie hohe Erwartungskognitionen ❼	Überforderung wegen ungünstigen Kompetenzüberzeugungen ❷ ❸ bzw. geringen Erwartungskognitionen ❼
Lern- und Performanzannäherungsziele ❹	Lern- und Performanzvermeidungsziele ❹
Subjektiv hoher Wert des Lesens bzw. Schreibens ❽	Subjektiv geringer Wert des Lesens bzw. Schreibens ❽
Soziale Unterstützung bzw. Eingebundenheit von Lesen und Schreiben	Soziale Isolation/keine Eingebundenheit des Lesens und Schreibens

Tabelle 6: Gegenüberstellung von lese- und schreibkompetenzförderlichen sowie -hinderlichen Prozessen und Konstrukten (basierend auf der Kategorisierung von Guthrie/Coddington 2009 unter Zuhilfenahme von Ryan/Deci 2000a; die Nummern korrespondieren mit denen aus Abbildung 1 auf S. 34)

Zu den *förderlichen Aspekten* zählen
a) intrinsische Motivationsformen und wahrgenommene Autonomie bei den extrinsischen Motivationsformen,
b) günstige Kompetenzüberzeugungen und hohe Erwartungskognitionen,
c) Lern- und Performanzannäherungsziele,
d) ein subjektiv hoher Wert, den der Umgang mit Schriftsprache für eine Person hat, und zu guter Letzt
e) soziale Eingebundenheit und Unterstützung beim Umgang mit Schriftsprache.

Dem stehen einige das Lesen und vermutlich auch das Schreiben *hemmende Variablen* gegenüber:
1.) Aufgaben- und Leistungsvermeidung in Form der Amotivation bzw. einer stark von außen kontrollierten extrinsischen Motivation,
2.) eine als zu hoch wahrgenommene Aufgabenschwierigkeit aufgrund geringer Kompetenzüberzeugungen und Erfolgsaussichten,
3.) Vermeidungsziele beim Lernen und der Performanz,
4.) eine geringe Bedeutung des Lesens bzw. Schreibens für Personen und schließlich
5.) die fehlende Unterstützung bzw. Isolation.

Beide Gruppen der Motivationsformen und ihrer einzelnen Konstrukte bestehen nebeneinander und können miteinander kombiniert werden. Dadurch ergeben sich bei einer stärker personenzentrierten Analyse Motivationsprofile, die in der Pädagogischen Psychologie auch zunehmend Aufmerksamkeit erfahren (Baker/ Wigfield 1999; Kolic-Vehovec/Roncevic/Bajsanski 2008; Retelsdorf/Möller 2010;

Vansteenkiste/Sierens/Soenens/Luyckx/Lens 2009). Ein Beispiel sind Sie übrigens selbst, wenn Sie die Fragen aus dem Kapitel 2.1 beantworten haben. Für jeden unter Ihnen ließe sich ein individuelles Profil der Lese- und Schreibmotivation feststellen, das nicht dem entsprechen muss, das andere Personen haben. Man könnte auch sagen: Ihr Motivationsprofil ist wie ein Fingerabdruck, allerdings einer, der sich verändern lässt.

Je nach Verhältnis der einzelnen förderlichen und hemmenden motivationalen Konstrukte und einer korrespondierenden Lese- und Schreibkompetenz lassen sich mindestens vier Typen von Lesern bzw. Schreibern beschreiben: aktive, ambivalente, apathische und aversive Schreiber und Leser (s. Tabelle 7), die sich auch empirisch verifizieren ließen (Guthrie/Coddington/Wigfield 2009). Was in der Darstellung fehlt, sind zum Beispiel Personen, die trotz hoher positiver und geringer negativer Motivation trotzdem nur geringe schriftsprachliche Fähigkeiten aufweisen. Eine solche Gruppe konnte in einer griechischen Studie mit Zweit- bis Viertklässlern bezüglich des Lesens gefunden werden (Sideridis/Mouzaki/Simos/Protopapas 2006). Das heißt, dass die vier Typen aus der Tabelle lediglich einen *Ausschnitt* all jener möglichen Idealtypen abbilden, die über die Kombination von interessierenden Merkmalen und deren Ausprägungen möglich sind. Bei den drei Merkmalen (zwei Motivationsformen plus Kompetenz) nebst jeweils zwei Ausprägungsformen (Motivation) bzw. drei im Falle der Kompetenz wären es zwölf mögliche Schreib- und Lesertypen.

Leser- bzw. Schreibertyp	Ausprägung der		
	kompetenzförderlichen Motivation	kompetenzhinderlichen Motivation	Lese- bzw. Schreibkompetenz
aktiv	hoch	gering	hoch
ambivalent	hoch	hoch	mittel
apathisch	gering – mittel	gering – mittel	gering – mittel
aversiv	gering	hoch	gering

Tabelle 7: Merkmale vierer prototypischer Leser- bzw. Schreibertypen hinsichtlich Motivation und Kompetenz (basierend auf Guthrie/Coddington 2009)

Zu guter Letzt sei noch erwähnt, dass die Darstellung der Merkmale in Tabelle 7 nicht den Schluss nahe legen soll, dass eine aktive Schreiberin zugleich auch eine aktive Leserin sei. Vielmehr ist aus theoretischer (und empirischer: Guay et al. 2010) Sicht denkbar, dass eine Person beim Schreiben und Lesen einen jeweils anderen Typ darstellt, also ein ambivalenter Schreiber, aber dafür zeitgleich ein aktiver Leser ist und umgekehrt. Dies wäre jedoch noch vertiefend zu untersuchen.

2 Motivierter Umgang mit Schriftsprache

ZUSAMMENFASSUNG

Nachdem im Kapitel 2.4 zwei sachlogisch-theoretische Systematisierungsversuche für die vielen Facetten und Konstrukte der Lese- und Schreibmotivation im Vordergrund standen, kam in diesem Kapitel das Thema Leistung zur Sprache. Genauer gesagt lassen sich die Facetten der Lese- und Schreibmotivation danach trennen, ob sie kompetenzförderlich oder -hinderlich sind, also die Lese- und Schreibleistungen beflügeln oder hemmen. Wie bereits im Kapitel 2.4 wird in der Gegenüberstellung kompetenzförderlicher und -hinderlicher Prozesse der Wert der sozialen Unterstützung betont. Das verweist darauf, dass Motivations- und Kompetenzförderung Hand in Hand gehen können – und sollen.

Als wichtige Anwärter für positive Effekte auf die Leistungen gelten aus motivationspsychologischer Warte jene Konstrukte, bei denen Heranwachsende intrinsisch oder im Falle der extrinsischen Motivation autonom agieren, sich als ausreichend kompetent erleben (günstige/s Selbstwirksamkeit und -konzept sowie Erwartungskognitionen), das Lesen und Schreiben als bedeutsam erleben (hohe Wertkognitionen) und entweder etwas lernen oder leisten wollen (Annäherungsziele). Dem stehen spiegelbildlich ungünstige Motivationsfacetten gegenüber, darunter eine Amotivation bzw. eine von außen kontrollierte Motivation, erlebte Überforderung wegen mangelndem Zutrauen in die eigenen Fähigkeiten, die Bedeutungslosigkeit des Lesens bzw. Schreibens und Ziele, die auf Vermeidung unerwünschter Zustände hinauslaufen.

3 Zur Entwicklung und Bedeutung von Lese- und Schreibmotivation – empirische Perspektiven

„Mein Biologielehrer in der High School ermutigte mich, mehr Wissenschaftsbücher zu lesen. Er verschaffte mir einen Kontakt zu einem Biologieprofessor."
(ein Wissenschaftler)

3 Zur Entwicklung und Bedeutung von Lese- und Schreibmotivation

Nachdem die vielen verschiedenen Facetten der Lese- und Schreibmotivation aus theoretischer Perspektive im Kapitel 2 schon zur Sprache kamen, schlägt dieses Kapitel einen Bogen zur empirischen Forschung. Die folgenden Fragen stehen im Mittelpunkt:

- Wie eng korrespondieren die verschiedenen Facetten von Lese- und Schreibmotivation in Studien, d. h. wie ähnlich oder unähnlich sind sie sich aus empirischer Sicht, und in welchem Verhältnis stehen sie zu Lese- und Schreibleistungen (3.1)?
- Sind Jungen und Mädchen in ihrer Lese- und Schreibmotivation wirklich sehr unterschiedlich (3.2)?
- Wie entwickelt sich im Lauf der Schulzeit der motivierte Umgang mit Schrift, und ist diese Entwicklung für alle Heranwachsenden gleich (3.3)?
- Durch welche sozialen und individuellen Prozesse erwerben Kinder und Jugendliche in ihrer Lese- und Schreibsozialisation die Motivation, sich mit Schriftsprache auseinanderzusetzen (3.4)?

3.1 Wie hängen einzelne Facetten der Lese- und Schreibmotivation untereinander zusammen?

Angesichts der vielfältigen und sich zum Teil inhaltlich sehr stark ähnelnden Konstrukte zur Lese- und Schreibmotivation, die Kapitel 2.4 zu kartieren und zu systematisieren versucht hat, stellt sich aus Sicht der empirischen Forschung die Frage, wie stark oder schwach sie beobachtbar zusammenhängen. Dieser Frage geht dieses Unterkapitel nach; zuvor sei aber noch auf zwei Schwierigkeiten hingewiesen:

- Ein grundsätzliches Hindernis bei der Darstellung liegt erstens darin begründet, dass der Forschungsstand bei der Lese- und Schreibmotivation sehr unterschiedlich ausfällt. Die Schreibmotivationsforschung beginnt eben erst, sich breiter zu etablieren, und sie fokussiert vor allem die Selbstwirksamkeit. Die Lesemotivationsforschung hingegen kann schon auf eine längere Forschungstradition zurückblicken und hat sich stark auf die intrinsische und die extrinsische Motivation sowie das Selbstkonzept konzentriert. Das bedeutet, dass die Forschungstraditionen und -befunde nicht unbedingt vergleichbar sind – und zwar bezogen auf Datenfülle und Fokusse der Forschung. Um die Unübersichtlichkeit zu mindern, geht dieses Kapitel der Lese- und der Schreibmotivation gesondert nach.
- Hinzu kommt zweitens, dass bei einem so unübersichtlichen Feld wie der Motivationspsychologie eine Vielzahl von Instrumenten zum Einsatz kommen, die nicht immer das Gleiche messen. Das wird noch durch den Umstand verschärft, dass selbst prominent eingesetzte Instrumente insbesondere in der Lesemotivationsforschung nicht immer zufriedenstellend funktionieren (s.

dazu den Fokus auf S. 58). All das erschwert es, einen Blick auf das große Ganze zu bekommen, sodass in diesem Kapitel daher ein Ausschnitt von Studien gewählt wird, die mit ähnlichen Instrumenten gearbeitet haben.

3.1.1 Die Facetten der Lesemotivation und ihre Verbindungen untereinander

Eine besondere Stellung innerhalb der angelsächsischen Lesemotivationsforschung nimmt ein Ende der 1990er Jahre von Allan Wigfield und John Guthrie entwickeltes Instrument ein: der bis heute verwendete „Motivation for Reading Questionnaire" (MRQ, Fragebogen zur Lesemotivation; Wigfield/Guthrie 1997). In ihm werden mit über 50 Aussagen (Items) elf verschiedene Facetten der habituellen in- und extrinsischen Lesemotivation erfasst sowie einige Aspekte der eigenen Lesekompetenz wahrgenommen (s. Tabelle 8, S. 56)

3 Zur Entwicklung und Bedeutung von Lese- und Schreibmotivation

	Dimensionen der Lesemotivation					
Studie	Wigfield/Guthrie (1997)	Watkins/Coffey (2004)	Lau (2004)	Schaffner/Schiefele (2007)	Möller/Bonerad (2007)	Lin/Wong/McBride-Chang (2012)
Anzahl Dimensionen	11	8	4	5	4	8
Bereich 1: Intrinsische Lesemotivation	stellvertretendes Erleben	stellvertretendes Erleben	intrinsisch	erlebnisbezogen		stellvertretendes Erleben
	Neugier	Neugier		objektbezogen	Lesen aus Interesse	Neugier
					Leselust	Freizeitlesen zur Erholung
Bereich 2: Extrinsische Lesemotivation	sozial	sozial	sozial			Sozial: Peers / Sozial: Familie
	Fügsamkeit	Noten-Fügsamkeit	extrinsisch			
	Noten					Noten
	Wettbewerb	Wettbewerb		Wettbewerb	Wettbewerb	
	Anerkennung	Anerkennung		Sozial		
Bereich 3: Wahrnehmung der Lesekompetenz und des Lesens	Selbstkonzept	Selbstkonzept	Selbstkonzept		Selbstkonzept	zukunftsbezogen instrumentell
	Wichtigkeit			leistungsbezogen		Selbstkonzept
	Herausforderung					
	Vermeidung	Vermeidung				

Tabelle 8: Dimensionen der Lesemotivation im MRQ und an ihn angelehnten Fragebögen; grau hinterlegt: Dimensionen mit ausdrücklichem Bezug zum Lesen in der Schule

Zwei der elf Skalen aus dem MRQ messen die intrinsische Motivation zu lesen. Zum einen handelt es sich a) um die Verstrickung in Geschichten in Form des *stellvertretenden Erlebens* als tätigkeitsbezogener Anreiz und zum anderen um b) das Interesse an Themen in den Texten *(Neugier)*. Fünf weitere Skalen erfassen Formen der extrinsischen Lesemotivation. Es handelt sich um c) die *soziale Lesemotivation*, bei welcher der Anreiz darin besteht, einer lesenden Umwelt (Familie und Freunde) anzugehören, was sich auch d) im *Wettbewerb* mit Klassenkameraden zeigen kann, wer am besten liest, oder aber e) im Wunsch nach *Anerkennung* von anderen, die einen für eine gut lesende Person halten sollen. Zwei weitere Facetten haben eher mit Erwachsenen zu tun, nämlich f) die *Fügsamkeit* bei lesebezogenen Aufgaben, also ein Gehorchen, und g) mit dem Lesen von Texten wegen *Schulnoten*. Markant ist, dass drei der extrinsischen Motivationsformen (Noten, Fügsamkeit und Wettbewerb) das Lesen in der Schule thematisieren. Die nächsten vier Dimensionen haben mit der Wahrnehmung der eigenen Fähigkeiten zu tun. Dies betrifft neben h) dem *Selbstkonzept* (das von Guthrie und Wigfield aber falsch als Selbstwirksamkeit bezeichnet wird, dazu unten mehr) auch i) die individuelle *Wichtigkeit* des Lesens. Fähigkeitsbasiert sind auch die Einschätzung, j) das Lesen anspruchsvoller Texte entweder zu *vermeiden* oder k) gezielt *herausfordernde* Texte zu suchen.

In Tabelle 8 sind neben den reinen MRQ-Skalen auch solche Skalen dargestellt, die sich mehr oder minder ausdrücklich auf den MRQ stützen (wie z. B. die Studie von Watkins und Coffey (2004), die die Befunde von Wigfield und Guthrie (1997) replizieren wollten) bzw. das Instrument weiterentwickelt haben, da dem MRQ einige Probleme anhaften (s. Kasten). Dabei folgt das Prinzip der horizontalen Darstellung der Ähnlichkeit. Zum Beispiel misst die Skala, die Lau (2004) als „Intrinsische Lesemotivation" bezeichnet, das Gleiche, was in vier weiteren Studien mit zwei separaten Skalen erfasst wurde. Und bei Lin, Wong und McBride-Chang (2012) wurden zwei Aspekte der sozialen Lesemotivation erfasst, die sich auf das Lesen im Kreise der Peers und der Familie erstrecken, wobei für die Familie auch Aussagen enthalten sind, die bei Wigfield und Guthrie (1997) das gehorsame Lesen messen. Es gibt also Überschneidungen und Herausstellungsmerkmale der Instrumente. Eine große Gemeinsamkeit besteht darin, dass in jeder der in Tabelle 8 aufgeführten Studien intrinsische Facetten der Lesemotivation und in fast allen das lesebezogene Selbstkonzept erfasst wurden. Zusätzlich kennen alle Studien ein extrinsisch motiviertes Lesen, das im schulischen Kontext angesiedelt ist (Fügsamkeit, Wettbewerb, Noten). Diese Facetten der Lesemotivation sind in der Tabelle grau unterlegt.

Fokus: Kritik am „Motivation for Reading Questionnaire" (MRQ)
Nun ist der MRQ nicht nur häufig zum Einsatz gekommen, er wurde auch kritisiert (Watkins/ Coffey 2004). Eine Schwierigkeit besteht darin, dass das Instrument in Folgestudien von John Guthrie und seinen Kollegen in modifizierter bzw. gekürzter Form verwendet wird, was es erschwert, die Ergebnisse von einzelnen Untersuchungen tatsächlich miteinander vergleichen zu können. Daneben gibt es auch konzeptionelle Probleme. Eines besteht darin, dass mit wenigen Ausnahmen (wie Möller/Bonerad 2007) die MRQ-Skala die Selbstwirksamkeit messen soll, vom Wortlaut der eingesetzten Aussagen her de facto das Selbstkonzept erfasst. Diese begriffliche Unsicherheit teilt der MRQ mit einer Vielzahl von anderen Studien aus dem Bereich der Selbstwirksamkeitsforschung (Klassen/Usher 2010). Aus diesem Grund wird, anders als in den Studien, im Folgenden die korrektere Bezeichnung Selbstkonzept für die entsprechende MRQ-Skala gewählt.

Der größte Kritikpunkt ist methodischer Natur und besteht darin, dass die elf verschiedenen Facetten in Studien, die sich der entsprechenden Analysemethode (Faktorenanalyse) bedient haben, Zweifel daran aufkommen lassen, ob sich tatsächlich elf verschiedene Dimensionen trennscharf ermitteln lassen. Bereits erste eigene Studien der Fragebogenentwickler mündeten in Ergebnissen, die die Dimensionalität des Instruments infrage stellen. So stellten die Entwickler des MRQ sechs statt elf Dimensionen fest (Wigfield/Wilde/Baker/Fernandez-Fein/Scher 1996), Watkins und Coffey (2004) acht, und Pecjak und Peklaj (2006) ermittelten lediglich vier Facetten – und all das mit den gleichen Originalitems, von denen sich diverse in der Studie von Watkins und Coffey (2004) als unbrauchbar erwiesen haben. Die Befunde von Watkins und Coffey sind übrigens insofern bemerkenswert, als es ihnen darum ging, die Dimensionen des MRQ zu *replizieren*, also die grundsätzliche Eignung des Instruments zu überprüfen und zu verifizieren. Auch bei Studien wie der von Lau (2004), die nur einige der Dimensionen aus dem MRQ untersucht hat, findet sich mit Ausnahme der (von ihr allerdings erweiterten) Selbstkonzept-Skala nicht die Originalstruktur vor. Damit steht eine ernste Frage im Raum: Misst der MRQ ausreichend trennscharf, was er zu messen vorgibt?

Und noch eine inhaltliche Kritik muss sich der MRQ – diese allerdings stellvertretend für einen Großteil der Lesemotivationsforschung – gefallen lassen: Es fällt eine Unwucht in punkto der Konzeption von intrinsischer und extrinsischer Lesemotivation auf, die von zukünftigen Forschungsbemühungen dringend zu korrigieren ist. Es wirkt fast so, als sei das intrinsisch motivierte Lesen ausschließlich für das Freizeitlesen und das extrinsische Lesen eher für das schulische Lesen reserviert. Im Licht einer aktuellen Studie aus Belgien lässt sich diese (ungewollt naive) Sicht aber nicht halten. In dieser Studie mit Fünftklässlern gab es nämlich Hinweise darauf, dass intrinsisch motiviertes Lesen in Schule und Freizeit stark Hand in Hand gehen. Ebenso ging ein stark kontrolliertes, extrinsisches Lesen in der Schule auch mit seinem Pendant im Freizeitlesen einher. Gleichzeitig gab es nur sehr schwache weitere Zusammenhänge zwischen den in- und extrinsischen Lesemotivationsformen zwischen den Kontexten (Naeghel/van Keer/Vansteenkiste/Rosseel 2012). Wir wissen also ausgesprochen wenig zur ex- und vor allem intrinsischen Lesemotivation in der Schule, wobei dies für die gezielte Förderung sehr wichtig wäre.

Auch wenn die berechtigte Kritik (s. Fokus, S. 58) hinsichtlich der psychometrischen Eigenschaften dafür spricht, den MRQ weiterzuentwickeln, so hat der Einsatz dieses Instruments einen Vorteil: Mit ihm bzw. verwandten Fragebögen werden mehrere Facetten gleichzeitig erfasst, und dadurch ist statistischen Analysen die Tür geöffnet, die Zusammenhänge von beispielsweise gegenstands- und tätigkeitsspezifischer intrinsischer Lesemotivation zu bestimmen. In aller Regel geschieht das über sogenannte Korrelationsanalysen, bei denen die statistische Nähe von zwei Konstrukten wie Formen der Lesemotivation bestimmt wird. Ein solcher Wert kann zwischen -1 und +1 liegen. Je dichter der Wert an der 1 liegt, desto straffer ist der Zusammenhang. Zur Interpretation der Werte noch ein Hinweis: Korrelationen um den Wert von ,10 gelten als gering, bei ,30 ist von mittleren Zusammenhängen die Rede und ab ,50 von starken.

Tabelle 9 (s. S. 60) unternimmt den Versuch, die Zusammenhänge zwischen Lesemotivationsformen und – in Vorgriff auf Kapitel 3.1.3 – Textverstehensleistungen grafisch darzustellen. Die Basis bilden Korrelationskoeffizienten aus 15 Studien, die verschiedene Formen der Lesemotivation erfasst haben. Aus diesen Korrelationskoeffizienten wurde der Durchschnittswert gebildet. Dabei wurden Stichprobengrößen und weitere Aspekte, die für Metaanalysen zwingende Analyseeinheiten wären, nicht berücksichtigt. Damit ist diese Analyse natürlich nur vorläufig und dient lediglich der Annäherung. Je dunkler die entsprechende Zelle eingefärbt ist, desto stärker ist der Zusammenhang. Hinsichtlich der Reihenfolge der Konstrukte orientiert sich die Darstellung an dem, was Sie aus Abbildung 3 auf Seite 67 und der Tabelle 8 auf Seite 51 schon kennen.

		Intrinsische Lesemotivation		Extrinsische Lesemotivation	
		tätigkeitsbezogen	gegenstandsbezogen	sozial	Fügsamkeit
Leistung	Leseverstehen	,21	,15	-,01	,06
Intrinsische Lesemotivation	Tätigkeitsbezogene LM		,51	,44	,36
	Gegenstandsbezogene LM			,49	,39
Extrinsische Lesemotivation	Soziale Lesemotivation				,36
	Fügsamkeit				
	Noten				
	Wettbewerb				
	Anerkennung				
Wahrnehmung der eigenen Lesekompetenz und des Lesens	Selbstkonzept				
	Wichtigkeit				
	Herausforderung				

Tabelle 9: Zusammenhänge von MRQ-nahen bzw. Original-MRQ-Skalen untereinander und mit Leseleistungsmaßen in der Muttersprache bei Kindern und Jugendlichen (Legende: je dunkler die Fläche, desto straffer der Zusammenhang; Quelle: eigene Berechnung, basierend auf Baker/Wigfield 1999; Guthrie/Wigfield/VonSecker 2000; Lin/Wong/McBride-Chang 2012; Medford/McGeown im Druck; Möller/Bonerad 2007; Mucherah/Yoder

Die Haupterkenntnisse aus Tabelle 9 lassen sich zu einigen Punkten verdichten. Dies geschieht nun, und es werden zunächst Zusammenhänge innerhalb der einzelnen Bereiche der Lesemotivation betrachtet (in- bzw. extrinsische Motivation und Wahrnehmung der eigenen Lesekompetenz und des Lesens). Danach gerät das Verhältnis zwischen den Bereichen in den Blick.

▸ *Zusammenhänge der Dimensionen intrinsischer Lesemotivation:* Basierend auf 17 Korrelationen ergibt sich ein recht straffer (s. 1) Zusammenhang zwischen der Motivation, wegen des Textes bzw. des Leseerlebnisses zu lesen (r = ,51). Das bedeutet, dass jemand, der bei einer der Skalen zur intrinsischen Lesemotivation hohe Werte erzielt, in aller Regel, aber nicht zwingend auch einen hohen Wert auf einer anderen hat. Das heißt, beide Facetten korrespondieren recht stark miteinander, ersetzen einander aber nicht.

3.1 Facetten der Lese- und Schreibmotivation

			Wahrnehmung der eigenen Lesekompetenz			
Noten	Wettbewerb	Anerkennung	Selbstkonzept	Wichtigkeit	Herausforderung	Vermeidung
,02	-,01	,07	,36	,27	,19	-,04
,36	,22	,43	,42	,42	,58	-,16
,43	,29	,44	,42	,47	,60	-,07
,37	,27	,48	,44	,40	,46	-,06
,47	,34	,43	,35	,49	,40	-,10
	,36	,51	,37	,47	,40	-,03
		,43	,27	,39	,34	,12
			,45	,52	,41	-,04
				,49	,50	-,07
					,49	-,10
						-,20

2008; Paige 2011; Retelsdorf/Möller 2008a; Schaffner/Schiefele 2007; Sideridis/Mouzaki/Simos/Protopapas 2006; Tercanlioglu 2001; Unrau/Schlackman 2006; Wang/Guthrie 2004; Watkins/Coffey 2004; Wigfield/Guthrie 1997)

▸ *Zusammenhänge zwischen den Dimensionen extrinsischer Lesemotivation:* Anders als bei der intrinsischen Lesemotivation ist der Zusammenhang der einzelnen Facetten nicht so stark ausgeprägt. Nur das Lesen, um von anderen als guter Leser bzw. als gute Leserin anerkannt zu werden, korreliert in mittlerem Maß mit den anderen Facetten, am stärksten mit dem Lesen wegen guter Noten. Am geringsten ist die Korrelation zwischen der wettbewerbsbezogenen Motivation und jener Facette, die sich aus dem Wunsch nach Teilhabe in einer Leseumwelt speist. Das bedeutet, dass Sie – wenn sie der Antworttendenz einer breiten Masse von Heranwachsenden entsprechen – durchaus sehr unterschiedliche Werte auf den Skalen „Wettbewerb" und „Soziale Lesemotivation" aus Kapitel 2.1 aufweisen können.
▸ *Zusammenhänge zwischen den Facetten der wahrgenommenen eigenen Lesekompetenz:* Wegen der thematischen Nähe ist es wenig verwunderlich,

dass Personen, die sich selbst als Leserin bzw. als Leser betrachten, denen das Lesen wichtig ist und die sich gezielt schwierigen Texten stellen, in allen drei Facetten tendenziell ähnlich hohe Ausprägungen haben. Umgekehrt, und das zeigen die (schwachen) negativen Zusammenhänge, gehen diese Personen anspruchsvollen Texten nicht zwingend aus dem Weg.

- *Zusammenhänge zwischen den Dimensionen in- und extrinsischer Lesemotivation:* Wendet man sich den Zusammenhängen zwischen ex- und intrinsischer Lesemotivation zu, fällt auf, dass eine hohe soziale und auf dem Wunsch nach Reputation basierende extrinsische Motivation mit einer stärker ausgeprägten tätigkeits- und gegenstandsbezogenen Lesemotivation einhergeht. Wenn Sie also laut den Fragen aus Kapitel 2.1 eine hohe Wettbewerbsmotivation aufweisen, aber tendenziell nicht ganz so gern aus freien Stücken zu Büchern greifen, entspräche das dem Muster. Diese positiven Zusammenhänge zwischen in- und extrinsischer Lesemotivation wurden auch in einigen anderen Studien berichtet (Andreassen/Bråten 2011; Lau 2009a; Law 2011). Dabei scheint eine Entwicklungsdynamik zu bestehen, nach der sich der Zusammenhang abschwächt, je älter die Untersuchungspersonen sind (Lau 2009b) bzw. mit höherem Alter auch negativ ausfallen (Guay et al. 2010). Das mag erklären, warum es in einigen Studien schwache negative Zusammenhänge zwischen in- und extrinsisch motiviertem Lesen gab (Becker/McElvany/Kortenbruck 2010; Law 2009).

- *Zusammenhänge zwischen intrinsischer Lesemotivation und der wahrgenommenen eigenen Lesekompetenz:* Mit Ausnahme der Vermeidung schwieriger Texte korrelieren die positiv getönten Wahrnehmungen der eigenen Lesefähigkeiten recht hoch mit den beiden Facetten der intrinsischen Lesemotivation, insbesondere scheinen intrinsisch motivierte Heranwachsende herausfordernde Texte gezielt zu suchen, was im Einklang mit dem Erwartungs-x-Wert-Modell aus Kapitel 2.4.6 steht. Andere Studien kommen ebenfalls zu ähnlichen Befunden und finden zum Teil sehr starke Korrelationen zwischen Leseselbstkonzept und intrinsischer Lesemotivation (Guay et al. 2010; Lau 2004, 2009a, b; Mason 2004).

- *Zusammenhänge zwischen extrinsischer Lesemotivation und der wahrgenommenen eigenen Lesekompetenz:* Komplex ist der Fall gelagert, wenn der Konnex von extrinsischer Lesemotivation und Kompetenzwahrnehmungen in den Blick gerät. Ein Lesen, das auf Integration in eine soziale Leseumwelt und – noch wichtiger – auf Anerkennung als lesende Person abzielt, geht mit erhöhten positiven Kompetenzwahrnehmungen und einer stärkeren Zuwendung zum Lesen einher. Dies lässt sich gut über die Quellen des Selbstkonzepts erklären, auf die Kapitel 6.4.3 stärker eingeht. Auffällig ist, dass die Zusammenhänge bei jener Form des Lesens deutlich geringer ausfallen, bei der der Anreiz im Wettbewerb mit Peers liegt. Hier besteht sogar der einzige schwach positive Zusammenhang mit einer erhöhten Vermeidungshaltung. Und noch etwas erscheint bemerkenswert: Die schulisch konnotierten Lesemotivationsdimensionen Fügsamkeit, Noten und Wettbewerb haben die statistisch geringste Nähe zum Leseselbstkonzept. Auch dieser Befund findet sich in anderen Studien wieder (Lau 2004, 2009a, b), und es gibt Hinweise darauf, dass sich eine stark externale, kontrollierte Lesemotivation bei Grundschulkindern mit zunehmendem Alter mit einem geringer ausgeprägten Leseselbstkonzept korrespondiert (Guay et al. 2010).

Was ist nun die Essenz der Befunde, die eben skizziert wurden? Zunächst einmal bestehen trotz methodischer Schwierigkeiten bei der Erfassung durchaus unterscheidbare Facetten der Lesemotivation, es gibt also eine Entsprechung zu den vielfältigen Dimensionen, die theoretisch postuliert wurden und werden (s. Kap. 2.4). Einige dieser Dimensionen hängen statistisch zusammen, aber nicht in der Art, dass sie einander ersetzen. Die wichtigsten Befundmuster lauten: Wem es wichtig ist, als guter Leser bzw. gute Leserin zu gelten, stellt sich bevorzugt herausfordernden Texten und hat ein stabiles Leseselbstkonzept (Kompetenzwahrnehmung und Bedeutung des Lesens). Außerdem liest jemand, der aus freien Stücken des Lesens willen zu Texten greift, auch mehr der Neugierde wegen (intrinsische Lesemotivation). Positive Wahrnehmungen des (eigenen) Lesens korrespondieren zudem durchgängig mit intrinsischer Lesemotivation. Bei der extrinsischen Lesemotivation sind die Zusammenhänge der einzelnen Facetten nicht ganz so stark ausgeprägt, aber ein Muster ist didaktisch ermutigend: Wer liest, weil er oder sie in einer Gemeinschaft von lesenden Personen Teil sein will oder von anderen Anerkennung für kompetentes Lesen anstrebt, zeigt sich intrinsisch motivierter und dem Lesen insgesamt zugewandter, auch in der Selbstwahrnehmung. Lesedidaktisch gewendet heißt das: Eine solche Atmosphäre der geteilten Wertschätzung des Lesens kann als Ausgangsort zur Förderung intrinsischer Lesemotivation und stabiler Leseselbstkonzepte begriffen werden (s. dazu Kap. 6).

3.1.2 Die Facetten der Schreibmotivation und ihre Zusammenhänge

Die Schreibmotivationsforschung hat sich auf andere Facetten der Motivation konzentriert, als es die Forschung zur Lesemotivation getan hat. Lediglich mit dem Selbstkonzept besteht eine unübersehbare Schnittmenge. In Tabelle 10 (s. S. 64) werden analog zur Darstellung in Kapitel 3.1.1 Facetten der Schreibmotivation gebündelt dargestellt. Auch für diese Form der Darstellung gilt: Je dunkler das Feld unterlegt ist, desto stärker ist der Zusammenhang. Erwähnt sei ferner noch, dass die Datenbasis erheblich geringer ist, was zudem begründet, warum diverse Zellen (bei der Schreibleistung und beim wahrgenommenen Nutzen des Schreibens) leer bleiben, da dazu keine Angaben in den neun zugrundeliegenden Studien gemacht wurden bzw. im Falle der Schreibleistungen nur in einer Studie (Troia et al. im Druck). Dass gerade bei den Testleistungen im Schreiben so viele Zellen leer sind, hat damit zu tun, dass als Leistungsindikatoren häufig Schulnoten oder Lehrkrafteinschätzungen herbeigezogen wurden. Da diese Einschätzungen aber etwas anderes messen als eigens konstruierte Aufgaben, wurden diese Indikatoren nicht berücksichtigt. Das dient auch der besseren Vergleichbarkeit zwischen Testleistungen im Lesen und Schreiben.

		Zielorientierung			Wahrnehmung der eigenen Schreibkompetenz und des Schreibens			
		Lernannäherung	Performanzannäherung	Performanzvermeidung	Selbstwirksamkeit	Selbstkonzept	Wert	Nutzen
Testleistungen	Schreibleistung	,09	-,07	-,10	,44	,38		,12
Zielorientierung	Lernannäherung		,27	-,05	,32	,50	,68	
	Performanzannäherung			,35	,13	,14	,16	
	Performanzvermeidung				-,16	-,15	,00	
Wahrnehmung der eigenen Schreibkompetenz und des Schreibens	Selbstwirksamkeit					,59	,42	,22
	Selbstkonzept						,62	,21
	Wert							

Tabelle 10: Zusammenhänge von Schreibmotivationsfacetten untereinander und mit Schreibleistungsmaßen bei Kindern und Jugendlichen (Legende: je dunkler die Fläche, desto straffer der Zusammenhang; Quelle: eigene Berechnung, basierend auf Brunstein/Glaser 2011; Klassen 2007; Klassen/Georgiou 2008; Pajares/Cheong 2003; Pajares/Johnson 1996; Pajares/Miller/Johnson 1999; Pajares/Valiante 1997, 1999, 2001; Troia et al. im Druck)

In Tabelle 10 werden neben den Schreibleistungen (mit eigens eingesetzten Tests) zwei Gruppen von Motivationsfacetten unterschieden: Zielorientierungen und die Wahrnehmung der eigenen Schreibkompetenz und des Schreibens allgemein. Bei den *Zielorientierungen* hängen die Performanzziele einerseits und die Annäherungsziele andererseits positiv zusammen. Zugleich gibt es jedoch fast eine Nullkorrelation zwischen Lernannäherungszielen und Performanzvermeidungszielen. Dies liegt wegen der großen theoretischen Differenz auch nahe (s. Kap. 2.3.3). Das heißt: Wenn Sie in Kapitel 2.1 sehr unterschiedlich auf die Aussagen geantwortet haben, so entspricht das der Tendenz von diversen Kindern und Jugendlichen.

Die *Wahrnehmungen des Schreibens* werden durch vier Facetten repräsentiert. Zwei beziehen sich auf die eigene Leistungsfähigkeit: Selbstwirksamkeit und -konzept. Zwischen diesen beiden Konstrukten besteht eine deutliche empirische Überschneidung. Zwei weitere Instrumente zur Wahrnehmung des Schreibens beziehen sich auf den (intrinsischen) Wert des Schreibens (s. o., Kap. 2.4.6) bzw. die Nützlichkeit des Schreibens für die Zukunft. Im Falle des letzten Instruments liegt eine Überschneidung zur Skala vor, die Lin et al. (2012) für den instrumentellen Nutzen des Lesens vorgelegt haben (s. Tabelle 8 auf S. 56). Wert und Nutzen des Schreibens wurden, da die Instrumente zur Erfassung in jeweils unterschiedlichen Studien zum Einsatz kamen, nicht untereinander ins Verhältnis gesetzt. Dafür gibt es zum Teil beträchtliche Korrelationen zwischen dem Wert des Schreibens und den Fähigkeitsselbsteinschätzungen sowie – mit geringerer Ausprägung – für die Nützlichkeit und die Selbstbeurteilungen der Schreibfähigkeiten.

Zwischen der Wahrnehmung des (eigenen) Schreibens und den Zielorientierungen bestehen systematische Zusammenhänge. So korreliert die Orientierung an Performanzvermeidungszielen schwach negativ mit Fähigkeitsselbsteinschätzungen. Das umgekehrte Muster ist bei den Performanzannäherungszielen zu beobachten, die schwach positiv mit schreibbezogenen (Selbst-)Wahrnehmungen korrespondieren. Am wichtigsten jedoch ist, dass Heranwachsende, die im Schreiben eine Möglichkeit der intensiven Beschäftigung mit einem Lerngegenstand sehen, deutlich erhöhte Kompetenzurteile und eine positivere Sicht auf den Wert des Schreibens aufweisen.

Frank Pajares, Shari Britner und Gio Valiante (2000) haben eine der wenigen vertiefenden Analysen vorgelegt, die der Frage nachging, inwiefern schreibbezogene Kompetenzüberzeugungen rechnerisch auf andere motivationalen Variablen, in diesem Fall Zielorientierungen, zurückzuführen sind. Das Forschertrio interessierte sich dafür, wie unter Sechst- bis Achtklässlern bei statistischer Berücksichtigung von Schreibleistung (Lehrerurteil in Notenform) und Geschlecht drei Zielorientierungen die Selbstwirksamkeit bzw. das Selbstkonzept rechnerisch tangieren. Ihr Ergebnis: Die Orientierung an Lern- und Performanzannäherungszielen sagt Unterschiede in beiden Kompetenzüberzeugungen voraus, und Performanzvermeidungsziele gehen mit geringerem Zutrauen in die eigenen Schreibfähigkeiten einher. Ein wichtiger Befund besteht darin, dass die Lernannäherungsziele beim Schreiben das höchste Vorhersagegewicht für das Selbstkonzept hatten, nicht aber für die Selbstwirksamkeit, die deutlich stärker mit früheren Leistungen zusammenhing. Dieses Ergebnis ist schreibdidaktisch von besonderem Interesse. Es verdeutlicht nämlich, dass über Erfolg bei Schreibaufgaben die Selbstwirksamkeit gefördert werden kann. Der Einsatz anspruchsvoller, lösbarer Aufgaben beim Schreiben bietet sich als Gelegenheit an, das Schreibselbstkonzept zu fördern, welches stark mit der intrinsischen Schreibmotivation zusammenhängt (Guay et al. 2010, s. Kap. 6.3).

3.1.3 Zum Verhältnis von Lese- bzw. Schreibmotivation und Testleistungen

Wie aus den Tabellen 9 und 10 aus den beiden Teilkapiteln zuvor schon hervorgegangen ist, hängen unterschiedliche Facetten der Lese- und Schreibmotivation in jeweils anderer Stärke und zum Teil positiv, zum Teil negativ mit den Testleistungen zusammen. Die größte Konsistenz bezogen auf das Lesen und Schreiben besteht in einer vergleichsweise starken Schnittmenge zwischen lese- bzw. schreibbezogenen *Kompetenzwahrnehmungen* und der jeweils erbrachten Leistung. Gerade in der Schreibforschung gilt die schreibbezogene Selbstwirksamkeit als einer der zuverlässigsten Indikatoren für die später tatsächlich gezeigte Leistung (siehe dazu die Forschungsüberblicke von Klassen 2002 und Pajares 2003). Über andere Motivationsformen und ihre Effekte auf Textqualität und andere Merkmale wissen wir mangels Studien allerdings praktisch nichts.

Im Fall der Lesemotivation sind die positiven Effekte der *habituellen intrinsischen Lesemotivation* für das Leseverstehen relativ gut belegt (Schiefele/Schaffner/Möller/Wigfield 2012), was sich bereits in Tabelle 9 andeutet. Entsprechend findet eine recht große Zahl von Studien positive Effekte der intrinsischen Lesemotivation auf das Textverstehen (Artelt/Schiefele/Schneider/Stanat 2002; Gottfried 1990; Retelsdorf/Köller/Möller 2011; Taboada/Tonks/Wigfield/Guthrie 2009; Unrau/Schlackman 2006). Allerdings gibt es auch Studien, die keine direkten Effekte der intrinsischen Lesemotivation ermittelten (Guthrie/Wigfield/Metsala/Cox 1999; Law 2009). Dieser letztgenannte Befund mag damit zu tun haben, dass die Zusammenhänge zwischen Lesemotivation und -verstehen gemäß der Logik des Erwartungs-x-Wert-Modells aus Kapitel 2.4.6 nicht direkt sind. Einerseits wird nämlich die habituelle Lesemotivation durch die aktuelle, direkt vor der Leseaufgabe beobachtbare Lesemotivation vermittelt (Schaffner/Schiefele 2007), und das wäre eine Parallele zur Selbstwirksamkeit beim Schreiben. Andererseits vermutet man, dass sich die intrinsische Lesemotivation erst über ein entsprechend engagiertes Leseverhalten – verstanden über Lesemenge und den angemessenen Einsatz von Lesestrategien – im Leseverstehen bemerkbar macht (s. Kasten; Guthrie et al. 1999; Retelsdorf/Möller 2008b; Schaffner/Schiefele 2007; Schaffner/Schiefele/Schneider 2004).

Während es diverse Belege gibt, nach denen intrinsische Lesemotivation und Lesemenge positiv korrespondieren (Guthrie et al. 1999; Becker/McElvany/Kortenbruck 2010; Lau 2009b; Wang/Guthrie 2004), sind bei der *extrinsischen Lesemotivation* weniger klare Zusammenhänge zu beobachten (Schiefele et al. 2012).

> **Fokus: Warum es für das Textverstehen hilft, wenn man viel liest**
> Laut John Guthrie und Kollegen (1999) sind einige Gründe wahrscheinlich, warum viel lesende Personen Texte besser verstehen. Zwei, die aus Sicht der Forschung besonders gut belegt sind, zielen auf die Automatisierung von Leseprozessen und die Erhöhung des Vorwissens.
> 1. Wer viel liest, verbessert sein Wissen und kann deshalb Texte besser verstehen. Das Vorwissen ist eine der wichtigsten Voraussetzungen des Textverstehens (Anmarkrud/Bråten 2009; Cromley/Azevedo 2007), und es gibt Belege dafür, dass viel lesende Personen in ihrem Wortschatz und Leseverstehen (Mol/Bus 2011), aber auch ihrem Weltwissen (Cipielewski/Stanovich 1992) und dem Wissen über das Schreiben profitieren (Korat/Schiff 2005).
> 2. Wer viel liest, automatisiert Leseprozesse. Schon in den 1980er Jahren fand man heraus, dass die Zeit, die Kinder mit dem Lesen von Büchern und Zeitschriften sowie Zeitungen verbringen, Zuwächse in der Lesegeschwindigkeit erzielen und im Falle des Buchlesens auch beim Leseverstehen (Anderson/Wilson/Fielding 1988). Aus Sicht der Interventionsforschung ist zudem gut belegt, dass sich die Leseflüssigkeit gezielt mit (lautem) Lesen von Texten erhöhen lässt (Chard/Vaughn/Tyler 2002). Durch die dadurch angestoßene automatische Erkennung von Wörtern werden im Arbeitsgedächtnis Ressourcen frei, die für den Einsatz von Verarbeitungsstrategien und die Konstruktion von Bedeutung erforderlich sind.

So hängt das Lesen aus extrinsischen Anreizen statistisch nicht auffällig oder negativ mit der Lesehäufigkeit zusammen, jedenfalls dann, wenn man gleichzeitig die intrinsische Lesemotivation rechnerisch berücksichtigt (Becker et al. 2010; Lau 2009b; Wang/Guthrie 2004). Allerdings gibt es auch Hinweise dafür, dass die extrinsische Lesemotivation die Lesemenge positiv vorhersagt (Guthrie et al. 1999; Wigfield/Guthrie 1997).

Damit offeriert die Forschung derzeit keine konsistenten Erklärungsansätze, welche Formen der extrinsischen Lesemotivation für das Textverstehen besonders günstig sind. Wir wissen schlichtweg derzeit entschieden zu wenig, doch es wäre beim jetzigen Kenntnisstand ausgesprochen voreilig, das Lesen aus Gründen, die außerhalb des Lesens selbst liegen, als unbedeutend abzuqualifizieren (Paige 2011). Hier braucht es noch mehr Grundlagenforschung, nicht zuletzt deshalb, weil die extrinsischen Motivationsformen auch als eine Art Korridor zur intrinsischen Motivation angesehen werden können. Dies zeigt sich in den Annahmen der Selbstbestimmungstheorie (s. o., Kap. 2.4.3) ebenso wie in den teils recht hohen Korrelationen der in- und extrinsischen Motivationsformen im Kapitel 3.1.1. Im Übrigen bildet das Phänomen unklarer Befunde eine Parallele zu den Erkenntnissen der Zielorientierungsforschung (Harackiewicz/Barron/Pintrich/Elliot/Thrash 2002).

3 Zur Entwicklung und Bedeutung von Lese- und Schreibmotivation

ZUSAMMENFASSUNG

Die Forschung zur Lese- und Schreibmotivation hat sich seit geraumer Zeit mit verschiedenen Facetten des engagierten Umgangs mit Schrift befasst. In diesem Kapitel sind jene Studien betrachtet worden, die mindestens zwei verschiedene Dimensionen der Lese- bzw. Schreibmotivation erfasst haben und diese mittels Korrelationsanalysen zueinander in Bezug setzten. Die Darstellung erfolgte aus zwei Gründen für das Lesen und Schreiben getrennt. Der erste Grund besteht darin, dass es kaum Studien gibt, die gleichzeitig lese- und schreibmotivationale Konstrukte erfassen. Dies beginnt sich gerade zu ändern, und es gibt Hinweise darauf, dass Schreib- und Leseselbstkonzepte sowie die intrinsische Lesemotivation zu Beginn der Primarschule eng miteinander korrespondieren (Guay et al. 2010; Poloczek/Karst/Praetorius/Lipowsky 2011). Der zweite Grund resultiert aus den unterschiedlichen Forschungstraditionen: Die Lese- und Schreibmotivationsforschung haben unterschiedliche Erkenntnisinteressen, was prinzipiell erst einmal gut ist, da es dadurch mehr Erkenntnisse gibt. Schwierig ist es hingegen, diese Befunde aufeinander zu beziehen. Dennoch soll an dieser Stelle ein solcher Versuch unternommen werden.

Auf den allgemeinsten Nenner gebracht, lässt sich für das Lesen und Schreiben – und hier genauer: das gewohnheitsmäßige Lesen und Schreiben – sagen:

▶ Wer das Lesen und Schreiben vermeidet, hat in aller Regel auch ungünstigere Selbstwahrnehmungen sowie im Falle des Lesens eine geringere in- und extrinsische Lesemotivation. Umgekehrt steht eine Wertschätzung des Schreibens und individuelle Wichtigkeit des Lesens mit positiven Selbstwahrnehmungen in Verbindung.

▶ Kinder und Jugendliche, die sich intrinsisch motiviert mit dem Lesen beschäftigen bzw. den (intrinsischen) Wert des Schreibens hoch einschätzen, haben positive Sichtweisen auf sich selbst als Leser/in bzw. Schreiber/in und suchen sich gezielt herausfordernde Beschäftigungsmöglichkeiten mit Schriftsprache.

▶ Intrinsisch motiviertes habituelles Lesen und Schreiben ist nicht das Gegenteil von einem extrinsisch motivierten Umgang mit Schrift. Gleichwohl sind die Zusammenhänge zwischen den Einzeldimensionen von in- bzw. extrinsisch motiviertem Lesen und Schreiben jeweils in aller Regel stärker ausgeprägt als zwischen ex- und intrinsischen Zielen bzw. Motivationsformen.

Spezifisch für die Lesemotivation sei noch erwähnt, dass zwei Dimensionen extrinsischer Motivation stärker als andere mit dem Lesen um des Lesens oder des Texts willen im Zusammenhang stehen: Wer liest, um Teil einer lesenden Gemeinschaft zu sein und von anderen Anerkennung für kompetentes Lesen zu erhalten, liest auch verstärkt aus freien Stücken. Dieses Ergebnis ist für die Gestaltung einer motivierenden schulischen Lese- und Schreibumgebung ermutigend und steht in Einklang mit den Grundbedürfnissen nach sozialer Eingebundenheit und Kompetenzerleben, deren Erfüllung laut Selbstbestimmungstheorie Bedingung der intrinsischen Motivation ist (Deci/Ryan 1985).

Gleichwohl sei daran erinnert, dass die Aussagen der Kapitel 3.1.1 und 3.1.2 vornehmlich auf Zusammenhangsmaßen basieren, die mehrheitlich bei einmaligen Befragungen gewonnen wurden. Schlussendlich ist letztlich nicht zu entwirren, was Ursache und was Wirkung ist; es scheint jedoch sich verstärkende Dynamiken zu geben (s. z. B. Morgan/Fuchs 2007 für das Verhältnis von Lesemotivation und -verständnis). Damit ist die Grundlagenforschung gefragt, die Wirkungskette genauer zu bestimmen, damit Lehrkräfte wissen, in welcher Phase der Lese- und Schreibsozialisation welche Ansatzpunkte besonders viel versprechen. Immerhin ist für das Lesen schon gut belegt, dass keine direkten Effekte von der habituellen Motivation auf die Leseleistung zu erwarten sind, sondern die Motivation kognitive Prozesse wie Wissenserhöhung und Automatisierung ermöglicht. Für das Schreiben wissen wir es noch nicht ausreichend. Mit aller Vorläufigkeit lässt sich aus dem kleinen Überblick in diesem Kapitel sagen: Die Selbstwirksamkeit beim Schreiben sowie die intrinsische Lesemotivation scheinen als Vorläufer der Leistungen in Textproduktion und -verarbeitung günstige Stellschrauben für die schulische Lese- und Schreibförderung zu sein. Diese Facetten der Motivation lassen sich durch verschiedene Maßnahmen didaktisch günstig beeinflussen (s. Kap. 5.5 und 6).

3.2 Unterscheiden sich Jungen und Mädchen in der Lese- bzw. Schreibmotivation?

Den soziodemografischen Merkmalen Alter, Herkunft und Geschlecht hat die Forschung zu Schulleistungen relativ viel Aufmerksamkeit geschenkt. Hinsichtlich der Lese- und Schreibmotivation sind Effekte soziodemografischer Merkmale aber weniger systematisch erforscht. Im Kapitel 3.3 wird es ausführlicher um die Effekte des Alters gehen, dieses Kapitel hingegen befasst sich mit einer anderen soziodemografischen Variable, auf der vergleichsweise viel Augenmerk in der Forschung und der Bildungsdebatte liegt, nämlich dem biologischen Geschlecht. Das hat einen Grund: Gegenwärtig gibt es im Bildungsbereich nämlich eine gewisse Konjunktur, Jungen als Sorgenkinder zu betrachten. Dieser populäre Trend hat insbesondere seit der ersten PISA-Studie in Deutschland an Dynamik gewonnen, äußert sich in zahllosen Lehrkraftweiterbildungen und Mediendebatten, und er ist auf dem besten Wege, sich von der Faktenbasis zu lösen, auf die er sich immer wieder beruft, und damit zur Ideologie zu werden (Diefenbach 2010; Rowan/Knobel/Bigum/Lankshear 2002; Smith 2003). Deshalb erscheint es geboten, sich die nüchternen Fakten (wieder) vor Augen zu führen. Dies ist das Anliegen dieses Teilkapitels.

3.2.1 Schreibmotivation und Geschlecht: Wert des Schreibens und Annäherungsziele

Die Schreibmotivation von Jungen und Mädchen ist bislang nur punktuell erforscht worden, und hierbei spielen die Arbeiten von Frank Pajares eine Schlüsselrolle, der gleich mehrere Studien vorgelegt hat. Beispielsweise konnten gleich zwei Untersuchungen belegen, dass Mädchen fünfter Klassen dem Schreiben einen etwas höheren Nutzen beimessen als Jungen, nicht aber in vierten oder dritten Klassen (Pajares/Miller/Johnson 1999; Pajares/Valiante 1997). Auch unter älteren Jugendlichen der Klassenstufen 6–8 hatte das Schreiben einen höheren

Wert für Mädchen als für Jungen (Pajares/Valiante 1999, 2001). Mädchen neigten im Jugendalter zudem mehr dazu, Lern- und Performanzannäherungsziele beim Schreiben zu verfolgen, als es ihre männlichen Mitschüler taten (Pajares/Valiante 2001). Damit deutet sich an, dass die Geschlechterdifferenzen in der Schreibmotivation in der Jugend zu entstehen scheinen, was von einem weiteren Befund unterstützt wird, nach welchem sich Kindergartenkinder noch nicht beim Wert des Schreibens, ihrem schreibbezogenen Selbstkonzept und der tätigkeitsspezifischen intrinsischen Schreibmotivation geschlechtsspezifisch unterscheiden (Mata 2011).

3.2.2 Geschlecht und Lesemotivation – viel Lärm worum eigentlich?

Hierzulande hat die PISA-Studie die zum Teil emotional gefärbte Debatte zum Effekt des Geschlechts auf die Leseleistung befeuert. Aus Sicht der Wissenschaft ist ein wichtiger Befund der Zusammenhang zwischen biologischem Geschlecht und Lesekompetenz, der offenbar von der Lesemotivation vermittelt wird (s. Kasten).

Fokus: Biologisches Geschlecht, Lesemotivation und Leseleistung
Die PISA-Studie ist eine wichtige Referenzgröße in der Debatte zur geschlechtsspezifischen Lesekompetenz. Zweifelsohne sind die Vorsprünge der Mädchen beim Leseverstehen in der PISA-Studie durchgängig relativ hoch: Sie liegen bei ca. einer halben Kompetenzstufe (Lynn/Mikk 2009; OECD 2010a) oder – bezogen auf die Entwicklung des Leseverstehens innerhalb des neunten Schuljahres – ca. zwei Jahren (Ferrer et al. 2007; Hill/Bloom/Black/Lipsey 2008).
Betrachtet man weitere Studien, so wird schnell klar, dass Geschlechterdifferenzen zum einen deutlich geringer (für einen Überblick: Philipp/Sturm 2011) und zum anderen sogar zugunsten der Jungen ausfallen (White 2007). Insbesondere Metaanalysen kommen immer wieder zum Ergebnis, dass beim biologischen Geschlecht keine belastbar großen Zusammenhänge in Leseleistungen (Hyde/Linn 1988; Lietz 2006; Mücke 2009) sowie weiteren schulisch relevanten Bereichen bestehen (Hattie 2009; Hyde 2005). Möglicherweise hat sogar die Art und Weise, wie in groß angelegten Studien Leseleistungen erfasst werden, systematisch mit den Geschlechterdifferenzen zu tun. Offene Aufgaben, bei denen die Testpersonen ihre Antworten formulieren statt sie anzukreuzen, scheinen nämlich mit stärker ausgeprägten Geschlechterdifferenzen zugunsten der Mädchen zusammenzuhängen (Lafontaine/Monseur 2009; Rauch/Hartig 2010). Das mag daran liegen, dass offene Aufgaben nachgewiesenermaßen schwieriger sind (In'nami/Koizumi 2009), was für eine bessere Leseverstehensleistung von Mädchen spricht. Unter Umständen erhalten die weiblichen Jugendlichen aufgrund ihrer höheren Schreibkompetenz (Philipp/Sturm 2011) bei schreibintensive(re)n Aufgaben bessere Werte – oder weil sie in solchen Testsituationen schlichtweg mehr schreiben (Pomplun/Sundbye 1999). Auch wenn die Ursachen

> für die Differenzen vielleicht testbedingt sind, schmolzen bei PISA die Vorsprünge der Mädchen in den Leseleistungen national und international erheblich, wenn man die intrinsische, tätigkeitsspezifische und habituelle Lesemotivation (und das Lesestrategiewissen) statistisch berücksichtigte (Artelt/Naumann/Schneider 2010; Chiu/McBride-Chang 2006; Stanat/Kunter 2001). Anders gesagt: Lesen Jungen und Mädchen ähnlich gern gewohnheitsmäßig, so lesen sie auch ähnlich gut. In einer Studie aus den USA konnte zudem gezeigt werden, dass die (ohnehin geringen) Geschlechterdifferenzen im Wert des Lesens erheblich geringer ausfielen, wenn Jungen und Mädchen ähnlich ausgeprägte Kompetenzüberzeugungen aufwiesen (Jacobs/Lanza/Osgood/Eccles/Wigfield 2002).
>
> Das verweist auf komplexere Dynamiken zwischen Geschlecht, Motivation und Kompetenz, die freilich noch angemessen zu erforschen wären. Für die Förderung des Leseverstehens bildet das biologische Geschlecht summa summarum zum jetzigen Zeitpunkt keinen weder empirisch noch theoretisch ausreichend abgesicherten Ansatzpunkt (Hurrelmann/Groeben 2004), auch wenn die öffentliche Wahrnehmung der Jungen dies nahezulegen scheint. Ebenfalls ist die hin und wieder zu lesende Vermutung mit einiger Vorsicht zu genießen, aufgrund der Dominanz von Frauen in der (frühen) Lesesozialisation ergebe sich ein weibliches Image des Lesens, das mit der männlichen Geschlechtsidentität nicht zu vereinen sei. Dies mag in autobiografischen Selbstauskünften bei Einzelfällen zwar stimmen (Graf 2004b; Steitz-Kallenbach 2006). Quantitative Studien zeigen aber auch widersprüchliche Befunde. Zum Beispiel urteilen weibliche Jugendliche teils deutlich geschlechterstereotyper über das weibliche Image von Sprache im Allgemeinen als ihre männlichen Klassenkameraden (Plante/Theoret/Favreau 2009); Selbiges ließ sich auch fürs Lesen im Besonderen feststellen (Kelly 1986). Dabei differenzieren Heranwachsende aber durchaus, zum einen altersspezifisch (d. h. bis zur Schule noch recht wenig geschlechtsstereotyp), zum anderen auch nach Lesemedien. So galten in der Studie von Patricia Kelly (1986) die Beschäftigung mit Sachtexten, Mysterygeschichten und Comics als männliche Tätigkeit, während das Bücherlesen und die Rezeption von Poesie als weiblich wahrgenommen wurden. Dieses Beispiel verdeutlicht, dass Pauschalaussagen wie „Lesen gilt als unmännlich" die Lesemotivationsförderung eher erschweren als einen sinnvollen Ausgangspunkt für die Förderung von Jungen und Mädchen bieten. Das gilt umso mehr, als die Befundlage zur geschlechterspezifischen Lesemotivation ausgesprochen unübersichtlich und uneindeutig ist.

Die im Kasten angedeuteten Probleme, die Rolle des Geschlechts in punkto Lesen theoretisch-konzeptionell zu fassen und empirisch zu belegen, verdienen eine vertiefende Betrachtung. Unter methodischer Perspektive wäre zum Beispiel zu erwarten, dass es durchgängige Differenzen zwischen Jungen und Mädchen und ihrer Lesemotivation gibt, wenn man das gleiche Instrument oder wenigstens sehr ähnliche Fragebatterien einsetzt, um die Motivation zu lesen zu erfassen. Doch selbst Studien, die mit demselben Instrument (MRQ, s. dazu Kap. 3.4.1) in punkto Lesemotivation oder von ihm abgeleiteten Skalen zur Lesemoti-

3 Zur Entwicklung und Bedeutung von Lese- und Schreibmotivation

	Originalskalen des Motivation for Reading Questionnaire						Abgeleitete Skalen des MRQ			
	Wigfield/ Guthrie (1997)	Baker & Wigfield (1999)	Mucherah/ Yoder (2008)	Tercanlioglu (2001)	Wang/ Guthrie (2004)	Unrau/ Schlackman (2006)	McGeown et al. (2012)	Lau (2009a)	Schaffner/ Schiefele (2007)	Möller Bonerad (2007)	Anteile Differenzen
Sample-Merkmale	Kl. 4–5 2 MZP N = 105 (45 % ♀)	Kl. 5–6 N = 371 (52 % ♀)	Kl. 6, 8 N = 388 (68 % ♀)	Kl. 7–9 N = 151 (53 % ♀)	Kl. 4 N = 384 2 TS (52 % ♀)	Kl. 6–8 N = 1032 2 TS (k. A. % ♀)	Kl. 4–6 N = 182 (46 % ♀)	Kl. 4–11 N = 1794 (52 % ♀)	Kl. 8–9 N = 614 2 TS (48 % ♀)	Kl. 5 N = 1455 (49 % ♀)	
Land	USA	USA	USA	Türkei	USA + China	USA	UK	China	Deutschland	Deutschland	
Anz. Dimension	11				8		5	4	5	4	
Intrinsische LM	1 stellvertretendes Erleben der Geschichte (Involvement)				1 Involvement		1 Involvement	1 intrinsisch	1 Erlebnis	1 Tätigkeit	12 (♀)/27 = 44 %
	2 Neugier auf ein Thema				2 Neugier		2 Neugier		2 Thema	2 Interesse	
Extrinsische LM	3 sozial (Teilhabe an lesender Umwelt)				3 sozial			2 sozial			20 (♀)/54 = 37 %;
	4 Fügsamkeit gegenüber Erwachsenen				4 Fügsamkeit						
	5 Wettbewerb mit Peers, wer besser liest				5 Wettbewerb mit Peers		3 Anerkenn.	3 extrinsisch	3 Wettbewerb	3 Wettbewerb	5 (♂)/54 = 9 %
	6 Lesen wegen Anerkennung von anderen				6 Lesen wg Anerkenn.				4 Anerkenn.		
	7 Lesen, um gute Noten zu erhalten				7 Noten		4 Noten				
Wahrnehmung der Lesekompetenz bzw. des Lesens	8 Leseselbstkonzept						5 Selbstkonzept	4 Selbstkonzept		4 Selbstkonzept	6 (♀)/29 = 21 %
	9 Herausforderungen beim Lesen suchen				8 Herausforderung				5 Lesekomp. verbessern		
	10 Vermeidung schwieriger Texte										
	11 Wichtigkeit, beim Lesen gut zu sein										
Anteil Differenzen	6/22(2*11) = 27 %	9/11 = 82 %	3/11 = 27 %	0/11 = 0 %	7/16(2*8) = 44 %	7/16(2*8) = 44 %	2/5 = 40 %	2/4 = 50 %	4/10(2*5) = 40 %	3/4 = 75 %	43(38♀ +5♂)/110 = 39 %

Abbildung 3: Verteilung der Geschlechterdifferenzen bei Dimensionen der Lesemotivation aus zehn Studien (13 Samples, davon eines mit zwei Messzeitpunkten (MZP): Wigfield/Guthrie 1997, mit Original- oder abgeleiteten Skalen des MRQ (hellgrau = Vorsprung der Mädchen bei der jeweiligen Lesemotivationsskala, schraffiert = Vorsprung der Jungen bei der Lesemotivationsskala Wettbewerb); TS = Teilsamples bei Studien mit mehr als einer Gruppe von Befragten; k. A. = keine Angabe)

vation operieren, fördern bei mehr als 6.000 untersuchten Personen keineswegs eindeutige Ergebnisse in Form konsistenter Muster zutage (s. Abbildung).

In Abbildung 3 werden – ganz analog zur Tabelle 8 auf Seite 56 – in- und extrinsische Facetten des Antriebs zu lesen von solchen unterschieden, die das eigene Kompetenzerleben beim Lesen sowie die Wahrnehmung oder auch Bedeutung des Lesens betreffen. Horizontal angeordnet sind solche Dimensionen der Lesemotivation, die sich inhaltlich ähneln. Grau hinterlegt sind jene Dimensionen, in den sich die Geschlechter statistisch auffällig unterschieden. Das traf auf 39 Prozent aller möglichen Fälle zu. Bei etwa einem guten Drittel hatten Mädchen höhere Werte, in nicht einmal jedem zwanzigsten Fall die Jungen. Diese Differenzen fallen hinsichtlich der Höhe der Ausprägung in den seltensten Fällen stark, sondern mehrheitlich schwach bis moderat aus. Neben den MRQ-Studien finden eine Menge weiterer Studien kleine bis große Vorsprünge der Mädchen in der intrinsischen tätigkeitsspezifischen Motivation, in der Freizeit Bücher zu lesen (Coddington/Guthrie 2009; Guay et al. 2010; Mata 2011; Mata/Monteiro/Peixoto 2009; OECD 2010b; Philipp 2010; Smith/Smith/Gilmore/Jameson 2012). Entsprechend ist es nicht verwunderlich, dass Mädchen auch bei dem mit der intrinsischen Lesemotivation verwandten beigemessenen Wert des Lesens höhere Ausprägungen aufweisen (Durik/Vida/Eccles 2006; Eccles/Wigfield/Harold/Blumenfeld 1993; Marinak/Gambrell 2010).

Trotzdem ist die Befundlage im Gesamt längst nicht sehr eindeutig, sondern im Gegenteil eher diffus. Beispielsweise ist auffällig, dass ausgerechnet in dem Block mit den Original-MRQ-Skalen eine Studie (Baker/Wigfield 1999) die größten Differenzen bei neun von elf Skalen ermittelte, während eine weitere, die zwar in einem anderen Land durchgeführt wurde, aber dafür mit den gleichen Aussagen operierte, keine einzige statistische Auffälligkeit in punkto Geschlecht vorfand (Tercanlioglu 2001). Es ließe sich zusätzlich annehmen, dass sich mit einem identischen oder zumindest sehr ähnlichen Instrument wenigstens Muster finden lassen, die sich in der Grafik in horizontal durchgehend grau unterlegten Dimensionen zeigen würden. Das ist in einer echten Eindeutigkeit so aber nicht sichtbar. Allenfalls ließe sich allenfalls noch sagen, dass Mädchen stärker aus Gründen des Tätigkeitsvollzugs bzw. wegen des Themas und damit intrinsisch motiviert lesen (44 Prozent der Differenzen fallen zugunsten der Mädchen statistisch auffällig höher aus). Nur bei einem guten Drittel der extrinsischen Lesemotivationsformen hatten Mädchen höhere Werte, und für die Kompetenzurteile ergibt sich kein klares Muster, da nur in zwei Studien Mädchen aus der Mittelstufe sich positiver im Lesen wahrnahmen, als dies bei den Jungen der Fall war. Nur ein Fünftel der möglichen Differenzen sind damit statistisch auffällig geworden.

3.2.3 Kompetenzüberzeugungen von Jungen und Mädchen – im Lesen, im Schreiben und im Muttersprachenunterricht

Da wie im Kapitel zuvor schon angedeutet Kompetenzüberzeugungen einen häufig untersuchten Gegenstand der Motivationspsychologie bilden, liegt ein entsprechendes Korpus an Studien vor, das nicht vollumfänglich, aber im Ausschnitt nun Gegenstand der Betrachtung wird. Diese Betrachtung basiert auf einer anderweitig erschienenen Literatursichtung über 27 Studien zu geschlechtsspezifischen Kompetenzüberzeugungen im Lesen und Schreiben (Philipp/Sturm 2011). Diese rein schriftbezogenen Selbstwahrnehmungen werden in diesem Beitrag von solchen aus sieben Untersuchungen flankiert, die nach dem Selbstkonzept im Muttersprachenunterricht fragten, das bis auf die Ausnahme einer Studie ausschließlich in der Sekundarstufe erhoben wurde.[1]

Das bedeutet, dass aus einem Korpus von insgesamt 34 Einzeluntersuchungen aus den 1990er Jahren bis ins Jahr 2011 allgemeine Tendenzen sichtbar gemacht werden können. Diese Ergebnisse sind in Abbildung 4 (s. rechts) dargestellt und basieren auf fast fünf Dutzend sogenannter Effektstärken. Bei Effektstärken wird häufig der standardisierte Koeffizient Cohens d verwendet. Für dessen Interpretation bildet die Meta-Metaanalyse von Janet Hyde (2005) zu Geschlechtermerkmalen in diversen Merkmalen eine wichtige Referenz ($d = .00$–$.10$: minimal, $d = .11$–$.35$: gering, $d = .36$–$.65$: moderat).

Es ist deutlich, dass sich Mädchen mehrheitlich besser einschätzen. Jeweils in rund einem Fünftel der Fälle haben sich Mädchen in moderatem Maße bessere Fähigkeiten attestiert. Im Fall des Muttersprachenunterrichts sind es übrigens nur deutschsprachige Mädchen der Sekundarstufe I, die moderat stärker ausgeprägte Selbstkonzepte aufweisen; international sind die Differenzen zwischen Jungen und Mädchen deutlich geringer (s. dazu auch Wilgenbusch/Merrell 1999, die einen Wert von $d = .23$ ermittelten – ein geringer Vorsprung der Mädchen; Huang, im Druck, berichtet ebenfalls von einem nur geringen Vorsprung d=,16), und bei knapp zwei Fünfteln sind die Differenzen sogar nur marginal. Zwischen einem Drittel und gut zwei Fünfteln beträgt der Anteil der Effektstärken, in denen die Selbstwahrnehmungen der Mädchen im Bereich Schrift gering über denen ihrer männlichen Klassenmitglieder liegen. Jungen weisen im Gesamt der drei schriftbezogenen Bereiche nur zu maximal einem Fünftel schwach bis moderat höhere Kompetenzüberzeugungen als Mädchen auf.

Etwas differenzierter fällt das Bild aus, wenn man die Geschlechtereffekte nach Schulstufen betrachtet. In Abbildung 4 ist dies gemeinsam für das Lesen und Schreiben erfolgt. (Die Urteile zum Selbstkonzept im Muttersprachenunterricht wurden nicht berücksichtigt, weil sie nahezu ausnahmslos aus der Sekun-

---

[1] Die Literaturangaben für die Studien zum Lesen und Schreiben werden aus Platzgründen in diesem Buch nicht angegeben (s. dazu Philipp/Sturm 2011). Bei den sieben zusätzlichen Studien zu den Fähigkeiten im Muttersprachenunterricht handelt es sich um diese: Anderman/Midgley 1997; Bong 2001; Rost/Sparfeldt 2002; Schilling et al. 2005, 2006; Skaalvik/Skaalvik 2004 und Swiatek 2005.

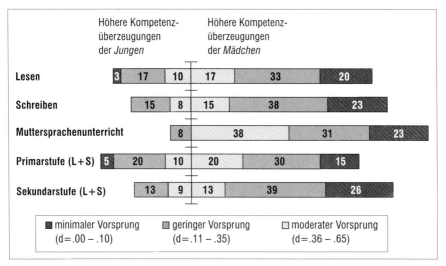

Abbildung 4: Geschlechtsspezifische Einschätzungen der eigenen Fähigkeiten im Lesen ($k = 30$ Effektstärken (ES) aus 20 Studien), Schreiben ($k = 13$ ES aus 6 Studien und im Muttersprachenunterricht der Sekundarstufe ($k = 13$ ES aus 7 Studien) sowie – nur bezogen auf das Lesen und Schreiben – für die Primar- ($k = 20$ ES) bzw. die Sekundarstufe ($k = 23$ ES); Prozentzahlen geben an, wie viele Prozent der Effektstärken zugunsten der Geschlechter wie hoch ausfallen

darstufe stammten und damit das Ergebnis systematisch verzerrt hätten.) Hier sind Muster im Sinne einer stärker werdenden Eindeutigkeit zu erkennen: Der Anteil gering bis moderat ausfallender Effektstärken bei weiblichen Jugendlichen ist mit insgesamt 65 Prozent erheblich größer als die 45 Prozent bei Mädchen aus der Primarstufe.

Als Gesamttrend aus den berücksichtigten Studien lässt sich damit festhalten: In der Hälfte bis knapp zwei Dritteln der berücksichtigten Studien bezeichnen Mädchen sich in geringem bis moderatem Maß als kompetenter in der Domäne Schrift – sei es im Lesen, Schreiben oder im Muttersprachenunterricht. Die Geschlechterdifferenzen fallen unter Primarschulkindern geringer aus als unter Jugendlichen der Sekundarstufe.

ZUSAMMENFASSUNG

Die besondere Bedeutung, die dem Geschlecht für den Umgang mit Schriftsprache beigemessen wird, lässt sich noch am ehesten historisch insofern begründen, als es seit einiger Zeit einen Trend in der Sozialforschung gibt, Jungen und ihren Bildungs(miss)erfolg in den Blick zu nehmen. Dieser Trend wurde ganz treffend als „Jungenwende" bezeichnet (Weaver-Hightower 2003). Spätestens mit PISA ist im deutschsprachigen Raum dieser Trend auch in der populären Diskussion und in der öffentlichen Wahrnehmung der Jungen als (vermeintliche) Bildungsverlierer angekommen. Die Forschungsergebnisse (im Bereich der Motivation) sind allerdings so wenig eindeutig, dass sie zu einem genaueren Blick zwingen.

Wenn beispielsweise gleiche oder ähnliche Instrumente wie der MRQ bzw. auf ihm basierende Skalen eingesetzt werden, dann wären ähnliche Befunde zu erwarten. Tatsächlich waren die Ergebnisse eher gemischt. In nicht einmal der Hälfte der konsultierten Studien unterschieden sich Jungen und Mädchen statistisch voneinander in der intrinsischen Lesemotivation. Ähnliches gilt für die extrinsische Lesemotivation. Bezüglich der Kompetenzüberzeugungen attestieren sich eher die Mädchen als Jungen höhere Fähigkeiten im Lesen, Schreiben und Muttersprachenunterricht, vor allem in der Sekundarstufe. Dazu passt, dass Mädchen im Jugendalter tendenziell dem Schreiben einen höheren Wert beimessen und mit dem Schreiben eher als Jungen das Ziel verfolgen, etwas zu lernen bzw. Leistung zu demonstrieren. Im Licht dieser weder klaren bzw. konsistenten noch ausreichend empirisch belegten Geschlechterdifferenzen kann derzeit nur davon abgeraten werden, die Geschlechtszugehörigkeit zum alleinigen Ausgangspunkt von lese- und schreibdidaktischen Maßnahmen zu machen, die die Lese- und Schreibmotivation betreffen.

3.3 Wie verändern sich die Lese- und Schreibmotivation im Laufe der Schulzeit?

Wenn man sich die Veränderungen von Lese- und Schreibmotivation vergegenwärtigen will, so geben nur echte Längsschnittstudien zuverlässig Auskunft über Entwicklungsbahnen. Solche (ökonomisch und forschungsmethodisch) aufwändigen Studien sind aber leider relativ selten, jedoch beim Lesen immer noch häufiger durchgeführt worden als beim Schreiben. Tatsächlich liegen mit Ausnahme von Interventionsstudien, bei denen es um die bewusst herbeigeführte Veränderung von bestimmten Facetten der Schreibmotivation (in aller Regel der Selbstwirksamkeit) bei Experimentalgruppen geht, wenig weitere Befunde vor.

Wenn es Studien zur Schreibmotivation gibt, so sind sie oft querschnittlicher Natur, also Einmalbefragungen mit mehr oder minder vielen Kindern und Jugendlichen. Im Falle der Lesemotivation ist die Situation zwar besser, aber wir sind immer noch weit davon entfernt, die Genese verschiedener Facetten der Lesemotivation wirklich zu überblicken. Die Karte zur Lese- und Schreibmotivation weist also viele weiße Flecken auf.

Eine weitere Forschungslücke bilden Studien, die die Lese- und Schreibmotivation gleichzeitig erfassen, obwohl dies ausgesprochen hilfreich dabei wäre, etwaige wechselseitige Effekte zwischen Lese- und Schreibmotivation genauer zu verstehen. Im Falle der Motivation steht die Forschung noch am Anfang, aber es gibt erste sichtbare Tendenzen, die sich günstigerweise in Untersuchungen mit Grundschulkindern niederschlagen und auf substanzielle Zusammenhänge zum Schulbeginn bei Selbstkonzepten (Poloczek et al. 2011) und extrinsischer Motivation sowie sich entkoppelnde intrinsische Lese- bzw. Schreibmotivation verweisen (Guay et al. 2010).

Dieses Kapitel kann mithin keinen vollständigen Überblick über die Genese aller Varianten der Lese- und Schreibmotivation geben, aber immerhin eine Annäherung vornehmen, indem es den internationalen gegenwärtigen Stand der Forschung konsultiert. Aus Gründen der Übersichtlichkeit erfolgt die Darstellung für das Lesen und Schreiben getrennt, und es wird außerdem immer deutlich gemacht, ob die Befunde in Quer- oder Längsschnittstudien gewonnen wurden.

3.3.1 Schreibmotivation

Eine Besonderheit der Schreibmotivationsforschung besteht darin, dass bislang kaum gesicherte Erkenntnisse zum tatsächlichen Verlauf verschiedener Facetten in Form von echten Längsschnittstudien vorliegen, in denen mindestens zweimal hintereinander dieselben Personen befragt oder beobachtet wurden, und zwar ohne Intervention, d. h. eine gezielte Beeinflussung zur Erhöhung der Schreibmotivation. Der Großteil der in diesem Kapitel vorzustellenden Studien zur Schreibmotivation wählte bislang den Weg, Heranwachsende unterschiedlicher Altersgruppen (also etwa Primar-, Mittel- und Oberstufenangehörige) einmalig zu befragen. Damit lässt sich eine vorläufige Annäherung an Entwicklungen vornehmen, welche aber durch entsprechende Längsschnittstudien tatsächlich abzusichern wären. Unser Kenntnisstand zur Genese der Schreibmotivation ist mithin dezidiert vorläufig und leider bislang ausgesprochen lückenhaft.

Kompetenzüberzeugungen, Wert des Schreibens und Zielorientierungen
Die meisten empirischen Hinweise hinsichtlich der Genese der Schreibmotivation stammen von Frank Pajares, der mehrere Studien dazu durchgeführt hat, von denen eine besonders illustrativ ist (Pajares/Cheong 2003). In der Studie wurden sechs schreibmotivationale Konstrukte bei drei Altersgruppen erfasst (Kl. 4–5, 6–8 und 9–11). Es handelte sich um drei Zielorientierungen beim Schreiben, das Selbstkonzept, die Selbstwirksamkeit und den Wert des Schreibens (s. Abbildung 5, s. nächste Seite). Bei fünf der sechs Konstrukte gab es statistisch auffällige Unterschiede zwischen den Gruppen, einzig die Performanzvermeidungsziele waren in allen drei Altersgruppen ähnlich niedrig ausgeprägt. Die Gemeinsamkeit bestand darin, dass sich bei den Annäherungszielen, den Kom-

petenzüberzeugungen und dem Wert des Schreibens die Viert- und Fünftklässler von den älteren Jugendlichen unterschieden. Die beiden ältesten Gruppen in dem Sample hingegen ähnelten einander.

Die bisherigen Ergebnisse deuten auf eine Stabilität der Schreibmotivation im Jugendalter hin. Doch auch im Grundschulalter scheint es Stabilität zu geben. So waren in einer weiteren Studie die Selbstwirksamkeitsüberzeugungen von Kindern dritter, vierter und fünfter Klassen ähnlich ausgeprägt. Dafür war das Selbstkonzept aber immer weniger stark, je älter die Kinder waren (Pajares/Miller/Johnson 1999).

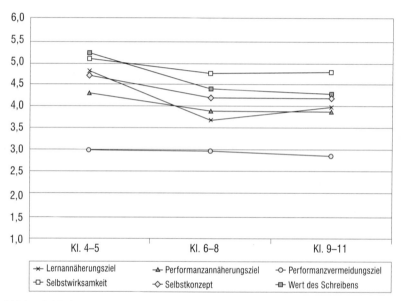

Abbildung 5: Mittelwerte von sechs schreibmotivationalen Konstrukten in drei Altersgruppen (Quelle: eigene Darstellung, basierend auf Pajares/Cheong 2003, S. 444; die Werte der Selbstwirksamkeit, die zwischen 0 und 100 liegen können, wurden für diese Grafik umgerechnet)

Versucht man, aus anderen Studien einen weiteren Trend bei der Selbstwirksamkeit im Schreiben, nämlich hinsichtlich der Geschlechterspezifika zu extrapolieren, so ergibt sich ein widersprüchliches Bild für das Jugendalter. Zum einen waren die Werte der weiblichen Jugendlichen in den Klassenstufen 5 (Pajares/Valiante 1997), 6–8 (Pajares/Valiante 1999) und 9 (Pajares/Johnson 1996) relativ ähnlich, während sie bei den Jungen je nach Altersgruppe schwankten. In Klasse 5 lag die Selbstwirksamkeit der Jungen relativ deutlich unter der der Mädchen, während der Vorsprung der Mädchen in den Klassen 6–8 minimal war und in der Studie mit den Neuntklässlern die Jungen überlegen wirkten. Dazu passen die längsschnittlichen Befunde von einer Studie mit Dritt- bis Siebtklässlern, bei denen nur bei der ersten von drei Messungen überzufällige Vorsprünge der Mädchen in der Selbstwirksamkeit zu ermitteln waren (Andrade/Wang/Du/Akawi 2009). Allerdings ist hier relativierend anzumerken, dass es sich um eine Interventionsstudie handelt.

Intrinsische tätigkeitsspezifische Schreibmotivation
In Kapitel 2.4 wurde bereits ein Vier-Phasen-Modell zur Entwicklung des Interesses gestreift. Dieses Modell ist jedoch noch nicht bezogen auf das Schreiben angemessen, d. h. längsschnittlich und ausreichend (also mit diversen Studien) untersucht worden. Allenfalls eine Annäherung lässt sich herstellen über eine querschnittlich angelegte Studie, in der rund siebzig 12- bis 15-Jährige mittels Fragebögen und persönlichen Interviews untersucht wurden (Lipstein/Renninger 2007b). Diese Jugendlichen befanden sich in unterschiedlichen Phasen des schreibbezogenen Interesses*, welches wegen der in Kapitel 2.4 schon angesprochenen begrifflichen Unschärfe von Interesse in der Schreibmotivationsforschung (s. o., S. 37) und aufgrund der Schilderungen von Lipstein und Renninger (2007b) angemessener als tätigkeitsspezifische intrinsische Schreibmotivation zu bezeichnen wäre. Einschränkend ist zudem anzumerken, dass die Beschreibungen der Instrumente und des methodischen Vorgehens relativ vage und kurz ausfallen, sodass sich nicht angemessen anhand der Darstellung nachvollziehen lässt, auf welcher Grundlage genau die Jugendlichen in eine der vier Phasen fallen.

Trotz dieser Einschränkungen ist zunächst ein bemerkenswerter Befund, dass nur wenige der befragten Jugendlichen ein gut entwickeltes Interesse* am Schreiben entwickelt hatten und dass diese kleine Gruppe von vier Personen ausnahmslos ältere und mehrheitlich weibliche Jugendliche umfasste. Bemerkenswert ist ferner die aus schriftsprachdidaktischer Sicht genaue Aufschlüsselung der Ziele, Wahrnehmungen, Vorlieben bei Interaktionen rund um die eigenen Texte und didaktische Ansatzpunkte in punkto Schreiben. All dies ist in Tabelle 11 zusammengefasst (s. S. 80 f.).

3 Zur Entwicklung und Bedeutung von Lese- und Schreibmotivation

Phase \ Merkmal	Phase 1: ausgelöstes situatives Interesse*	Phase 2: aufrecht erhaltenes situatives Interesse*	Phase 3: aufkommendes individuelles Interesse*	Phase 4: gut entwickeltes individuelles Interesse*
Bereich 1: Ziele und Wahrnehmung des Schreibens				
Ziele beim Schreiben	• fertig werden • Fokussierung auf Sprachformalia	mehrheitlich Schreibaufgabe gemessen an Lehrerstandards gut erledigen	• mehrheitlich Schreibaufgabe an eigenem Standard gut erledigen • mitunter schwierigere Aufgaben suchen	durchgängig Schreibaufgabe gemessen an eigenen und universell geltenden Standards gut erledigen
Mehrheitliche Perspektive auf die Anstrengung beim Schreiben	• Schreiben als anstrengende Tätigkeit • selbst einfache Aufgaben gelten als mühsam	Schreiben benötigt keine übergroße Anstrengung	• Aufwand beim Schreiben nicht als Last empfunden • viel freiwilliger Einsatz beim Schreiben, bis das persönliche Schreibziel auf zufriedenstellende Art erreicht ist	• Aufwand beim Schreiben nicht als Last empfunden • hoher Grad an freiwilliger Anstrengung, bis man selbst und andere mit dem Text zufrieden ist/sind
Wahrnehmung der eigenen Schreibfähigkeiten	schwach (oft verstärkt durch schlechte Noten)	zufrieden (oft verstärkt durch gute Noten)	zuversichtlich (teils verstärkt durch Noten)	zuversichtlich und realistisch im Vergleich mit anderen Personen
Bereich 2: Kritikfähigkeit sowie benötigte Reaktionen von anderen				
Wünsche der Personen bzgl. des Schreibens (neben der Wertschätzung der unternommenen Anstrengungen)	andere sollen verstehen, wie schwierig Schreiben für die Heranwachsenden ist, das sie sich einfacher wünschen	konkrete Vorschläge, wie sie schreiben sollen	einen eigenen Ausdruck haben und wahrgenommen werden sowie auf ihre eigene Weise schreiben zu können	Balance zwischen eigenen Schreibstandards und breiten akzeptierten Qualitätsansprüchen finden

3.3 Veränderungen im Laufe der Schulzeit

Vorliebe für Rückmeldungen	• Reaktionen, die wenig Änderungen erfordern und sich bewältigen lassen • Angst vor negativen Reaktionen	• positive Rückmeldungen mit spezifischen Richtungsangaben • Orientierung an Lehrperson als Standard für die Schreibleistung	• Wertschätzung des Textes und des Aufwands • Ablehnung von Rückmeldungen, die als allzu direktiv empfunden werden	ehrliche, konstruktive und auf Verbesserung des Textes abzielende Rückmeldungen, zunächst zum Inhalt, danach zur Technik
Einstellung zu kooperativen Schreibarrangements	ablehnend wegen der empfundenen Unfähigkeit, andere Texte zu kritisieren	positiv, dabei aber wenige Interaktionen, sondern primär Orientierung an der Lehrperson	ablehnend wegen unerwünschten Rückmeldungen (zu sprachformal oder wegen Reibungen mit eigenem Schreibstil)	positiv, solange es konstruktive Rückmeldungen gibt
(Angenommene) Bedürfnisse der Personen	eine begrenzte Anzahl konkreter Schreibstrategien sowie Hinweise zum Schreiben erhalten	• ermutigt werden, die eigene Stimme als Schreiber/in zu finden • sich von der Auffassung entfernen, die Art, wie die Lehrkraft schreibt, sei die einzig richtige	Feedback zur optimaleren und gleichzeitigen Erreichung von individuellen Schreibzielen und Ansprüchen der Lesenden	weiter herausgefordert werden und konstruktives Feedback

Tabelle 11: Phasen des Interesses* am Schreiben und ihre Merkmale (Quellen: Lipstein/Renninger 2007a, S. 80, 82; 2007b, S. 120, 123; Renninger 2009, S. 108, tlw. umformuliert)

Betrachtet man die vier verschiedenen Phasen, so ergeben sich interessante Veränderungen bei den Zielen und Wahrnehmungen des Schreibens. In einer frühen Phase ist Schreiben vor allem anstrengend und mühevoll, womit wenig ausgeprägte Kompetenzüberzeugungen korrespondieren. Dies ändert sich in den weiteren Phasen erheblich, in denen ein subjektiv optimistischeres bzw. zunehmend auch objektiv realistischeres Bild von den eigenen Schreibfähigkeiten entsteht. Den Aufwand beim Schreiben sahen die Jugendlichen zudem weniger als Last, sondern als Mittel zum Zweck, Schreibziele zu erreichen.

Aus didaktischer Sicht ist wichtig, wie man auf diese Konstellation reagieren soll. Die Heranwachsenden, die in Phase 1 mit dem Schreiben ihre Not haben, wünschen sich Verständnis dafür, dass Schreiben für sie zum Teil mit negativen Emotionen einhergeht, und suchen Sicherheit insofern, als sie konkrete, leicht umsetzbare Hinweise erhalten. Die Jugendlichen in Phase 2 orientieren sich schon stärker an externen Standards, die die Lehrkraft setzt, und benötigen ebenfalls konkrete Hinweise zu Verbesserungen. In Phase 3 ist die eigene Stimme besonders wichtig, die zugleich bei den Rückmeldungen auch heikel ist. Denn die Heranwachsenden reagieren empfindlich auf übergriffig wirkende Reaktionen auf ihre Texte, die einen allzu vorschreibenden Inhalt haben. Gleichwohl benötigen sie Hinweise, wie sie den Erwartungen von den Adressaten des Textes noch besser entsprechen bzw. ihre Textwirkung noch besser erreichen können. Erst in Phase 4 forderten die Heranwachsenden energisch kritische Rückmeldungen ein, die in konstruktiver Weise Wege zeigen sollten, wie sie ihre Texte verbessern können. Es sind auch erst Jugendliche in dieser Phase gewesen, die Rückmeldungen von Peers positiv bewerten und nutzen können. Diese Kritikfähigkeit erscheint unter dem Aspekt der Rückmeldungen besonders wichtig (s. Kap. 6.2).

3.3.2 Lesemotivation

In der Lesebiografieforschung mit Mittelschichtangehörigen, die am Ende des 20. Jahrhunderts schriftlich über ihre eigene Lesegeschichte Auskunft erteilten, ist eine Phase markant: Mit Einsetzen der Jugend wird das bis dato geschätzte und stabile Freizeitlesen plötzlich wechselhaft. Es kommt zu Lesepausen, verstärkter Leseaktivität, produktiven Umorientierungen in den Präferenzen, und manch einer wendet sich aus retrospektiver Sicht ganz und gar dem Lesen ab. Dieses Phänomen wird als „Lesekrise" bezeichnet (Graf 1995). Es handelt sich im Kern aber um eine Buch- und noch genauer um eine Belletristik-Lesekrise, die vor allem diejenigen trifft, die aufgrund der sozialen Herkunft ohnehin privilegiert sind und eine mehrheitlich gelingende Lesesozialisation erleben (Philipp 2011).

Inwiefern die subjektiv erlebte Krise mit einer *tatsächlichen* Abnahme der Lesemotivation korrespondiert, lässt sich mit den nachträglich gewonnenen, zum Teil viele Jahre nach der interessierenden Phase erhobenen Lesebiografien nicht zuverlässig beantworten. Ohnehin kommen, wenn man quantitative Daten betrachtet, Zweifel daran auf, wie stark in der Jugend die Lesefreude faktisch einbricht. Deshalb betrachtet dieses Kapitel aus zwei Perspektiven die in der Kindheit und Jugend mit Fragebögen gemessene Entwicklung der Lesemotivation. Die erste Perspektive fragt nach der allgemeinen Verlaufsform (s. Fokus rechts), danach geht es aus einer zweiten Perspektive ausführlicher um spezifische (= differenzielle) Entwicklungsbahnen einzelner Gruppen von Heranwachsenden.

**Fokus: Das Schicksal der Lesemotivation –
allgemeine Tendenzen und Forschungsbedarf**
Im Kapitel 2.4 wurde eine Vielzahl von verschiedenen Facetten der Lese- und Schreibmotivation systematisierend betrachtet. Diese Konstrukte sind unterschiedlich intensiv im Längsschnitt erforscht worden, und die wichtigsten Befunde lauten schlaglichtartig:
▶ Längsschnittstudien und Querschnittserhebungen mit verschiedenen Altersgruppen zeigen immer wieder, dass *die intrinsische habituelle tätigkeitsspezifische Lesemotivation* im Laufe der Schulzeit nachlässt (Bouffard/Marcoux/Vezeau/Bordeleau 2003; Gottfried/Fleming/Gottfried 2001; Lau 2009a, b; Mata et al. 2009; McElvany/Kortenbruck/Becker 2008; Philipp 2010; Retelsdorf/Möller 2008a; Unrau/Schlackman 2006). Andere Studien ermittelten hingegen keine statistisch auffälligen Differenzen zwischen Heranwachsenden aus verschiedenen Klassenstufen (Wigfield/Guthrie 1997; Mucherah/Yoder 2008). Zum Schicksal der *gegenstandsspezifischen intrinsischen Lesemotivation* ist im Vergleich weniger bekannt; sie ist insbesondere noch nicht ausreichend im Längsschnitt untersucht. Querschnittsstudien suggerieren zum einen gewisse Stabilität im bis zur Mittelstufe (Mucherah/Yoder 2008; Sweet/Guthrie/Ng 1998; Wigfield/Guthrie 1997), zum anderen ebenfalls eine Abnahme (Mata et al. 2009).
▶ Auch über die Genese der Facetten *extrinsischer Lesemotivation* weiß man relativ wenig. Gleichwohl zeichnet sich ab, dass diese nachlässt (Lau 2009a, b; Mata et al. 2009; Mucherah/Yoder 2008; Unrau/Schlackman 2006; Wigfield/Guthrie 1997), wobei nicht alle ihre Dimensionen durchgängig betroffen waren.
▶ Widersprüchlich ist die Befundlage auch im Falle des *lesebezogenen Selbstkonzepts*. Hier gibt es Hinweise sowohl auf a) Stabilität (Chapman/Tunmer 1995, 1997; Mata et al. 2009; Retelsdorf/Möller 2008a; van Kraayenoord/Schneider 1999) als auch auf b) Erhöhungen (Mucherah/Yoder 2008; Retelsdorf/Möller 2008a) sowie zu guter Letzt c) Verminderungen (Lau 2009a, b; Smith/Smith/Gilmore/Jameson 2012; Tercanlioglu 2001; Wigfield et al. 1997; Wigfield/Guthrie 1997).
▶ Bezogen auf die lesebezogene *Selbstwirksamkeit* ist – obwohl viele Studien diese Begrifflichkeit verwenden, aber eigentlich das Selbstkonzept messen (s. o., S. 58) – eine klare Forschungslücke zu attestieren. Eine Ausnahme bildet eine US-amerikanische Studie, die ergab, dass die untersuchten Viert-, Siebt- und Zehntklässler mit zunehmendem Alter höhere Selbstwirksamkeitsüberzeugungen hatten, Texte erfolgreich verstehen zu können (Shell/Colvin/Bruning 1995).
▶ Noch größer als die Forschungslücke zur Selbstwirksamkeit ist jene zu *Attributionsmustern*. Es gibt zwar Studien, die Attributionsstile erfassen, doch diese sind allgemein auf die Schule und weniger auf das Lesen bezogen (Chan 1994; Kurtz-Costes/Ehrlich/McCall/Loridant 1995; Shell et al. 1995; eine Ausnahme bildet Lau 2004).
▶ Die Entwicklung von *Zielorientierungen* im Lesen bildet ebenfalls ein Desiderat. Zielorientierungen sind nämlich häufiger bezogen auf die Schule allgemein als auf das Lesen

> und Schreiben untersucht worden (z. B. Lepper/Henderlong/Iyengar 2005). Ausnahmen davon bilden einige finnische Studien, in denen häufig über das Aufgabenverhalten von Kindern in den frühen Grundschuljahren auf die Zielorientierung geschlossen wurde (z. B. Nurmi/Aunola 2005). Zudem wurde auch bei älteren Kindern Lern- und Performanzannäherungsziele sowie Vermeidungsziele in einer Längsschnittstudie zu Lese- und Schreibaufgaben untersucht (Meece/Miller 1999). Die Ausprägung der Annäherungsziele sank im Laufe des dritten, vierten und fünften Schuljahres, und vom dritten zum vierten Schuljahr verstärkte sich die Tendenz, lesebezogene Aufgaben zu vermeiden.

Entwickelt sich für alle Heranwachsenden die Lesemotivation wirklich gleich?
Dass Lernende unterschiedlich sind, davon weiß jede Lehrkraft ein Lied zu singen, und die qualitativ arbeitende Forschung fördert immer wieder die individuellen Zugänge zur Schriftsprache zutage, wovon dieses Buch nicht zuletzt in den Fallbeispielen profitiert. In der quantitativen Forschung treten individuelle Merkmale eher in den Hintergrund, weil es diesem Forschungsverständnis eher darum geht, *durchschnittliche* Zusammenhänge, Entwicklungen und Effekte zu demonstrieren. Daher steht die Frage im Raum, ob der Verlauf der Lese- und Schreibmotivation für alle Kinder und Jugendliche gleich ist, oder ob die Motivation in bestimmten Gruppen andere Verlaufsbahnen annimmt als in anderen, z. B. bei Migranten und Nichtmigranten, Jungen und Mädchen, Kindern aus bildungsnahen und -fernen Elternhäusern, Schulformangehörigen, guten und weniger guten Lesern etc.

Auch hier ist unser Kenntnisstand noch gering. Wir wissen jedoch zum Beispiel, dass es Gruppen von Kindern und Jugendlichen mit unterschiedlichen Konfigurationen von Motivation gibt, und zwar sowohl bezogen auf allgemeine schulische Motivation (Lepper/Henderlong/Iyengar 2005; Vansteenkiste/Sierens/Soenens/Luyckx/Lens 2009) als auch hinsichtlich ihrer in- und extrinsischen Lesemotivation sowie ihren Kompetenzüberzeugungen (Baker/Wigfield 1999; Guthriel/Coddington/Wigfield 2009; Sideridis et al. 2006). Wenn es Gruppen mit unterschiedlichen Motivationsprofilen gibt, liegt es nahe, dass es auch unterschiedliche Entwicklungsformen gibt. Dieser Frage haben sich bislang kaum Studien verschrieben, aber es gibt aus drei Untersuchungen Hinweise auf differenzielle Verlaufsformen, und diese Befunde werden nun betrachtet.

a) Selbstkonzept und Wert des Lesens
Die Studie mit der längsten Laufzeit stammt aus den USA (Archambault/Eccles/Vida 2010) und basiert auf Daten aus den 1980er und 1990er Jahren. Mehrere hundert Heranwachsende wurden wiederholt zu ihren Kompetenzüberzeugungen im Lesen und dem Wert, den das Lesen für sie hat, befragt. Damit ist schon angedeutet, dass diese Studie auf der Erwartungs-×-Wert-Theorie fußt, die Kapi-

tel 2.4.6 behandelt hat. Der Studie zufolge gibt es sieben verschiedene Gruppen von Heranwachsenden, die sich in Ausgangsniveau und Verlauf ihrer Lesemotivation unterscheiden (s. Abbildung 6 unten). Bemerkenswert ist, dass mit einer Ausnahme (Gruppe 2) die Entwicklung von Selbstkonzept und Wert des Lesens praktisch identisch verläuft, und zwar überwiegend abnehmend, das gilt gerade für die Gruppen 1–3 und 5. Es gibt jedoch auch Jugendliche, bei denen sich in der Sekundarstufe die Lesemotivation erhöht (Gruppen 4, 6 und 7). Erwähnenswert erscheint außerdem, dass die Gruppen nicht gleich groß sind. Der Großteil der Befragten zählt zu jener Gruppe, die einen konstanten Rückgang erlebt (Gruppe 1). Jeweils ein Fünftel hat entweder relativ stabile Fähigkeitseinschätzungen bei abnehmendem Wert des Lesens (Gruppe 2) oder erholt sich in der Lesemotivation in der Sekundarstufe, nachdem bis zum Ende der Primarschule ein Rückgang zu verzeichnen war (Gruppe 6).

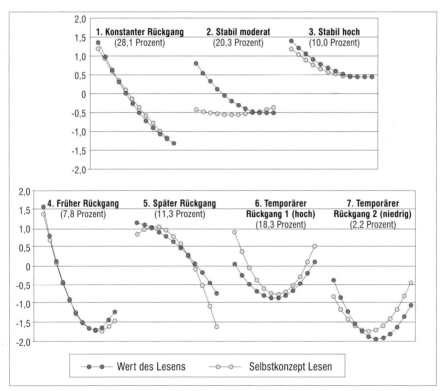

Abbildung 6: Verlaufsformen des lesebezogenen Selbstkonzepts und des wahrgenommenen Werts des Lesens von Klasse 1 bis 12 (Quelle: eigene Darstellung basierend auf Archambault et al. 2010, S. 810; die Null-Linie gibt den Mittelwert über die gesamte Zeit an; Werte über 0 weisen also auf eine über-, Werte unter 0 auf eine unterdurchschnittliche Ausprägung hin)

Archambault et al. (2010) ermittelten nicht nur die verschiedenen Verlaufsformen, sondern auch, ob bestimmte Gruppen von Jugendlichen überzufällig oft in den sieben Gruppen Mitglied waren. Jungen befanden sich statistisch betrachtet häufiger in den Gruppen 4–7, Mädchen eher in der Gruppe 3. Kinder, die aus Sicht der Eltern Mühe mit dem Lesen-Lernen hatten, waren häufig in Gruppe 4 Mitglied, und schlechtere Lesenoten korrespondierten mit der Zugehörigkeit zur Gruppe 1, 2, 4, 6 und 7. Zu guter Letzt erwies sich auch das Familieneinkommen als bedeutsam, denn Kinder aus Familien mit wenig finanziellen Mitteln waren besonders häufig in den Gruppen 1, 4 und 5 anzutreffen.

Hinsichtlich des Faktors Geschlecht ist noch anzumerken, dass basierend auf denselben Daten in einer früheren und statistisch anderen Analyse die allgemeine geschlechtsspezifische Entwicklung des Selbstkonzepts und des Werts des Lesens anders aussah (Jacobs et al. 2002). Jungen und Mädchen waren in ihren Selbstkonzepten in Klasse 1 vergleichbar, doch im Laufe der nächsten neun Jahre verloren Jungen stärker als Mädchen das Zutrauen in ihre eigenen Fähigkeiten. Erst ab der Klasse 10 schloss sich die ohnehin geringe Lücke wieder. Beim Wert des Lesens bestand von Anfang an ein leichter Vorsprung der Mädchen, die Abnahme des Werts betraf hingegen beide Geschlechter gleichermaßen.

b) Intrinsische Lesemotivation

In einer deutschen Studie konnten 1.500 Jugendliche von Klasse 5 bis 9 viermal im Abstand von eineinhalb Jahren zu ihrer intrinsischen habituellen tätigkeitsspezifischen Lesemotivation befragt werden (Retelsdorf/Möller 2010). Dabei ergaben sich im Verlauf vier Formen und Gruppen. Die größte Gruppe, zu der zwei von fünf Jugendlichen zählten, hatte ein hohes Ausgangsniveau an Lesemotivation, die sich im Laufe der vier Schuljahre verringerte (Gruppe 1: hoch motiviert). Zu dieser Gruppe gehörten überzufällig viele Mädchen und Jugendliche aus Gymnasien. Drei von zehn Befragten hatten eine durchschnittliche, stabile Lesemotivation (Gruppe 2: durchschnittlich motiviert), und ein Siebtel zeichnete sich durch ein geringes Ausgangsniveau an Lesefreude aus, das sich von Klasse 5 zu 6 etwas erhöhte, sonst im Vergleich mit den anderen Gruppen aber stabil niedrig blieb (Gruppe 3: gering motiviert). Ein Sechstel der Jugendlichen formierte zu guter Letzt die Gruppe 4, die von Klasse 5 zu 6 eine starke Motivationseinbuße erlebte. Ursprünglich lasen sie ähnlich motiviert wie die Jugendlichen aus Gruppe 1, ab Klasse 6 ähnelten sie hingegen der Gruppe 2. Mädchen und Gymnasialjugendliche waren mehrheitlich Mitglieder der Gruppe 4. Damit verfügen Mädchen und Jugendliche aus formal höheren Schulen zum einen über eine vergleichsweise hohe Lesemotivation. Zum anderen sind sie aber nicht vor Motivationseinbußen gefeit, sondern erleben zum Teil im Gegenteil die größten Rückgänge. Einschränkend ist noch anzumerken, dass bei reiner Betrachtung der Schulform in dieser und anderen Studien parallele Entwicklungen der Lesemotivation auf unterschiedlichen Niveaus zu beobachten waren (Philipp 2010;

3.3 Veränderungen im Laufe der Schulzeit

Retelsdorf/Möller 2008a). Das scheint auch für Jungen und Mädchen zu gelten, die von unterschiedlichen Plateaus starten und relativ ähnliche Verläufe der Lesemotivation erleben (McElvany/Kortenbruck/Becker 2007; Philipp 2010).

Einen anderen Weg zur Analyse der Lesemotivationsentwicklung hat eine weitere Studie beschritten (Marcoulides/Gottfried/Gottfried/Oliver 2008). In ihr wurde geprüft, ob rund 100 Heranwachsende aus drei Gruppen mit verschieden stark für die Schule motivierten Personen von einer Gruppe in eine andere wechselten. Es ging also um die Stabilität der schulischen Motivation. Da die intrinsische Lesemotivation substanziell mit der allgemeinen intrinsischen Schulmotivation korrelierte (Gottfried 1990), sind die Auswertungen auch für die Zwecke dieses Buchs interessant. Die Daten, auf denen die Analyse fußt, wurden im Alter von jeweils 9, 10, 13, 16 und 17 Jahren erfasst.

Es gab insgesamt drei Gruppen (schwach, mittel und hochmotivierte Jugendliche), die zu jedem der fünf Messzeitpunkte unterschiedlich groß waren (s. Abbildung 7 unten). So gehörten im Alter von neun Jahren drei von fünf Kindern zur Gruppe hoch motivierter Schüler, und eines von dreien hatte eine niedrige Motivation. Im Alter von 17 Jahren waren die Verhältnisse deutlich anders. Nun war die ursprünglich sehr kleine Gruppe durchschnittlich motivierter Personen mit drei Fünfteln die größte, während auf die wenig und hoch motivierte Gruppe jeweils ein Fünftel entfiel. Die größten Verschiebungen ergaben sich bis zum Alter von 13 Jahren.

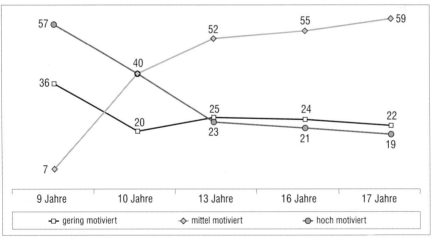

Abbildung 7: Anteile von Heranwachsenden in drei Gruppen unterschiedlich schulisch motivierter Personen (Angaben in Prozent; Quelle: eigene Darstellung, basierend auf Marcoulides et al. 2008, S. 418)

Das bedeutet, dass mit steigendem Alter die Motivation stabiler wird, und das zeigen auch weitere Analysen. Obwohl es zwischen der Gruppe der am wenigsten und der durchschnittlich motivierten Heranwachsenden einerseits und der

3 Zur Entwicklung und Bedeutung von Lese- und Schreibmotivation

durchschnittlich sowie hoch motivierten Gruppe andererseits einigen Grenzverkehr gab, war das für den dritten möglichen Wechsel nicht der Fall. Es gab nämlich keinen Austausch zwischen den beiden Extremgruppen (Marcoulides et al. 2008). Man kann mithin festhalten, dass bis zum Beginn der Jugend die größte Veränderung stattfindet, aber ohne gezielte Intervention keine extremen Veränderungen im Sinne starker Motivationseinbußen oder -zuwächse wahrscheinlich sind. Ob soziodemografische Merkmale eine Rolle spielen, wurde nicht untersucht. In einer früheren Analyse der Daten ergab sich zumindest für das Geschlecht kein Effekt beim Verlauf der Lesemotivation (Gottfried et al. 2001).

ZUSAMMENFASSUNG

Was ist die Essenz aus den vielen Studien, die in diesem Kapitel mehr oder weniger ausführlich dargestellt wurden? Zunächst fällt auf, dass es sehr unterschiedliche Schwerpunkte in der Forschung gibt. Der eine ist methodischer Natur: Die Erkenntnisse zur Schreibmotivation stützen sich bislang vornehmlich auf einmalige Befragungen, was allenfalls Indizien für Entwicklungsverläufe liefern kann. Hier ist die Forschung zur Lesemotivation in einer etwas komfortableren Situation, denn dort sind Befragungen derselben Heranwachsenden über mehrere Jahre vorhanden, wenn auch nicht üblich. Der zweite Schwerpunkt ist inhaltlicher Natur: Im Falle des Schreibens ist eine Konzentration auf die Selbstwirksamkeit unübersehbar, beim Lesen sind die intrinsische tätigkeitsspezifische habituelle Lesemotivation sowie das lesebezogene Selbstkonzept besonders häufig untersucht worden.

Hinsichtlich der Ergebnisse ist für das Schreiben zu konstatieren, dass sich die positiven Wahrnehmungen der eigenen Leistungsfähigkeit zu verringern scheinen. Gleichzeitig verringert sich vermutlich nach der Grundschule das Ziel, beim Schreiben etwas lernen bzw. Leistung demonstrieren zu wollen. Damit korrespondiert der Befund, dass nur wenige Jugendliche über eine stabile intrinsische tätigkeitsspezifische Schreibmotivation verfügen, womit ein klares Feld der schulischen Förderung von Schreibmotivation benannt ist. Wendet man sich dem Lesen zu, so kann man bei der derzeitigen Datenbasis davon ausgehen, dass die am besten erforschte Facette der Lesemotivation, der gewohnheitsmäßige Anreiz zu lesen um des Lesens willen, von einem Rückgang gekennzeichnet ist. Bei der extrinsischen Lesemotivation ist die Befundlage gemischt, doch scheint sich hier ebenfalls eine Abnahme zu vollziehen. In punkto Selbstkonzept ist die Befundlage eher uneinheitlich, da sich von der Ab- über die Zunahme hin zur Stagnation sämtliche Tendenzen in diversen Studien finden lassen.

Insofern ist es erfreulich, dass bei zwei prominent erforschten Facetten der Lesemotivation – intrinsische Lesemotivation und Selbstkonzept – noch genauer geprüft wurde, ob es allgemeine oder spezifische Verlaufsformen gibt. Dabei ist anzumerken, dass die Auswertungsmethode anscheinend damit zusammenhängt, was man über die Verlaufsformen in der Lesemotivation erfährt. In den hier berichteten Studien gab es zwei dominante Ansätze. Der eine bestand darin, Personen aufgrund ihrer tatsächlich beobachtbaren Lesemotivationslaufbahnen zusammenzufassen und erst dann zu überprüfen, ob sich Faktoren wie das Geschlecht bemerkbar machen. Der andere Ansatz, der auch häufiger gewählt wird, zeichnet sich dadurch aus, dass im Vorfeld die soziodemografischen Merkmale bestimmt und dann die Verlaufsformen der Geschlechter, Schulformen etc. analysiert werden. Dieser zweite Ansatz führt in aller Regel zu den Ergebnissen, dass soziodemografische Gruppen von unterschiedlichen Ausgangspunkten ähnliche Entwicklungen durchmachen.

Mit dem erstgenannten Zugang ließen sich in den drei ausführlicher vorgestellten Längsschnittstudien zwischen drei und sieben Gruppen finden. Zwei Studien (Marcoulides et al. 2008; Retelsdorf/Möller 2010) haben die intrinsische Lesemotivation erfasst und fanden dabei drei Gruppen, die wie Schichten zu denken sind: wenig, mittelmäßig und stark lesemotivierte Jugendliche. Die vierte Gruppe bei Retelsdorf und Möller (2010), die zwischen der fünften und sechsten Klasse an Lesefreude einbüßte, spiegelt die Dynamik wider, die Marcoulides et al. (2008) bis zum 13. Lebensjahr beobachteten. Dabei besteht die entscheidende Differenz darin, dass es bei Marcoulides et al. auch zu Verbesserungen in der Motivation gekommen ist – ein Trend, den Retelsdorf und Möller nicht festgestellt haben. Allerdings differieren die Altersgruppen in der Studie auch stark.

Die in ihrer Dauer imposante Studie von Archambault et al. (2010) hat sich mit zwei anderen Facetten der Lesemotivation befasst: dem Selbstkonzept und dem Wert des Lesens. Insgesamt sieben prototypische Verlaufsformen waren feststellbar. In allen Gruppen unterlag der Wert des Lesens einer Abnahme, in sechs Gruppen ging die Ausprägung des Selbstkonzepts zurück. In zwei Gruppen jedoch erholte sich die Lesemotivation nach der Talsohle in der Mittelstufe deutlich und erreichte am Ende ähnliche Ausprägungen wie zu Beginn der Schulzeit. Bei Kindern, deren Lesefähigkeiten von Eltern und Pädagogen (über Noten) als weniger gut eingeschätzt wurden, waren die Jungen in Gruppen überrepräsentiert, die die stärksten Veränderungen in den Wahrnehmungen des (eigenen) Lesens erfuhren. Die unterschiedlichen Verlaufsformen des lesebezogenen Selbstkonzepts in der Längsschnittstudie spiegeln insgesamt die uneindeutigen Befunde aus diversen Einzelstudien zur Stabilität, Verminderung und Verbesserung der Selbstwahrnehmungen wider.

Es zeichnet sich summa summarum ab, dass die Entwicklung der Lesemotivation ein dynamisches Geschehen ist, was für lesedidaktische Interventionen eine gute Nachricht ist, da sich Veränderungen herbeiführen lassen. Beim Schreiben lässt sich dies aufgrund der eingeschränkten Datenlage allenfalls plausibel vermuten, wenn man eine Ähnlichkeit von Lese- und Schreibmotivation unterstellt. In jedem Falle bildet der Rückgang von Motivationsfacetten, die als förderlich gelten (s. Kap. 2.5), eine ernst zu nehmende Herausforderung für das System Schule. Denn diese setzt indirekt mit steigendem Alter immer mehr Fähigkeiten zur Selbstregulation im Lesen und Schreiben voraus, ohne sich aber ausreichend um die (abnehmende) Motivation als entscheidenden Bestandteil zu kümmern (s. Kap. 4.3). Deshalb ist die konsequente Förderung der Lese- und Schreibmotivation kein Luxus, sondern eine basale Aufgabe, auch und gerade bei all jenen Heranwachsenden, die durch die Lotterie der Geburt wenig außerschulische Zugänge zur Schrift haben.

3.4 Wodurch erwerben Kinder und Jugendliche die Motivation, sich mit Schrift zu beschäftigen?

Die Frage, was förderlich oder hinderlich für den Erwerb der Motivation, Praxis und Kompetenz im Umgang mit Schriftsprache ist, bildet den klassischen Gegenstand der interdisziplinären Lese- bzw. der gerade erst aufkeimenden Schreibsozialisationsforschung. Während wir inzwischen einiges über das Wechselspiel von individuellen Merkmalen und sozialen Prozessen in Familie, Schule und Peers hinsichtlich der Lesesozialisationsforschung wissen – wenn auch längst nicht alles und mit Blick auf das Jugendalter längst nicht genug (für einen detaillierten Überblick siehe Groeben/Schroeder 2004; Philipp 2011; Pieper 2010) –, ist die Schreibsozialisation eine weitgehend unkartierte terra incognita. Das mag damit zu tun haben, dass viele Modelle zur Schreibkompetenz erstens stark kognitiv geprägt sind und zweitens die Rolle von Motivation sowie drittens den sozialen Erwerbskontext ausblenden (Graham 2006).

Dabei gibt es durchaus aus Selbstauskünften erfolgreicher Schreiberinnen erste Hinweise darauf, dass Familie, Schule und Peers analog zur Lesesozialisation auch für die Schreibsozialisation bedeutsam sind (Garrett/Moltzen 2011; Norman/Spencer 2005). Systematisch erforscht ist dieser Forschungsbereich aber keineswegs. Deshalb ist die nachstehende Darstellung zur Schreibsozialisation, die nur auf einer einzigen Studie basiert, als dezidiert exemplarisch und *vorläufig* zu betrachten. Das gilt umso mehr, als die Befunde schon zwei Jahrzehnte alt sind und gerade angesichts des Einzugs des Computers als wichtigem Schreibmedium in die Haushalte heute sicher anders ausfallen dürften.

3.4.1 Schreibsozialisation

Wie der Weg zum Schreiben verläuft, lässt sich anhand einer US-amerikanischen Interviewstudie erahnen, in der Elftklässler zu ihrer Schreibbiografie befragt wurden (Cleary 1990). Eine der Befragten ist Tracy (s. Fallbeispiel), und das Schicksal ihrer Schreibmotivation steht prototypisch für alle weiteren 39 Adoleszenten, die ähnliche Erlebnisse zu Protokoll gaben.

Fallbeispiel: Tracy und ihr Schreiben während der Schulzeit (4)

„Ich kann mich an Bündel von Zetteln und eine große Kiste mit Stiften und Kreide erinnern, ehe ich zur Schule kam, und ich liebte es zu kritzeln. Meine Mutter hängte die Zeichnungen für gewöhnlich an die Wände. In der Schule waren überall im Raum Alphabete und Tiere. Wir sind jeden Tag nach dem Mittag in die Bibliothek gegangen, und wir bekamen Sterne mit nach Hause für das, was wir geschrieben haben. Jeder, der zu uns nach Hause kam, musste meinen Stern sehen. Der Schulbibliothekar lebte gleich nebenan, sodass ich in der dritten Klasse eine Art Theaterstück schrieb, das jüngeren Kindern dabei helfen sollte, die Bibliothek besser zu benutzen. Es gab immer solche Sachen. In der sechsten Klasse war ich Ansagerin für eine echte Fernsehsendung, und wir haben jede Woche jemanden interviewt, und ich habe die Drehbücher geschrieben. Es war kein schlechtes Gefühl, so zu schreiben." (Quelle: Cleary 1990, S. 23)

In der achten Klasse ändert sich etwas für Tracy und die anderen Befragten: Sie sind nun immer mehr kritischen Kommentaren ihrer Lehrkräfte zu den Texten ausgesetzt. Tracy erinnert sich an diese Zeit: „Ich habe es einfach gehasst, in diese Klasse zu gehen. Hingehen, einfach sitzen, nicht mitmachen. Wir hatten Philosophie, und es war für mich schwer in der achten Klasse. Wir mussten philosophische Werke lesen, danach interpretieren und einen Bericht schreiben. Ich war die erste Person, die Mister H. zum Lesen aufforderte. Er hat mich oft aufgerufen. Für alles. Wenn ich ein Wort vergessen habe, hat er einen Anfall bekommen. Wenn eine andere Person eins vergessen hätte, hätte er kein Sterbenswörtchen gesagt. Ich sah keine Notwendigkeit, mich noch stärker anzustrengen, denn er würde ja doch nur einen Fehler suchen. Ich hörte auf, die Aufgaben zu machen." (Quelle: ebd., S. 23)

Anders als die anderen Befragten, die fortlaufend Kritik erhalten, sich missverstanden und hinsichtlich ihres großen Aufwands beim Schreiben herabgesetzt fühlen (z. B. durch schlechte Noten, s. Kap. 3.3.1), sich über den Umgang mit ihren Texten empören und schließlich das Schreiben abwählen, hat Tracy Glück: „Zu Beginn der letzten Notenphase in der achten Klasse rief mich Mr. H. nach vorn an seinen Tisch. Er sagte: ‚Tracy, ich denke, du bist eine sehr gute Schülerin, und ich denke, du kannst besser sein, als du es gerade bist. Ich will dich nicht ärgern. Ich denke einfach, dass du gute Fähigkeiten hast und besser sein kannst. Also reg dich nicht auf, wenn ich dich wegen eines Satzes aufrufe. Lies einfach noch mal deine Arbeit. Sei nicht so gehetzt, sie so schnell wie möglich zu machen.' Danach wurde er ein netter Lehrer. Es fühlte sich besonders an, weil er glaubte, ich sei gut. Ich dachte, er hätte mich gehasst. Ich habe mich überhaupt nicht um die Aufgaben gekümmert und habe sie nur erledigt, damit sie fertig waren. Es wurde am Ende eine gute Klasse, und ich begann, mich reinzuhängen und das Schreiben wirklich zu Ende zu bekommen." (Quelle: ebd., S. 24)

Die klare Ansprache nebst positivem Inhalt bewirkt bei Tracy eine andere Wahrnehmung. Sie wird außerdem eine sehr gute Schülerin und erhält sehr gute Noten. Ironischerweise scheint Tracy nun aber beim Schreiben von der Reaktion der Lehrkräfte abhängig geworden zu sein: „Wenn ich einen Text für einen bestimmten Lehrer schreibe, versuche ich immer herauszufinden, was sie wollen. Das ist das größte Problem durch die gesamte Schulzeit: danach zu leben, was sie von deinem Schreiben erwarten. Ich denke, das ist es, was das Schreiben mehr zur Arbeit als zum Vergnügen macht. Jedes Jahr werden die Aufgaben härter und härter, und jetzt in der elften Klasse wird es mehr und mehr. Schreiben fasziniert mich nicht; ich tue es, weil es getan werden muss. Ich denke, ich weiß, was meine Lehrer von mir erwarten. Hoffentlich kommt kein anderer Lehrer und ändert die Sachen wieder." (Quelle: ebd., S. 24 f.).

Aus dem, was Tracy berichtet, zeichnen sich klar umrissene Phasen ab: Vor der Schule und in der Primarstufe scheint sie über eine hohe intrinsische Schreibmotivation verfügt zu haben. In der Sekundarstufe hingegen sind wiederholte (öffentliche) Kritik und Ohnmachtserfahrungen anscheinend für Jugendliche wie Tracy ein aus schreibmotivationaler Sicht großes institutionelles Hindernis, das sie mit der ebenso erwartbaren wie denkbar schlechtesten aller möglichen Reaktionen beantwortet: einem Abbruch des Schreibens bzw. einem sehr oberflächlichen Schreiben. Meistens setzt dies laut Cleary (1990) in der achten Klasse ein, und als Grund dafür schält sich die dauerhafte Kritik – vor allem an Oberflächenmerkmalen des Textes wie Absatz- oder Satzlänge – nebst schlechten Zensuren heraus. Beides dämpft die intrinsische Schreibmotivation, und selbst diejenigen, die nach positivem Zuspruch seitens der Lehrkräfte ihr Kompetenzerleben und ihre Schreibmotivation wiederbeleben, sind dadurch nicht vor Unbill gefeit. Tracy und andere scheinen nämlich irgendwann in der Sekundarstufe die eigene Stimme beim Schreiben verloren zu haben, da sie ihr Schreiben in der elften Klasse als deutlich instrumentell und an den Vorlieben der jeweiligen Lehrkräfte ausgerichtet beschreiben. Schreiben, so könnte man überspitzt formulieren, hat vor allem einen Tauschwert für Schulerfolg und ist damit zu einer extrinsisch motivierten Tätigkeit geworden. Möglicherweise lässt sich dadurch auch der in Kapitel 3.3.1 geschilderte Befund erklären, dass kaum ein Jugendlicher eine hohe intrinsische Schreibmotivation hatte (Lipstein/Renninger 2007a, b).

Was konkret in der Sekundarstufe passiert und wie es zu den Verschiebungen gekommen ist, wäre erstens noch mittels aktueller Studien genauer zu untersuchen, aber die Studie von Cleary (1990) illustriert zum einen die prominente Rolle der Schule und einzelner Lehrkräfte in der Schreibsozialisation. Zum anderen scheint sich die Sekundarstufe als Problembereich abzuzeichnen, wobei diese Aussage insofern zu relativieren ist, als die Studie keinerlei Aussagen zur Schreibinstruktion selbst bzw. zum Geschehen im Unterricht macht (s. dazu Kap. 4.3). Dennoch finden sich diverse Hinweise in anderen, mit qualitativen Daten arbeitenden Studien (viele davon mit angehenden Lehrkräften), dass negative Erfahrungen mit Lehrkräften in punkto Schreiben erstens alles andere als selten sind und zweitens negative Effekte auf die Schreibmotivation und die Sicht auf das eigene Schreibvermögen zu haben scheinen (Abbott 2000; Mathers/Benson/Newton 2006; Hall/Grisham-Brown 2011; Norman/Spencer 2005; Potter/McCormick/Busching 2001; Street 2003). Zudem gehen solche Erfahrungen mit negativen Sichtweisen auf das Schreiben einher, das für diverse Befragte den Beigeschmack einer rein schulischen Pflichttätigkeit erhält. Dass dann ausgerechnet diese Personen Heranwachsende im Schreiben unterstützen sollen, verschärft die Problematik einer ‚schulischen Vererbung' des wenig motivierten Schreibens noch erheblich.

3.4.2 Lesesozialisation

Ein vielleicht sehr ungewöhnliches, aber eindrucksvolles Beispiel für eine gelingende Lese- und – eher indirekt – Schreibsozialisation hat Rosalie Fink (1998, 2006) gefunden. Sie hat fünf Dutzend Erwachsene mit Dyslexie umfassend untersucht und befragt, die trotz ihrer Schwierigkeiten zu Leserinnen bzw. Lesern geworden sind. Einer unter diesen Erwachsenen ist der US-amerikanische Professor für Genetik und Biochemie Ronald Davis, der bis heute mehr als 400 wissenschaftliche Artikel (mit)verfasst hat. Zweifellos kann man angesichts dieser Karriere von einer gelungenen Lese- und Schreibsozialisation sprechen. Ronald Davis' außergewöhnlicher Weg wird im nachstehenden Fallbeispiel beschrieben.

Fallbeispiel: Die ungewöhnliche Geschichte des Genetikers und Biochemikers Ronald Wayne Davis (5)
Ronald erzählt über seine Zeit in der Primarstufe: „Ich gehörte zu den Schwächsten beim Lesen und bei der Rechtschreibung. Ich war ein sehr, sehr langsamer Leser und konnte weder laut noch leise lesen. Es begann in der ersten Klasse, setzte sich in die zweite, dritte Klasse fort und so weiter" (Quelle: Fink 2006, S. 70 f.).
Ronald, Sohn eines Zimmermanns und einer Wäscherin, die beide die Schule nur bis zur achten Klasse besucht hatten, wiederholt die erste Klasse. Vermutlich hat er erst im Alter von rund elf Jahren eine ausreichende Leseflüssigkeit zum Verstehen entwickelt. Noch heute liest er so, wie Kinder es teilweise tun: Er bewegt seine Lippen simultan beim leisen Lesen, und er hat nach wie vor Probleme, ähnliche Wörter wie „Haus" und „Maus" oder sich ähnelnde Buchstaben wie b/d, p/q, m/n zu unterscheiden. Daher druckt er sich Texte in Großbuchstaben aus, was ihm hilft, die Differenzen zu finden. Texte, die ihm thematisch vertraut sind, liest Ronald aber vergleichsweise mühelos und mit hohem Verständnis.
Er weiß auch noch genau, wie er in der dritten Klasse zum Lesen gekommen ist: „Man fing an, viel zu lesen, weil man es mochte. Man hat Sachtexte gelesen, wie Dinge zusammengehören. Mein Interesse in Chemie kam – es begann mit meinem Interesse für Flugzeuge während der Grundschule, das sich dann schnell hin zu Antriebssystemen in Klasse 7 und 8 veränderte" (ebd., S. 71). Zu Hause hat sich Ronald ein eigenes kleines Labor eingerichtet, in dem er diverse Experimente selbstständig durchführt. Darüber urteilt er als Erwachsener so: „Diese frühe Erfahrung, die Experimente durchzuführen, war nützlich, sie hat mein Selbstvertrauen gestärkt" (ebd., S. 72). Zutrauen in die eigenen Fähigkeiten gewinnt Ronald zusätzlich dadurch, dass er sich seiner eigenen mathematischen Fähigkeiten schon in der Grundschule bewusst gewesen ist: „In der Grundschule konnte ich gut in Mathe schätzen, besser als andere Kinder. Das gab mir Selbstvertrauen, selbst wenn Leute mir sagen würden, ich könnte das nicht. Das hat unmittelbar ihre Glaubwürdigkeit infrage gestellt. Ich fing an, ihre Klugheit zu hinterfragen, und vertraute mir selbst mehr" (ebd., S. 74).
Ein Hindernis, von dem Ronald zu berichten weiß, betrifft einen Streit mit seinem Beratungslehrer. Dieser hat nach einem Intelligenztest, bei dem Ronald im unteren normalen Bereich

abgeschnitten hat, Zweifel an seiner Eignung, Chemiker zu werden. Der Pädagoge verbietet dem Jungen sogar, einen elementaren Algebrakurs zu besuchen: „Du kannst kein Chemiker sein; du kannst dich nicht einmal zum Assistenten des Chemikers qualifizieren, der die Geräte wäscht. Deine Fähigkeiten reichen nicht mal dazu. Mit einem IQ von 90 wirst du niemals den Algebrakurs bestehen" (Fink 2006, S. 74). Ronald bleibt hartnäckig. Er weiß, dass er ohne Mathematik seinen Traum, Wissenschaftler zu werden, nicht erreichen kann. Über die Sommerferien borgt er sich ein Buch aus, das er zwar langsam, aber systematisch liest. Am Ende erzielt er das beste Testergebnis seiner Klasse.

Sein Interesse im Sektor Wissenschaft lässt Ronald nicht los: Als er in die High School wechselt, liest er bereits Texte auf Universitätsniveau. „Ich wurde von Stickstoffchemie fasziniert. Um die zu verstehen, war es ein Weg, Chemiebücher zu lesen. Also besorgte ich mir Bücher zur organischen Chemie" (Fink 1998, S. 324). Außerdem liest er diverse Zeitschriften aus dem Bereich Luftfahrt. Dieses Interesse wird von einer historischen Begebenheit begünstigt, nämlich dem Satelliten Sputnik, den Russland 1957 ins All schickt. Die Reaktion der USA, der Sputnik-Schock, sorgt dafür, dass in den USA die naturwissenschaftlichen Fächer in der Schule intensiv gestärkt werden. Ronald beschreibt es so: „Es kamen Büchereiwagen mit Wissenschaftsbüchern über Mathematik und Ingenieurwissenschaften zu den Schulen und in die Parks. Ich habe eine Menge sehr technischer Bücher ausgeborgt und gelesen" (Fink 2006, S. 72).

Ronalds Interesse bleibt seinen Lehrern nicht verborgen: „Mein Biologielehrer in der High School ermutigte mich, mehr Wissenschaftsbücher zu lesen und mehr Kurse in den Naturwissenschaften zu belegen. Er half mir bei Experimenten mit Pflanzen und verschaffte mir einen Kontakt zu einem Biologieprofessor von der Eastern Illinois University" (Fink 1998, S. 335). In dem Maße, wie er im naturwissenschaftlichen Lesen Erfüllung findet, bereitet ihm der Literaturunterricht Mühe. In ihm vermeidet er es, die vorgegebenen Texte zu lesen und verliert dadurch die Möglichkeit zu üben. Auch dem Fach Geschichte kann er wenig abgewinnen, sodass er sowohl im Muttersprach- als auch Geschichtsunterricht deutlich schlechtere Noten bekommt. Viele seiner Lehrkräfte nehmen vor allem seine Defizite wahr und weigern sich, Ronald eine Empfehlung zu schreiben, die er für das College braucht. Also sucht er sich ein College, das auf Referenzschreiben verzichtet, und wechselt nach wenigen Semestern auf eine Universität.

Ronald hat ein klares Ziel: Er will Wissenschaftler werden. Dazu muss er einen landesweiten Test absolvieren, der auch das Leseverstehen misst. Ronald zählt nach diesem Text zum leistungsschwächsten Sechstel, und im Fach Chemie gehört er zur absoluten Spitze, da 99,9 Prozent aller anderen Testteilnehmer niedrigere Werte erzielt haben als er. Seinen außergewöhnlichen Chemieleistungen verdankt er ein Promotionsstipendium am California Institute of Technology. Dort meistert er die naturwissenschaftlichen Kurse mühelos und mit Bestnoten, aber dafür plagt ihn eine weitere Anforderung: ein Französischexamen. Trotz Vorbereitungen fällt er durch die erste Prüfung. Mit ernsthaften Konsequenzen: Ronald steht kurz davor, sein Stipendium zu verlieren. „Aber Davidson, mein Betreuer, ging los, um für mich zu kämpfen. Er überzeugte das Komitee, mich eine Übersetzung machen zu lassen statt des Testes, weil ich in ungewöhnlichen Umständen war. Er schrieb mir eine Nachricht: ‚Lieber Ron, das Komitee

> hat sich entschlossen, dein Übersetzungsprojekt zur Erfüllung der Fremdsprachen-Aufgabe zu akzeptieren.' Es war die glücklichste Nachricht meines Lebens" (Fink 1998, S. 335). Mehr noch: Ron darf auch ein Wörterbuch benutzen und besteht damit die Prüfung, einen französischen Artikel ins Englische zu übersetzen.
> (Quelle: Darstellung basierend auf Fink 1998, 2006)

Das Beispiel des dyslektischen Naturwissenschaftlers mit hohem wissenschaftlichen Renommee ist sicher kein typischer Fall der Lesesozialisation, wie ihn etwa die Lesebiografie-Forschung mit Mittelschichtangehörigen beschreibt (Graf 1995). Und doch enthält der Fall Ronald Davis einige Punkte, die von der Lesesozialisationsforschung als zentrale Aspekte herausgearbeitet wurden.

1. *Lese- und Schreibsozialisation sind kein Prozess, bei dem Heranwachsende von außen geprägt werden wie Münzrohlinge in einer Prägeanstalt.* Vielmehr offerierten die Sozialisationsinstanzen mit verschiedenen Aufträgen Mitgliedschaftsangebote, an der schriftbasierten Gesellschaft teilzuhaben. So sollen *Familie* und die in etwa gleich alten *Freunde und Cliquenmitglieder* (Peers) den Heranwachsenden das Lesen zum Genuss jenseits der Leistungsbetonung ermöglichen, die mit dem Lesen (und Schreiben) etwa bei Schullaufbahnen und Qualifikationsmaßnahmen untrennbar verbunden sind. Die *Schule* als formelle und gesellschaftlich installierte Instanz soll leistungsbasierte Rollenzuweisungen vornehmen, aber auch die Persönlichkeit fördern (Groeben/Schroeder 2004). Das gelingt je nach sozialer Herkunft der Eltern und Peers sowie in Abhängigkeit der Zusammensetzung der Schülerschaft in der Schule mehr oder weniger gut. Entscheidend ist aber, dass die Heranwachsenden sehr unterschiedlich auf diese Mitgliedschaftsangebote reagieren und damit wiederum auf die Instanzen zurückwirken können. Dafür hat sich der Begriff „Ko-Konstruktion" in der jüngeren Lesesozialisationsforschung eingebürgert, der die Eigenaktivität der Sozialisanden unterstreichen soll, die gemeinsam (deshalb die Vorsilbe „ko-") mit den Repräsentanten der Sozialisationsinstanzen spezifische Szenarios konstruieren (Groeben 2004b). Im Falle von Ronald Davis zeigt sich der eigenaktive Anteil besonders deutlich daran, dass er trotz ungünstiger Ausgangslage (Eltern mit geringer Schulbildung, Dyslexie) und der institutionellen Hürden des Bildungssystems hartnäckig bleibt und Angebote engagierter Lehrkräfte bereitwillig annimmt. Damit formt er seinen eigenen Weg beim Erwerb der Lesekompetenz.
2. *Auf dem Weg zum Lesen und Schreiben brauchen Heranwachsende Unterstützung von anderen.* Die schon erwähnten Sozialisationsinstanzen Familie, Schule und Peers leisten im besten Falle zu unterschiedlichen Zeiten diverse Formen der Hilfe. *Eltern* lesen beispielsweise vor, helfen bei Hausaufgaben, schenken Bücher, diskutieren mit ihrem Nachwuchs über Texte und puffern

den Leistungsdruck der Schule ab (Baker/Scher/Mackler 1997; Klauda 2009). Die Effekte eines (schichtabhängig jeweils unterschiedlich) kognitiv anregenden Elternhauses lassen sich sogar noch nach Jahren feststellen: In einer Studie aus den USA konnte ein günstiges Leseklima in der Familie (Gespräche, kulturelle Aktivitäten und kulturelles Kapital), das im Alter von acht Jahren beobachtet wurde, die Schul- und Lesemotivation fünf Jahre später prognostizieren, und zwar bei statistischer Berücksichtigung der Motivation im Alter von 9 und 10 Jahren (Gottfried/Fleming/Gottfried 1998). In der *Schule* lernen Kinder das Lesen und Schreiben, sollen ausreichend Gelegenheit haben, verschiedene Texte zu lesen und zu schreiben sowie Schriftsprache als Genuss- und Lernmedium zu begreifen. Im *Freundeskreis* schließlich helfen positiv geführte und getönte Gespräche über das Lesen und Texte dabei, das Lesen und Schreiben wertzuschätzen und jugendkulturell zu nutzen (Philipp 2010). Dies ist freilich der prototypisch positive Fall, der Engelskreis der Lese- und Schreibsozialisation. Mangelnde Unterstützung in Form von starker Überbetonung der Leistung in Familie und Unterricht oder Abwertung des Lesens im Freundeskreis führen aus theoretischer Sicht eher zum Teufelskreis im Umgang mit Schriftsprache, die Heranwachsende meiden (Groeben/Schroeder 2004).

Im Fall von Ronald Davis erfährt man wenig über die Rolle der Eltern, aber im Licht der Erkenntnisse zur Lesesozialisation gelten bildungsferne Eltern als Risikofaktor, da sie ihren Nachwuchs zu wenig fördern und damit auch zu wenig auf die Schule vorbereiten, welche eine Bildungsnähe implizit fordert, die sich besonders in der Sprache zeigt (Schleppegrell 2004). Auch hinsichtlich des Beitrags der Peers bleibt man im Falle Ronalds im Unklaren. Dafür ist die Rolle der Schule bzw. einzelner Pädagogen unübersehbar. Sie stehen prototypisch für die Persönlichkeitsförderung und die Auslese. Die einen wie der Biologielehrer oder der Betreuer der Doktorarbeit erkannten das Potenzial Ronalds. Ausgerechnet der Betreuungslehrer hingegen betonte die leistungsbasierte Zuteilung gesellschaftlicher Plätze. Hinweise für die besondere Bedeutung der Lehrkräfte in der Genese der Lesemotivation, speziell in der Sekundarstufe, gibt es immer wieder in Selbstauskünften – gerade wenn es zu Lehrerwechseln gekommen ist (Graf 2007; Ohlsen 2008; Smith/Wilhelm 2002).

3. *Motivation ist zugleich Ergebnis und treibende Kraft der Lese- und Schreibsozialisation.* Nach allem, was wir aus der Lesesozialisationsforschung wissen, sind weder die Fähigkeit noch der Wille zu lesen oder zu schreiben angeboren, sondern müssen von Heranwachsenden über viele Jahre hinweg erworben und – insbesondere im Falle der Motivation – erhalten werden, in und manchmal *trotz* der Schule. Auch hierfür steht der Fall Ronald Davis prototypisch. Er entdeckt früh die Naturwissenschaft für sich und hat Mentoren in der Schule und Hochschule, die sein Interesse fördern. Seinem großen Inte-

resse ist zugleich zu verdanken, dass er Schwierigkeiten meistert, indem er Ferien zum Lernen opfert oder nach einer Hochschule sucht, die kein Referenzschreiben fordert, welches ihm die Lehrkräfte verweigern. Bemerkenswert ist auch, dass Ronalds Motivation nicht nur sehr domänenspezifisch ausfällt (für die Lektüren des Muttersprachenunterrichts etwa kann er sich nicht mobilisieren), sondern sich auch ex- und intrinsische Motivation in einem günstigen Verhältnis zueinander befinden, er also sowohl instrumentell als auch interessiert liest. Es war übrigens die große Gemeinsamkeit über fünf Dutzend Fälle in der Studie, dass das Interesse an einem Thema bei allen dyslektischen Personen dazu geführt hat, dass sie mit dem Lesen angefangen haben (Fink 2006).

4. Auch wenn es trivial klingt: *Die Lese- und Schreibsozialisation verläuft historisch gerahmt in einer gesamtgesellschaftlichen ‚Großwetterlage'.* Dabei geben zu unterschiedlichen Zeitpunkten jeweils aktuelle Normen zum Lesen oder Schreiben vor, wozu Schriftsprache dienen soll und was als verpönt gilt (für das Lesen: Hurrelmann 2004). Die historische Relativität zeigt der Sputnik-Schock in Ronald Davis' Biografie ebenso wie sich der heutzutage zunehmenden Digitalisierung, die dazu führt, dass inzwischen andere Anforderungen an das Lesen und Schreiben der nachwachsenden Generation bestehen als noch vor 30 oder 100 Jahren. Im Falle des Genetikers sorgte die den US-Amerikanern von den Russen so deutlich vor Augen geführte technische Überlegenheit mit dem Satelliten Sputnik dafür, dass sich das Leseangebot schlagartig erweiterte – ein biografischer Glücksfall für den späteren Wissenschaftler. Es bedarf für den Unterricht aber nicht solcher besonderen Umstände, um die Bedeutung der historischen Relativität vor Augen zu führen. Es genügt (vorerst) schon, sich zu vergegenwärtigen, dass jüngere Generationen mit anderen Lese- und Schreibmedien und veränderten Lektüreangeboten aufwachsen, worauf sich Lehrkräfte einstellen und darüber informieren sollten.

ZUSAMMENFASSUNG
Eine der wichtigsten Erkenntnisse aus der Lesesozialisationsforschung besteht darin, dass die Motivation, Praxis und Kompetenz im Umgang mit Schriftsprache stark von der sozialen Umgebung geformt wird, aber auch der Eigenaktivität der Heranwachsenden bedarf. Dies hat das Beispiel eines erfolgreich publizierenden und forschenden Genetikers zeigen können. Dieser Einzelfall mag wegen seiner ungewöhnlichen Verlaufsform exotisch wirken. Dennoch zeigt er eindrucksvoll, wie äußere historische Umstände, engagierte Lehrkräfte und die individuellen motivationalen Merkmale von Heranwachsenden günstig zusammenspielen können. Im besten aller Fälle verstärken sich diese internen und externen (sozialen) Faktoren, was eine günstig verlaufende Lese- und Schreibsozialisation nach sich zieht.
Wir wissen, dass dieses günstige Zusammenspiel historisch gesehen ein Privileg der Mittelschicht ist (Hurrelmann/Becker/Nickel-Bacon 2006) und stark von den frühen leseförderlichen

Maßnahmen vor allem der Mütter abhängt. Für Heranwachsende aus bildungsfernen Elternhäusern, die kaum oder nur unzulänglich gefördert werden, bedarf es verstärkter schulischer Bemühungen, und für diese Gruppe bildet die Schule gewissermaßen die einzige Chance, mit dem Bildungsmedium Schrift in Berührung zu kommen und Lese- und Schreibmotivation zu erwerben. Hinsichtlich der Genese der Schreibmotivation ist noch besonders hervorzuheben, dass trotz eingeschränkter Befundlage Lehrkräfte eine leider vor allem negative Rolle spielen, die sich besonders in der Sekundarstufe zeigt: Befragte berichten relativ häufig, dass sie von ihren Lehrkräften auf rein sprachformale Aspekte abzielende, die große Anstrengung bei der Entstehung des Texts sowie dessen eigentliche Botschaft ignorierende Rückmeldungen erhalten haben. Diese Form des Umgangs mit Texten erwies sich in den Selbstauskünften als außerordentlich destruktiv für die intrinsische Schreibmotivation und das schreibbezogene Selbstkonzept. Deshalb zeichnet sich hierin ein wichtiger Bereich der schulischen Schreibförderung ab.

4 Motivation im Lese- und Schreibunterricht in Theorie und Praxis

„Es gibt eine Konstante bei meiner Arbeit: ‚Was kann ich tun, um die Kinder zu motivieren?'"
(eine Lehrerin)

4 Motivation im Lese- und Schreibunterricht in Theorie und Praxis

Bereits in den Kapiteln 2 und 3 kam die Schule immer wieder vor, in diesem Kapitel wird sie zentral. Denn nun geht es um die Licht- und Schattenseiten des Unterrichts hinsichtlich der Effekte auf die Lese- und Schreibmotivation. Drei Fragen sind dabei leitend:
- Welche Elemente des Unterrichts gelten aus theoretischer Sicht als günstig für die Erhöhung bzw. Stabilisierung von Motivation (4.1)?
- Welche Merkmalsbereiche des motivierenden Lese- und Schreibunterrichts lassen sich in Beobachtungsstudien mit exemplarischen Lehrkräften extrahieren (4.2)?
- In welchen Bereichen des Unterrichts geben Studien Anlass dazu, die Instruktion lese- und schreibmotivationsförderlicher zu gestalten (4.3)?

4.1 Welche Merkmale machen aus theoretischer Sicht einen motivierenden (Lese- und Schreib-)Unterricht aus?

Ein wichtiger Zweig der Pädagogischen Psychologie befasst sich mit der Frage, wie Lernumgebungen und -aufgaben gestaltet sein sollten, damit sie für Lernende motivierend sind. Wie Sie in Kapitel 2.4 gesehen haben, gibt es unterschiedliche Theorien und Konstrukte in der Motivationspsychologie. Dennoch existieren klare Schnittmengen in den Empfehlungen, wie sich die Motivation im Allgemeinen und die Lese- bzw. Schreibmotivation im Besonderen erhöhen lassen. Die Elemente motivierenden (Lese- und Schreib-)Unterrichts sind in Tabelle 12 (s. S. 120 f.) überblicksartig dargestellt, wobei zwischen den einzelnen Merkmalen Überlappungen bestehen, sodass die in der Spalte „Förderelemente" aufgeführten Punkte nicht trennscharf sind. Elemente, die besonders häufig genannt wurden, stehen in der Tabelle weiter oben, und entsprechend sind weniger oft angeführte Aspekte weiter unten angeführt.

Die Punkte aus der Tabelle 12 verdeutlichen, dass es je nach Autor unterschiedliche Gewichtungen gibt. Die Anzahl der Nennungen in der Tabelle sagt trotz der Sortierung nach Häufigkeit als solche relativ wenig aus und bedeutet eben *nicht*, dass ein nur einmal explizit genanntes Merkmal wie diagnostisches Wissen vernachlässigbar wäre. Im Gegenteil: Es lässt sich kaum sinnvoll annehmen, dass eine Lehrkraft einen auf die Belange von Lernenden abgestimmten und optimal anregenden Unterricht inszeniert, wenn sie nicht die Lernenden vor sich genau kennt.

Daneben lässt sich auch ein gewisser Konsens in der Tabelle ablesen. Zunächst einmal ist unabhängig von dem inhaltlichen Schwerpunkt festzustellen, dass Motivationsförderung sich erstens nicht auf eine Maßnahme allein beschränkt, es also nicht reicht, nur ein bestimmtes isoliertes Element einzusetzen. Zweitens gibt es gewisse Affinitäten: So ist ein auf Meisterschaft ausgerichteter Unterricht (Punkt 2) sicherlich kaum ohne die Förderung von Selbstregulation (3) oder optimal schwierige Aufgaben (4) etc. zu denken. Die Affinitäten ließen sich auch drittens weiter fortspinnen, indem sie übergeordneten Begrifflichkeiten wie Lerngemeinschaft, Interaktionen, Inhalte und Ziele der Instruktion und Aufgaben, Inszenierung des Unterrichts zugeordnet werden könnten. Für die Zwecke des Kapitels soll es an dieser Stelle zunächst genügen, dass Motivationsförderung viele Ansatzpunkte kennt, was einerseits gut ist, weil dies vielfältige Zugangsweisen erlaubt. Andererseits birgt dies auch die Herausforderung, Erfolge in dem einen Ansatzpunkt (wie sinnvolle oder auch authentische Aufgaben, s. Kap. 6.1) nicht durch ungewollte Effekte in einem anderen Bereich (z. B. durch ungünstige Rückmeldungen oder Wettbewerbsemphase) zu unterwandern. Dies verdeutlicht, dass eine ernst gemeinte und ernst zu nehmende Motivationsförderung darin besteht, kontinuierlich und langfristig mit verschiedenen Maßnahmen im Unterricht zu agieren. Das bedeutet auch, dass hinsichtlich der Motivationsförderung Einzelmaßnahmen auf lange Sicht wenig Erfolg versprechen.

Förderelemente	Unterricht allgemein		
	Ames (1992)	Brophy (1999)	Pintrich (2003)
1. Sinnstiftende, vielfältige und interessante Lerninhalte	+	+	+
2. Unterricht zielt auf kritisches Denken und die Entwicklung von Meisterschaft sowie Autonomie und nicht auf reine Reproduktion, Noten, Wettbewerb oder soziale Vergleiche ab	+	+	+
3. Auf tiefes Verständnis und selbstreguliertes Anwenden abzielender Unterricht	+	+	+
4. Optimal herausfordernde, bewältigbare Aufgaben/Ziele	+	+	+
5. Lehrkraft gibt klares, akkurates und informationsreiches, auf Fortschritt abzielendes Feedback	+	+	+
6. Autonomie und Kontrolle der Schüler/innen zulassen	+		+
7. Lehrkraft nicht als Vermittler von Informationen, sondern als adaptiver Konstrukteur von Lerngerüsten, als Coach und als Lernmodell mit lautem Denken		+	+
8. Explizite Vermittlung von Strategien und weiteren Fertigkeiten erfolgt (zum Teil fächerübergreifend) eingebettet und problemorientiert		+	
9. Kooperative Lernformate			+
10. Lehrkraft schafft sichere, vorhersehbare Lerngemeinschaft	+	+	+
11. Positive Attributionen fördern (Lernen auf eigene Anstrengung oder Strategieeinsatz zurückführen)	+		
12. Konsequente Anknüpfung der Instruktion am Vorwissen der SchülerInnen		+	
13. Balance zwischen Tiefe und Breite (weniger Inhalte, dafür aber intensivere Bearbeitung des Exemplarischen)		+	
14. Anreicherung der Lerninhalte mit Abwechslung, Humor, Esprit und Neuigkeitswert			+
15. Lehrkraft zeigt Enthusiasmus und Interesse am Inhalt und den Aktivitäten			
16. Diagnose von Wissen, Selbstwirksamkeit und Attributionsmustern, um passende Aufgaben zu finden und realistische Ziele zu setzen			

Tabelle 12: Merkmale des motivierenden (Lese- und Schreib-)Unterrichts

4.1 Merkmale eines motivierenden Unterrichts

	Lesen		Schreiben		Lesen und Schreiben	
Urdan/Turner (2005)	Guthrie/Alao (1997)	Margolis/McCabe (2006)	Bruning/Horn (2000)	Boscolo (2009)	Walker (2003)	Schunk/Zimmerman (2007)
+	+	+	+	+		
+	+	+	+		+	
+	+		+	+		
+		+	+	+		
+			+		+	+
+	+		+	+	+	
	+		+		+	+
	+		+	+	+	+
	+		+	+	+	+
			+			
+		+			+	
		+	+			+
	+		+			
+			+			
+			+			
+						

> **ZUSAMMENFASSUNG**
>
> Überblickt man die begründeten Vorschläge der Motivationspsychologie, wie sich Lese-, Schreib- und generelle Motivation im Unterricht erhöhen lassen, so lässt sich zunächst eine Vielfalt der Zugänge attestierten. Bei alldem gibt es aber auch Konsens, sodass ein idealtypischer motivationsförderlicher Unterricht wie folgt skizziert werden kann: Ein motivierender Unterricht in der schriftsprachlichen Domäne ist ein lernerzentrierter Unterricht, der auf echtes, aktives Lernen, Selbstregulation und Selbstständigkeit der Schülerinnen und Schüler abzielt. Dazu bietet er vielfältige Hilfestellungen. Beispielsweise sind die Lernziele und -gegenstände für die Schülerinnen und Schüler sinnvoll und haben einen unmittelbar einleuchtenden Gebrauchswert, der sich exemplarisch darin zeigt, dass Strategien als Hilfsmittel in konkreten Situationen und damit als authentische Lernwerkzeuge erfahrbar werden. Die Lehrkräfte unterstützen aktiv die Lernenden, sei es mit fortschrittsbetontem Feedback, einer konsequenten Orientierung an dem Wissen der Schüler, Wahlmöglichkeiten, optimal schwierigen, das heißt herausfordernden, aber lösbaren Aufgaben sowie einer Verstärkung positiver Attributionen. Die Lernumgebung ist sicher und das Geschehen in ihr erwartbar, zugleich ist sie von Kooperation geprägt. Statt auf Breite setzen die Lehrkräfte auf Verstehen und Durchdringen des Inhalts, den sie möglichst abwechslungsreich und enthusiastisch den Lernenden nahe bringen.

4.2 Was lehren qualitative Studien zum motivierenden Unterricht?

Es hat in der deutschsprachigen literaturwissenschaftlichen Leseforschung in den 1980er und 1990er Jahren einen Boom der Lesebiografieforschung gegeben, in der Erwachsene entweder mündlich oder schriftlich Auskunft über den Stellenwert des Lesens in ihrem Leben und ihre Erinnerungen an das Lesen erteilten. Sie haben an den Fallbeispielen Tracy und Ronald Davis (s. S. 90–95) aus dem Kapitel 3.4 gesehen, wie Erwachsene ihren Weg zum Lesen und Schreiben retrospektiv darstellen. Noch nicht berücksichtigt wurden bislang zwei Perspektiven:

- Zum einen vermitteln uns nachträglich erhobene Daten nur sehr ungenaue Vorstellungen darüber, *was konkret in einer bestimmten Phase der Schullaufbahn aus Sicht von Lehrenden und Lernenden motivationsförderlich und -hinderlich ist.* Es braucht hier also Studien mit jüngeren Personen noch während der Schulzeit. Erkenntnisse aus solchen Studien zeigen, dass die Aussage, dass Schreibmotivationsprobleme erst in der Sekundarstufe auftauchen (s. o., S. 92), so nicht zu halten ist. Zusätzlich braucht es auch die Sichtweise der Lehrkräfte, um nicht nur die Folgen bei den Heranwachsenden, sondern auch die lehrkraftseitigen Überzeugungen, Ziele, (Selbst-)Verständnisse etc. besser zu verstehen. Deshalb lohnt sich eine Vertiefung mit Interviewstudien (s. Kap. 4.2.1).
- Zum anderen erhält man wenige Informationen über das *wirkliche Unterrichtsgeschehen.* Hierfür braucht es einen anderen methodischen Zugang,

nämlich die direkte Beobachtung der Interaktionen im Klassenzimmer. Das dadurch entstandene reichhaltige Datenmaterial zeigt, dass Lehrkräfte verschiedene Möglichkeiten haben, ihre Schülerinnen und Schüler zur Mitarbeit zu engagieren bzw. das genaue Gegenteil davon zu erzielen (s. Kap. 4.2.2).

4.2.1 Erkenntnisse aus Interviews mit Schülern und Lehrkräften

Nur wenige Studien haben unter der Perspektive der Lese- und Schreibmotivation Lehrkräfte und ihre Schülerinnen und Schüler gleichermaßen adressiert. Eine Ausnahme bildet eine Untersuchung, in der über mehrere Monate hinweg zehn passioniert schreibende Kinder alle zwei Wochen befragt wurden (Abbott 2000). Die Studie fiel in den Schuljahreswechsel von der vierten zur fünften Klasse, und die Forscherin untersuchte zwei Jungen mit besonders positiven Schreiberlebnissen vertiefend und sprach auch mit zwei der drei Englischlehrerinnen. Der eigentliche Unterricht wurde nicht beobachtet, dafür lassen die Perspektiven der Jungen, aber auch die Äußerungen der Lehrerin aus Klasse 4 (Ms Sharp) erahnen, wie sehr Unterricht motivieren oder demotivieren kann. Das wird insbesondere durch den Lehrerinnen-Wechsel deutlich (s. Fallbeispiele).

> **Fallbeispiele: Tamarik, Anthony und ihre Lehrerinnen (6)**
> Tamarik, 10 Jahre, und Anthony, 11 Jahre, sind zwei passionierte Schreiber mit hoher intrinsischer Schreibmotivation. Anthony etwa äußert sich über sein Schreiben so: „Ich schreibe einfach gern. Ich weiß, wenn man genug schreibt, wird man besser und besser. Und je besser man wird, desto mehr Ideen bekommt man, und man kann längere Geschichten in kürzerer Zeit schreiben" (Abbott 2000, S. 74). In seiner Freizeit schreibt Anthony diverse Geschichten am Computer und erstellt mit einem Freund Comics. Manchmal schreibt er auch Aufsätze über Dinge, die ihn beschäftigen. Viele seiner Texte gibt er anderen zum Lesen.
> Tamarik, ein Sportfan, sagt über sich selbst: „Ich liebe Sport, ich liebe es zu lernen, und ich liebe das Schreiben" (ebd., S. 82). Er schreibt wie Anthony ebenfalls viel und oft, aber anderes: Briefe etwa an verschiedene Verwandte, Informationstexte für sich selbst, Einträge in ein Journal, hin und wieder kurze Geschichten. Viele Schreibanlässe stammen aus der Schule oder aus Gesprächen im Alltag. Anders als Anthony betrachtet er Schreiben als etwas Privates und gibt nur wenige Texte seinen Eltern oder seiner Lehrerin zum Lesen, um Rückmeldungen zu halten. „Man fühlt sich so gut wegen des Textes, sodass man nicht will, dass andere das wissen. Ich habe Ms Sharp immer, wenn ich eine Geschichte geschrieben habe, gesagt, dass sie das nicht der ganzen Klasse sagen soll. Sie hat mir immer eine Nachricht auf den Rand geschrieben, den ich gelassen habe. Ich habe ihr immer eine Extraseite gelassen, um mir etwas zu schreiben. Sie schrieb mir zurück und teilte mir mit, was ich richtig und falsch gemacht habe" (ebd., S. 82 f.).

Die Englischlehrerin in Klasse 4: Ms Sharp
Beide Jungen haben in der vierten Klasse Unterricht bei derselben Lehrerin. Ms Sharp, mit 28 Jahren Berufserfahrung gewissermaßen eine Veteranin, sagt über ihre instruktionalen Prinzipien: „Je älter ich geworden bin, desto mehr fand ich, dass Kinder am glücklichsten sind, wenn ich sie das lernen ließ, was ich wollte, mit Dingen, die sie wollten. Heute konfrontiere ich sie immer noch mit unglaublich hohen Anforderungen, aber meine Einstellung ist: ein Projekt über eine Woche oder eine ausführliche Recherche pro Woche und Partnerarbeit. In meinem Klassenzimmer fördere ich Unterhaltungen, Diskussionen und Meinungsäußerungen. In anderen Klassenzimmern erwarten sie Struktur, Standard und leises Sprechen. Ich bin eine Sprecherin; ich erwarte, dass sie sprechen. Ich habe Meinungen; ich erwarte von ihnen Meinungen. Ich respektiere sie, und ich erwarte, dass sie mich respektieren" (ebd., S. 66).

Ihr Selbstverständnis bezüglich ihrer Rolle als engagierende Lehrerin im Allgemeinen und in der Schreibinstruktion im Besonderen verdeutlichen folgende Voten: „Ich sage meinen Schülern immer wieder: ‚Ich werde nicht aufhören, euch zu quälen. Ich werde keine schlechte Note von euch akzeptieren. Niemals! Ihr seid besser! Und wenn ich euch jedes einzelne Haar aus dem Kopf ziehen muss, werde ich euch zeigen, dass ihr besser seid!' Ich denke, sie schätzen das aus langfristiger Sicht. Klar haben sie mich die ganze Zeit verflucht, aber sie haben mich auch umarmt. Wir haben gerade am letzten Freitag ein großes Projekt abgeschlossen, und ich fragte sie: ‚Mache ich euch glücklich?' ‚Ja.' ‚Hat euch das Projekt gefallen?' ‚Ja.' ‚Selbst als ich euch getriezt habe?' ‚Ja. Ich wollte es nicht tun, weil es harte Arbeit war, aber ich habe es gemocht.' Also, es gibt eine Konstante: ‚Was kann ich tun, um die Kinder zu motivieren?'" (ebd., S. 68).

Bezogen auf die Schreibinstruktion äußert sich Ms. Sharp so: „Wenn ich ihnen einmal die Struktur und den Entwurf gegeben habe, ist der Rest ihr Job. Ich erwarte nichts außer Qualität. Wenn sie weniger als das abliefern, bekommen sie es zurück. Einige Leute denken, dass es ihr Problem ist, wenn sie es nicht beim ersten Mal richtig machen – gemäß ‚Du hättest tun sollen, was ich dir gesagt habe'" (ebd., S. 68). Überarbeiten ist für Ms Sharp entsprechend völlig selbstverständlich: „Hemingway hat 98 Millionen Versionen jedes Textes, den er schrieb. Und viele Leute überarbeiten. … Das ist eine Sache, die ich den Kindern vermittle: Es gibt Hilfsmittel zum Überarbeiten an jeder Ecke. … Wir wollen Ideen, wir wollen gründliche Gedanken. Wir nehmen das Überarbeiten ernst und das, was unsere Freunde zu unseren Texten sagen" (ebd., S. 68).

Das Schreiben verschiedener Texte mit allen dazugehörigen Phasen nimmt einen großen Raum in dem Unterricht ein, und offenkundig ist die Lehrerin sich über die Qualitäten der einzelnen Schüler sehr bewusst. Ms Sharp äußert sich über Tamariks Texte so: „Wenn es ihn nicht interessiert, ist es sinnlos: Es ist mir egal, ich tue, was man von mir verlangt, Schluss. Aber wenn es ihn interessiert, sind seine Texte spontan, kreativ, energiegeladen und wundervoll ausgedacht. Er hat so eine meisterliche Sprache, sehr intellektuell, sehr gelehrt, sehr erwachsen. Einige seiner Arbeiten könnten leicht als solche von Erwachsenen durchgehen, wenn er sich ins Zeug gelegt hat. Ehrlich gesagt schreibt er besser als ich" (ebd., S. 82).

Tamarik schwärmt im Gegenzug von Ms Sharps Unterricht, in dem er sich wie zu Hause fühlt, seine Gedanken teilen darf und nicht befürchten muss, dass andere ihn auslachen. Selbst Äußerungen, die sich nicht auf das Thema beziehen, respektiere Ms Sharp und sage nicht, es sei falsch: „Sie regt uns viel zum Nachdenken an. Ich mag das sehr, es ist großartig. ... Sie ist wunderbar" (ebd., S. 66).

Die neue Lehrerin in Klasse 5: Ms Monte
In der fünften Klasse unterrichtet eine neue Lehrerin, Ms Monte, und es ändert sich einiges. Tamarik bekommt schlechtere Noten, und der Englisch-Unterricht macht ihm weniger Freude als in der vierten Klasse: „Die vierte Klasse war super, ich hatte immer gute Noten. Und ich hatte nie einen schlechten Tag, selbst wenn es regnete. Und jetzt ist ein regnerischer Tag schrecklich, weil wir dann drinnen bleiben müssen. Jeder macht ein Gesicht [macht ein schmerzverzerrtes Gesicht], und es ist grässlich" (ebd., S. 70). Anthonys Aussage fällt ähnlich aus: „Mit der Ausnahme von vielleicht drei Leuten hassen es die meisten Kinder zu schreiben. Die Lehrerin sagt andauernd, sie wird uns viel schreiben lassen, aber bislang hat sie das nicht. Wirklich. Dieses ganze Lehrerding ist eine echte Enttäuschung. Ich meine, gerade im Vergleich mit den Lehrern aus der vierten Klasse. Die waren wirklich interessiert, und sie haben alles geplant, es lief wie am Schnürchen. In diesem Jahr müssen wir über bestimmte Themen in einer vorgegebenen Zeit schreiben. Ich hasse es. Und ich hasse es ganz besonders, wenn sie einem einen Anfang vorgeben. Manchmal, wenn sie das tun, schreibe ich einfach eine Geschichte, von der ich weiß, dass sie sie hassen werden, einfach nur, um sie zu ärgern" (ebd., S. 70).
Anthony findet Ms Monte „ziemlich armselig" und führt neben ihrer Schreibinstruktion auch ihre Glaubwürdigkeit im Umgang mit den Schülern an: „Sie sagen etwas, das sie nicht meinen. Sie halten sich nicht an die Regeln, die sie uns setzen, z. B. das Respektieren anderer Meinungen. Wir können nichts zu ihnen sagen, ohne dass sie ‚Du gibst Widerworte' oder ‚Ich streite mich nicht mit einem Kind' entgegnen. Das ist total unfair" (ebd., S. 70). „Wenn sie schlechte Laune hat, will man gar nicht schreiben, weil sie dann keine gute Rückmeldung gibt. Aber wenn sie gute Laune hat, dann lässt sie dich allein oder plagt jemand anderen, und dann schreibt man vielleicht, weil es sonst nichts zu tun gibt" (ebd., S. 71). Anthony berichtet zudem davon, dass Ms Monte ihm Texte wegnimmt, die er schreibt, wenn ihm langweilig ist, und öffentlich zerreißt. Disziplinprobleme und Verhaltensermahnungen sind inzwischen alltäglich und verringern die eigentliche Lernzeit. Beide Seiten, Lehrerin und Schüler, sind frustriert.

Tamariks neue Lehrerin an einer anderen Schule: Ms Flores
Tamarik, der wegen eines Umzugs und vermutlich auch wegen der schulischen Probleme nach den ersten acht Wochen im fünften Jahr die Schule wechselt, beschreibt seine neue Lehrerin, Ms Flores, und seine neue Klasse: „Ich habe eine richtig gute Lehrerin, Ms Flores. Sie ist so enthusiastisch. Sie ist nett und lässt uns viele Freiheiten. ... Es ist toll, ich mag es sehr. Ich passe gut dahin. Ich meine, die Kinder sind einladend und freundlich, und sie tun

> auch nicht so eingebildet, wie ich dachte. Sie respektieren mich. Das lässt mich gern zur Schule gehen. Es fühlt sich gut an" (ebd., S. 71 f.). Lese- und Schreibgelegenheiten gibt es viele in Ms Flores' Unterricht, auch wenn sie viele von ihnen kontrolliert, zum Beispiel Themen vorgibt. Gleichwohl unterstützt sie ihre Schüler, indem sie laut vorliest, und die Schüler sich Notizen und Fragen aufschreiben, oder auch Texte im täglichen Schreibjournal kommentiert und bepunktet.
>
> (Quelle: nach Abbott 2000)

Die Fallbeispiele Anthony und Tamarik zeigen deutlich, dass es Lehrkräften sehr unterschiedlich gelingt, Heranwachsende zum Schreiben zu motivieren. Auch wenn es keinerlei Daten zum konkreten Unterrichtsgeschehen gibt, so weist die Lehrerin in der vierten Klasse, Ms Sharp, diverse Merkmale in ihrem pädagogisch-didaktischem Selbstverständnis auf, die aus der Forschung zu einflussreichen Lehrkräften bekannt sind. Ronald Ruddell (2004) hat viele solcher Lehrkräfte interviewt, die von ehemaligen Schülern als wichtig benannt wurden. Fünf Merkmalsbündel ließen sich bei ihnen ausmachen, die in unterschiedlichem Verhältnis bei den einzelnen Lehrkräften vorkamen. In der Reihenfolge der von den Lehrkräften zugestandenen Bedeutsamkeit waren dies:

1. *Persönliche Eigenschaften:* Sie sind engagiert, offen, haben eine unterstützende Einstellung und adressieren hohe Erwartungen an sich selbst. Das ist im Falle von Ms Sharp zum Beispiel daran erkennbar, dass sie andere Meinung nicht nur zulässt und toleriert, sondern sogar explizit einfordert. Außerdem bemüht sie sich stets, die Kinder zu engagieren.

2. *Qualität der Instruktion:* Die Lehrkräfte schaffen es, dass Lehrmaterialien für Schüler persönlich relevant sind. Sie haben klare Lernziele und entwickeln logische und strategieorientierte Lernwege und Vermittlungsformen. Bei Ms Sharp kann man durch die langfristig angelegten Projekte, aber auch den Austausch von Texten untereinander beim Überarbeiten erkennen, dass sie planvoll vorgeht. Dies demonstriert sie auch dadurch, dass sie Struktur vorgibt und den Schreibprozess vollumfänglich in die Instruktion integriert.

3. *Einstellungen zum Fach:* Die Lehrkräfte hegen eine Passion für ihr Fach, legen dessen spannende Aspekte dar und können andere Sichtweisen und Standpunkte berücksichtigen und aushalten. Hierüber sagt die Studie mit Ms Sharp wenig aus, aber man kann es an Tamariks Aussage über Ms Flores erahnen.

4. *Verständnis für das Potenzial der Lernenden:* Die Lehrkräfte haben ein Gespür für individuelle Bedürfnisse, Motivationslagen und Fähigkeiten und kennen den Entwicklungsstand ihrer Schülerinnen und Schüler. Gleichzeitig stellen sie hohe Erwartungen an ihre Schülerinnen und Schüler. Bei Ms Sharp sieht man, dass sie äußerst hohe Erwartungen an die Kinder hat und sie zu Höchstleistungen anspornt. Tamariks Art zu schreiben kann sie sehr detail-

liert schildern und auch, was ihn motiviert und was nicht. Offenkundig ist sie also im Bilde über ihre Schüler.
5. *Ausrichtung an Lernenden:* Die Lehrkräfte nehmen die Schülerinnen und Schüler als Personen wahr und sind wachsam für deren schulische und persönliche Probleme. Anders als in anderen Klassenzimmern sind bei Ms Sharp Interaktionen und eine eigene Stimme ausdrücklich gewünscht, und sie behandelt die Kinder so, wie sie von ihnen behandelt werden will. Ferner ist die ausführliche und private Rückmeldung zu Tamariks Texten ein starker Hinweis für den Respekt, den Ms Sharp ihren Schülern entgegenbringt.

Gerade am Wechsel der Lehrkraft in Klasse 5 wird deutlich, wie ein rigide geführter Unterricht von Ms Monte innerhalb kurzer Zeit verheerende Effekte auf die Schreibmotivation und die generelle Schulfreude zu haben scheint. Tamariks Schulwechsel und Anthonys drastische Äußerungen unterstreichen, wie groß der Einfluss von Lehrkräften auf die Schreib- und vermutlich auch auf die Lesemotivation ist.

4.2.2 Der Unterricht von exemplarischen Lehrkräften in der direkten Beobachtung

Wenn man die Merkmale des motivierenden Unterrichts extrahieren will, so bieten sich dafür insbesondere Studien mit teilnehmender Beobachtung an, die im Grunde wie Hospitationen ablaufen. Nur wenige Studien haben sich ausdrücklich der Frage verschrieben, welche Handlungen und Prozesse von Lehrkräften dazu führen, dass sich Schülerinnen und Schüler motiviert und engagiert am Unterricht beteiligten. Und diese Studien erstrecken sich vor allem auf den Unterricht in der Primar- und allenfalls der frühen Sekundarstufe. Es ist also zunächst einmal eine große Forschungslücke zu attestieren, die bisher nur wenige Studien zu füllen versuchen (Bogner/Raphael/Pressley 2002; Dolezal/Welsh/Pressley/Vincent 2003; Raphael/Pressley/Mohan 2008; s. Kap. 4.3.1). Gleichwohl lassen sich selbst aus den wenigen Studien ergiebige Fallbeispiele gewinnen, von denen zwei nun Gegenstand der Betrachtung werden. Es handelt sich um zwei Lehrerinnen dritter Klassen: Ms Irving und Ms Bonstead. Beide Lehrerinnen ähneln sich hinsichtlich ihrer Ausbildung und der Dauer ihrer Lehrtätigkeit, aber Ms Irving hat mehr Erfahrung mit Drittklässlern.

Zwei Fallbeispiele aus dritten Klassen (7)
Fallbeispiel 1: Ms Irving
Das Klassenzimmer von Ms Irving war buchstäblich bis zur Decke gefüllt mit Büchern, Schriftstücken und Lernhilfen. Jede Ecke, jede Wand, jedes Regal, jeder Tisch – also jede Oberfläche – war mit Materialien bedeckt, die dem Lernen dienen sollten. Die Kinder saßen in Kleingruppen an den Tischen, sodass die Zusammenarbeit untereinander leichter war.
Eine der erfolgreichsten Aktivitäten, die sich Ms Irving für ihre tägliche Arbeit ausgedacht

hatte, war ein schulweiter Brief-Service mit einem eigenen Postamt, mit von den Kindern kreierten Briefmarken und echten gesponserten Posttaschen. Ms Irving nutzte den Brief-Service für diverse instruktionale Aktivitäten in verschiedenen Fächern wie Englisch und Mathematik. Zum Beispiel ließ Ms Irving ihre Klasse darüber diskutieren, ob sie – wie in einer anderen Klasse – ebenfalls die Preise erhöhen sollten. Die Kinder hatten spezifische Aufgaben wie Sortieren, Austragen und das Abstempeln der Briefmarken. Jeder Klassenraum der Schule hatte seine eigene Adresse und Postleitzahl. Die Schülerinnen und Schüler konnten anderen Kindern, ihren Freunden und Geschwistern, aber auch anderen Lehrkräften Briefe schreiben und diese über den Post-Service zustellen lassen. Damit nutzte Ms Irving den Post-Service insgesamt dazu, die Kinder viel schreiben zu lassen.

Ms Irving stellte den Kindern ihrer Klasse stets Aufgaben, die sie heraus-, aber nicht überforderten, und reduzierte ihr Instruktionstempo wenn nötig. Diese (zum Teil problembasierten) Aufgaben waren wegen ihrer Komplexität kognitiv anregend. Die Schülerinnen und Schüler mussten entsprechend kontinuierlich an ihnen arbeiten, um sie lösen zu können. Dabei hatten sie Unterstützung von ihren Mitschülern und konnten auch Ms Irving konsultieren, die sich trotz einer großen Klasse um jedes Kind kümmerte.

Die Lehrerin lieferte viele Formen der Unterstützung. Kontinuierlich demonstrierte sie Lernstrategien, gab gerade so viel Hilfe, wie die Kinder benötigten, und sie ermutigte die Kinder, Risiken auf sich zu nehmen und sich selbst herauszufordern. Ms Irving forderte explizit zur Unabhängigkeit auf und offerierte ausreichend Wahlmöglichkeiten bei der Aufgabenbearbeitung. Daneben beobachtete sie gewissenhaft und permanent den Fortschritt der Kinder und deren Verständnis von Lerninhalten. Sie ließ ausreichend Zeit, vor einer Antwort nachzudenken und erst dann die Hand zu heben bzw. bei einer falschen Antwort sich selbst zu korrigieren. Bemerkenswert ist ferner, dass sie ihr Tempo drosselte, um sicherzustellen, dass alle Schülerinnen und Schüler im Stoff mitkamen und ihn lernten.

Ms Irving hatte eine Begeisterung für die Lernhinhalte, die ansteckend war. Sie nutzte diverse Gelegenheiten, ihre Schülerinnen und Schüler zu loben, und zeigte ihnen durchgängig, dass ihr die Kinder wichtig waren. Sie richtete eine Vielzahl freundlicher und ermutigender Worte an die Kinder wie „Macht weiter. Ihr macht es gut. Es ist die erste Erfahrung, die ihr damit macht. Ich werde euch die Antwort nicht geben, ihr müsst selbst etwas denken" oder „Ich erwarte nicht, dass ihr es heute könnt, aber morgen solltet ihr es".

Was ebenfalls typisch für den Unterricht war, dass Ms Irving diverse selbstregulatorische Fähigkeiten demonstrierte, die ihre Schülerinnen und Schüler dazu nutzten, weitere Aktivitäten nach den vorgegebenen Aufgaben selbstständig durchzuführen. Das führte dazu, dass es kaum ungenutzte Zeit im Unterricht gab. Entsprechend wenig verwunderlich war es, dass sie im Interview mit den Forscherinnen und Forschern Voten wie diese zu ihren instruktionalen Zielen gab: „Um ihnen Verantwortung beizubringen. Sie kommen so hilflos und wollen, dass du alles für sie erledigst, und am Ende des Schuljahres verlassen sie die Klasse gereift und haben eine fast ‚coole' Einstellung."

Fallbeispiel 2: Ms Bonstead

Die Aufgaben, die Ms Bonstead in ihrem Unterricht verwendete, waren in aller Regel sehr leicht. Der Typ Aufgaben, den die Lehrerin einsetzte, bestand darin, zerschnittene Bild-Sequenzen in die richtige Reihenfolge zu bringen, Dinge, die in der ersten oder zweiten Klasse schon Gegenstand waren, anzuwenden oder simple Aufgabenblätter auszufüllen. Im Klassenzimmer fanden sich kaum Arbeiten der Schülerinnen und Schüler, und auch die Ausstattung mit Büchern oder anderen Schriftstücken war ausgesprochen spärlich. Was stattdessen aushing, waren Regeln für das Benehmen und Konsequenzen im Falle des Fehlverhaltens. Dennoch waren die Kinder oft laut, ruhelos und störten den Unterricht. Häufig warnte Ms Bonstead die Kinder und versuchte teilweise alle drei bis vier Minuten, die Aufmerksamkeit zu lenken, und griff dabei auf einen harten, warnenden Tonfall zurück. Während einer Lesestunde beobachtete das Forschungsteam, dass Ms Bonstead einen Schüler, der sich freiwillig zum Lesen meldete, zurechtwies, er solle sich an seinen Tisch setzen und seine Aufgaben erledigen. Diese Art der Instruktion kennzeichnete generell das Geschehen im Klassenraum.

Ms Bonstead vermittelte keine Fähigkeiten zur Selbstregulation. Nachdem die Kinder ihre Aufgaben erledigt hatten, saßen sie an ihren Plätzen und warteten auf weitere Anweisungen. Dadurch, dass diese lange auf sich warten ließen, entstand immer wieder Unruhe. Die Stunden von Ms Bonstead wirkten zudem nicht sorgfältig geplant. Zum Beispiel waren in einer Stunde, in der die Kinder Bildersequenzen in die richtige Reihenfolge bringen sollten, nicht genügend Kopien für die Gruppen à drei bis vier Kinder vorhanden. Zwar versuchte die Lehrerin, durch größere Gruppen die Situation zu retten, aber dies wurde dadurch erschwert, dass die Kopien pro Gruppe entweder unvollständig oder doppelt vorhanden waren. Das verkomplizierte es für die Kinder unnötig, die Aufgabe zu lösen. Hinzu kam, dass die Lehrerin einigen Gruppen erlaubte, die Aufgabe in der Cafeteria zu bearbeiten, wo sie keinerlei Überblick über den Fortschritt hatte. Nach einer halben Stunde waren die Kinder immer noch nicht fertig mit der Sortieraufgabe, und die Lehrerin gab viele Hinweise. Erst dadurch konnten die Schülerinnen und Schüler die Aufgabe überhaupt bewältigen.

Die verbalen Interaktionen mit den Kindern folgten einem einfachen Muster: aufrufen, antworten und beurteilen. Dabei ging es weniger um kreatives Denken, sondern um einfache Antworten, wobei nur eine Form der Antwort als richtig galt. Wenn jemand die falsche Antwort gab, sagte Ms Bonstead dem jeweiligen Kind, es liege falsch, und rief ein weiteres Kind auf. Teilweise gab Ms Bonstead die Antworten auch selbst, wenn niemand die von ihr erwünschte Antwort äußerte. Die Lehrerin ließ ferner kaum Zeit, um über die Frage ausreichend nachzudenken oder sich im Falle einer falschen Antwort zu korrigieren. Hand in Hand mit dieser Form der mangelnden Aktivierung ging die allgemeine verbale Interaktion mit den Kindern, die entmutigend war. Es mangelte an Lob, Lerngerüsten und effektiven Rückmeldungen. Stattdessen kritisierte Ms Bonstead öffentlich, machte auf Fehlleistungen aufmerksam und trat dabei sehr streng auf.

(Quelle beider Beschreibungen: nach Dolezal/Welsh/Pressley/Vincent 2003)

Es ist offenkundig, dass zwischen den beiden Lehrerinnen und ihrem Unterricht buchstäblich Welten liegen. Ms Irving war die Lehrkraft in der Studie von Dolezal und Team (2003), die ausschließlich positive Interaktionen und Instruktionsformen zeigte und keine einzige negative (s. Kap. 4.3.1). Umgekehrt war bei Ms Bonstead lediglich ein gutes Viertel aller Verhaltensweisen zu beobachten, durch die sich ihre Kollegin Irving auszeichnete. Dafür standen dem Dutzend motivierender Elemente ebenso viele demotivierende Verhaltensweisen gegenüber.

Auch wenn es erst im nächsten Kapitel um die fall- und studienübergreifenden Auswertungen geht, so lässt sich schon an den Fallbeispielen Ms Bonstead und Ms Irving festmachen, was einen motivierenden und einen weniger motivierenden Unterricht in situ ausmacht: die Lernumgebung, der Herausforderungsgrad der Aufgaben in Form von angemessener Schwierigkeit und Sinnhaftigkeit, die Befähigung zur Selbstregulation, die Planung der Stunden und die Art, wie Lernfortschritte überwacht wurden. Insgesamt stehen Ms Bonstead und Ms Irving Pars pro Toto für die Gegenüberstellung von unterschiedlich stark zur Selbstregulation befähigenden Unterrichtsinszenierungen (s. folgende Tabelle).

	Klassenzimmer mit hohem Maß an Selbstregulation	Klassenzimmer mit niedrigem Maß an Selbstregulation
Aufgaben	komplex, langfristig, bezogen auf alle Phasen des Schreibprozesses	isoliert, kurz, bezogen nur auf zwei Phasen (Ideenfindung, Entwurf)
Kontrolle durch Schüler	relativ viele Entscheidungsfreiheiten bzgl. Aufgaben und Aufgabenschwierigkeiten	wenig Entscheidungsfreiheiten, Lehrkraft kontrolliert
Umgang mit Bewertung	• eingebettet in aktuelle Tätigkeit • bezogen auf Prozesse und Produkte • fokussiert auf individuellen Fortschritt • Fehler als Lerngelegenheiten	• separat • bezogen auf mechanische Aspekte des Schreibens • Standards für alle Schüler gleich • Betonung von richtigen Antworten und individuellen Unterschieden
Schülerengagement im Schreibprozess	in allen Phasen unabhängig und flexibel	lehrergeleitet und linear
Zeit- und Ressourcenmanagement	durch Schüler	durch Lehrkräfte
Fortschrittsbeobachtung	regelmäßig	unregelmäßig
Umgang mit Schwierigkeiten	Kinder suchten instrumentelle Unterstützung von Mitschülern und Lehrkräften	ineffektive, hinderliche Strategien der Kinder

Tabelle 13: Unterschiede in den Schreibaktivitäten im Primarstufenunterricht (Quelle: Perry 1998, S. 728f.)

4.2.3 Die Ergebnisse aus zwei Dutzend Beobachtungsstudien in der Zusammenschau

Was man in der Studie mit den Anthony und Tamarik sowie ihren Lehrerinnen einerseits und den Beobachtungsstudien zum Unterricht von Ms Bonstead und Ms Irving andererseits sehen konnte, passt sich gut in einen größeren Kontext ein. Ich habe an anderer Stelle bereits eine Sichtung von zwei Dutzend Beobachtungsstudien mit mehreren hundert Lehrkräften vorgenommen, um Merkmale eines einerseits aktivierenden und andererseits kompetenzförderlichen Lese- und (zu einem weitaus geringeren Teil in Studien berücksichtigten) Schreibunterrichts vorgenommen (Philipp 2012b). Die wichtigste Erkenntnis ist, dass ein auf Lese- und Schreibkompetenz abzielender Unterricht Merkmale aufweist, die auch einen motivationsförderlichen Unterricht auszeichnen. Anders gesagt: *Den prototypisch guten Lehrkräften gelingt eine günstige Balance aus motivational und kognitiv aktivierender Instruktion im Sinne der Vermittlung von selbstreguliertem Lesen und Schreiben.* Die Merkmale dieser Instruktion lassen sich auf verschiedene Art und Weise gruppieren und dadurch fünf übergeordnete Kategorien eines guten Unterrichts benennen: Lernumgebung, Struktur der Instruktion, Ziele und Inhalte der Instruktion, Interaktionen und zu guter Letzt Motivation.

Relativierend sei jedoch gleich angemerkt, dass diese Kategorien erstens nicht theoretisch abgeleitet sind, was aber auch im Einklang zu der bestehenden Forschung zu Merkmalen guten Unterrichts steht (Helmke 2009). Eine zweite Einschränkung betrifft das Datenmaterial bzw. die untersuchten Klassenstufen, in denen die Primarstufe überrepräsentiert ist. Wir wissen also auch hier noch zu wenig über einen günstigen Unterricht in der Sekundarstufe. Drittens bedeuten die vielfältigen Kategorien und die über viele Studien hinweg gefundenen Merkmale des motivationsförderlichen Unterrichts nicht, dass sie alle gleich stark ausgeprägt sein müssen. Ebenso wie es nicht den einen motivierten Schüler gibt, gibt es den einen motivierenden Lehrer, sondern nur günstige Ausprägungen von Merkmalen (Cruickshank/Haefele 2001; Korthagen 2004; Sternberg/Horvath 1995).

Kategorie 1: Gestaltung der Lernumgebung

Effektive Lehrkräfte nutzen viele anspruchsvolle, qualitativ hochwertige Texte und generell vielfältiges Material, das sie zum Teil selbst herstellen. Bei effektiven Lehrkräften wie Ms Irving fällt auf, dass die vielen Poster, Bücher, Arbeiten von Kindern und Jugendlichen – also die schriftreiche Umgebung – nicht nur zur Dekoration da sind, sondern in den Unterricht einbezogen werden. Das Klassenzimmer ist zudem eine kooperative und sichere Lernumgebung, in der die Lehrkräfte auch offen Fehler zugeben bzw. über Fehler nicht stigmatisierend gesprochen wird. Dies erreichen die Lehrkräfte, indem sie beispielsweise ein exzellentes Klassenmanagement demonstrieren, in dem prosoziales Verhalten gefördert und Konflikte schnell geklärt werden. Regeln werden eingeführt, und dabei haben die Schülerinnen und Schüler Mitspracherecht (s. Kap. 6.5). Der Ton, den die Lehrkräfte anschlagen, ist respektvoll, freundlich und humorvoll, und sie verzichten auf Drohungen. Vielmehr signalisieren sie ein persönliches Interesse an den Kindern und Jugendlichen und ihrer außerschulischen Welt.

Kategorie 2: Struktur des Unterrichts
Auffällig am Unterricht der effektiven Lehrkräfte ist die Konsistenz, die sich in vielen Merkmalen zeigte. So bereiteten die Lehrkräfte ihren Unterricht sorgfältig vor. Sie reflektierten über ihren Unterricht und bildeten sich weiter. Sie hatten klar definierte, zum Teil mehrere Ziele für ihren Unterricht. Trotz dieser gewissenhaften Planung nutzten sie adaptiv unvorhergesehene Situationen, um Fähigkeiten zu vermitteln.

Der Unterricht effektiver Lehrkräfte zeigte eine Balance zwischen verschiedenen, aktivierenden Gruppierungsformen einerseits (Einzel-, Partner- und Gruppenarbeit, ganze Klasse, s. Kap. 6.4) sowie dem Verhältnis von kleinteiligen und übergeordneten Aufgaben andererseits. So wurden Einzelfertigkeiten nicht isoliert geschult, sondern in andere, meist authentische Lernarrangements integriert (etwa das Schreiben von Briefen im Postsystem von Ms Irving, s. Kap. 6.1). Zum Beispiel wurde Rechtschreibung nicht isoliert geübt, sondern während des Schreibens von Texten, oder die Wortschatzarbeit erfolgte direkt beim Lesen. Der Unterricht war häufig langfristig auf verschiedene Themen zentriert, und wo immer es den Lehrkräften möglich war, schlugen sie Brücken zu vorherigen Aufgaben sowie anderen Themen des Unterrichts, aber auch anderen Fächern.

Die Arbeitsaufträge waren präzise und verständlich, und auffällig oft demonstrierten die Lehrkräfte (wenn nötig häufiger) die Fähigkeiten, die ihre Schülerinnen und Schüler erlernen sollten, und begründeten sie. Sie offerierten Lerngerüste, d.h. sie unterstützten ihre Schülerinnen und Schüler mit Fragen und Hinweisen, ohne aber die Aufgabe selbst zu lösen. Das heißt, sie gaben gerade so viel Unterstützung, wie die Heranwachsenden aktuell in der Situation benötigten (s. Kap. 5.4). All dies dürfte dafür verantwortlich sein, dass in den Klassen eine dichte Instruktion mit einem hohen, aber nicht zu hohem Lerntempo observierbar war.

Kategorie 3: Inhalte und Ziele des Unterrichts
Der Unterricht von effektiven Lehrkräften steht im Zeichen des Verstehens und Lerngewinns, aber auch der Autonomie. Er umfasst diverse Leseaktivitäten, auch das Vorlesen der Lehrkräfte, sowie diverse anspruchsvolle Schreibhandlungen. Häufig verarbeiten die Schülerinnen und Schüler Gelesenes schriftlich weiter, indem sie Fragen beantworten oder Leseeindrücke schildern. Beobachtbare Schwerpunkte lagen in der Wortschatzarbeit, dem Vermitteln des Vorwissens und Strategien. Deutlich erkennbar war, wie am Beispiel von Ms Irving gesehen, die Förderung von Selbstregulation in der Domäne Schrift.

Kategorie 4: Verbale Interaktionen der Lehrkräfte mit Schülerinnen und Schülern
Neben die schon unter dem Punkt Lernumgebung erwähnten positiven Interaktionen jenseits des Lernens tritt der unmittelbare lernbezogene Austausch. Hier fiel auf, dass die Lehrkräfte eher anspruchsvolle Fragen zum Textverstehen formulierten. Daneben stellten sie Fragen, die sich weniger auf Lösungen als auf Lösungswege oder eigene Meinungen erstreckte. Außerdem neigt die effektiven Lehrkräfte stärker dazu, Beiträge der Schülerinnen und Schüler in ihre Instruktion einzubeziehen. Und noch etwas fiel bei den Interaktionen auf: Die Lehrkräfte nutzten ganz analog zu dem Vorgehen von Ms Irving viele Gelegenheiten, durch Gespräche, zum Teil auch durch Beobachtungen kontinuierlich den Leistungsfortschritt zu überprüfen. Sie vergewisserten sich größtenteils durch ein informelles Vorgehen, aber auch mittels fairer Tests.

Kategorie 5: Motivation der Schülerinnen und Schüler fördern
Markant ist der Befund, dass effektive Lehrkräfte durch eine Vielzahl motivierender Praktiken ihre Schüler zur Mitarbeit engagierten. Die Art und Weise, wie sie dies schafften, war vielfältig, und entsprechend liegen die Ergebnisse quer zu den vier bisher angeführten Bereichen, vor allem zu den Interaktionen der Lehrkräfte mit den Heranwachsenden. Es handelt sich also um keine trennscharfe Kategorie, aber sie wirkt im Licht der lerntheoretischen Emphase der Motivation als Schlüssel zum Lernerfolg (z. B. Linnenbrink/Pintrich 2002; Pintrich 2003) wert genug, vertiefend betrachtet zu werden. Hierfür erfolgt in der nachstehenden Tabelle 14 (s. S. 116–118.) eine Sammlung der motivationsförderlichen und -hinderlichen Elemente des Lehrkraftverhaltens über zwei Dutzend Studien. Die teilweise entstehende Redundanz mit den Ausführungen aus den vier Kategorien zuvor ist dezidiert gewollt, um so zu demonstrieren, dass ein gut strukturierter Unterricht und ein motivierender Unterricht viel gemeinsam haben.

Die Tabelle 14 ist in vier Abschnitte eingeteilt: Motivationsförderung (I), Förderung der Kognitionen (II), Klassenraum (III) und allgemeine Verhaltensweisen der Lehrkraft (IV). Gegenübergestellt werden motivations- und lernförderliche Praktiken und solche, die die Freude am Lernen und das Lernen selbst behindern. Wo immer es möglich war, wurden komplementäre Paare wie positive vs. ineffiziente oder negative Rückmeldungen kontrastiert. Die Sortierung innerhalb folgt dabei nach dem Prinzip der Häufigkeit. Das bedeutet, dass Elemente mit besonders starker empirischer Evidenz als erste genannt werden.

4 Motivation im Lese- und Schreibunterricht in Theorie und Praxis

Motivierende, lernförderliche Praktiken	Demotivierende, lernhinderliche Praktiken
Motivation und Engagement der Schülerinnen und Schüler (SuS) gezielt fördern (I)	
1. positive, unmittelbare Rückmeldungen	a. negative oder ineffiziente Rückmeldungen, zum Beispiel Frustration ausdrücken, öffentliche Bestrafung bzw. Benotung
2. Selbstregulation der SuS fördern	
3. Unterstützung bei Schwierigkeiten	b. wenig/keine Unterstützung bei Hindernissen
4. klare, hohe Erwartungen an SuS kommunizieren	
5. Selbstständigkeit betonen	
6. Betonung von Kooperation/Verminderung von Wettbewerb	c. Betonung von Wettbewerb/Verminderung von Zusammenarbeit
7. zu Herausforderungen und Anstrengung ermutigen	
8. Erfolge der SuS auf deren eigene Anstrengung zurückführen	d. Erfolge auf Intelligenz, Talent, Glück oder Aufgabenschwierigkeit statt auf Anstrengung zurückführen
9. extrinsische Anreize schaffen/Belohnungen bzw. weniger bewerten	e. extrinsische Anreize für etwas schaffen, das SuS intrinsisch tun, bzw. überbetonen
10. angemessen schwierige, aber auch herausfordernde (Haus-)Aufgaben	f. zu leichte/zu schwere Aufgaben
11. freie Wahl bei Aktivitäten zulassen	
12. angemessenes Lerntempo	g. zu langsames Lerntempo
13. klare, realistische Ziele und Richtungsvorgaben setzen	
14. Verantwortung für Lernerfolg an SuS übertragen	h. Aufgabenbearbeitung statt Lernerfolg betonen
15. konkretes und interessantes Material anbieten	
16. Erfolgsaussichten erhöhen und Erfolgserlebnisse ermöglichen, zum Beispiel durch transparente Erfolgskriterien	
17. konkrete Aktivitäten durchführen	
18. spielerische Aktivitäten einsetzen	
19. Zuversicht bzgl. Fähigkeiten der SuS formulieren	i. Fehler und Leistungsunterschiede zwischen SuS betonen

Motivierende, lernförderliche Praktiken	Demotivierende, lernhinderliche Praktiken
20. interessante Aufgaben	j. langweilige Aufgaben
21. Neugier bekräftigen	k. Neugier entmutigen
22. anregende, vielfältige Lerninhalte offerieren	
23. SuS Produkte herstellen lassen, auf die sie stolz sein können	
24. Betonen des Fortschritts durch Übung	
Kognitionen anregen (II)	
25. explizite Strategieinstruktion	
26. Lerngerüst anbieten	l. kein Lerngerüst anbieten
27. kognitive Durchdringung durch verstehensförderliche Fragen ermöglichen	
28. kritisches und anspruchsvolles Denken fördern, z. B. mit anspruchsvollen Fragen	
29. klare Erklärungen geben	
30. interessante Vermittlung	
31. kreatives Denken ermöglichen	
32. Verknüpfungen zum Vorwissen herstellen	
33. Tiefe statt Breite beim Lernen fördern	
34. kognitive Konflikte hervorrufen	
35. abstrakte Inhalte vereinfachen	
Klassenraum: Organisation und Interaktionen (III)	
36. konstruktives, effizientes Klassenmanagement	m. auf Bestrafung und Einschüchterung basierendes Klassenmanagement
37. positive, auch humorvolle Atmosphäre mit positiven Beziehungen zwischen Lehrkräften und SuS	n. negative Atmosphäre
38. Klassenraumgestaltung mit Postern, Hinweisen und Hilfsmitteln, aber auch eigenen Arbeiten der SuS	o. wenig sichtbare Arbeiten der SuS
39. Verbindungen zwischen schulischen und außerschulischen Lerninhalten und Familie/Interessen der SuS schaffen	p. wenig Verbindung zur außerschulischen Welt herstellen
40. Beobachtung des Klassenverhaltens	q. mangelnde Beobachtung des Klassenverhaltens

4 Motivation im Lese- und Schreibunterricht in Theorie und Praxis

Motivierende, lernförderliche Praktiken	Demotivierende, lernhinderliche Praktiken
41. ausgeklügelte Routinen	r. kaum Routinen
42. prosoziales Verhalten ermutigen	
43. SuS sichtbar wertschätzen, Verbindung zur Bibliothek herstellen	
44. positive Beziehungen zu SuS aufbauen	
45. aufgabenbezogenes Verhalten der SuS sicherstellen	s. wenig Aufgabenbezug der SuS, stattdessen viele Störungen, die ineffizient korrigiert werden (z. B. mit Drohungen oder dem Suchen von Sündenböcken), und dysfunktionales Unterrichten
Allgemeine didaktische und pädagogische Aspekte des Lehrkraftverhaltens (IV)	
46. Beobachtung des individuellen Fortschritts	t. geringe Beobachtung des Fortschritts der SuS
47. Lehrkraft dient als Modell	u. wenig Modellverhalten
48. Verbindungen mit vorherigen Stunden und anderen Fächern zeigen	v. wenig Verbindungen zu anderen Lerninhalten zeigen
49. präzise und reflektierte Planung der Stunden	w. unvollständige, unsichere Planung der Stunden
50. Interesse/Enthusiasmus am Fach demonstrieren Anpassung der Instruktion an Fähigkeiten und Bedürfnisse der SuS	
51. Wichtigkeit des Lernens betonen	
52. Entscheidungen begründen	
53. erneutes Vermitteln/Mini-Lektionen	
54. Verantwortung für das Lernen der SuS seitens der Lehrkraft betonen	
55. Sorgfalt bei der Aufgabenlösung betonen	
56. verschiedene Methoden für die Vermittlung eines Inhalts verwenden	
57. Learning by Doing	

Tabelle 14: Überblick über lernförderliche und -hinderliche Praktiken von Lehrkräften (vereinfachte Darstellung basierend auf Philipp 2012b)

Was macht einen Unterricht nun motivierend oder demotivierend? Bei denjenigen Praktiken, für die es ein negatives und ein positives Pendant gibt, lässt sich folgendes Muster festhalten. Lehrkräfte, die ihre Schülerinnen und Schüler wenig motivieren, neigen zu negativen Interaktionen, fehlender Unterstützung und

Aktivierung der Heranwachsenden sowie weniger Struktur und erhöhter Leistungs- statt Lernemphase. Motivierende Lehrkräfte hingegen nutzen diverse positive Interaktionen, um Zuversicht in die Fähigkeiten der Schülerinnen und Schüler zu demonstrieren und sie zu selbstständig Lernenden zu machen. Sie schaffen eine positivere Lernumgebung, sind enthusiastischer und adaptiver, unterstützen erheblich mehr und sind sich des Fortschritts ihrer Schülerinnen und Schüler stärker bewusst. Vor allem modellieren sie beobachtbar, was die Klasse lernen soll. Es ist auffällig, dass besonders im Bereich der kognitiven Förderung die beiden Gruppen von Lehrkräften differieren: Während erfolgreichen Lehrkräften eine Bandbreite kognitiv aktivierender Unterrichtspraktiken zur Verfügung steht, fallen wenig motivierende Lehrkräfte vor allem durch den Mangel an angemessener kognitiver Unterstützung in Form von lernersensiblen Lerngerüsten auf.

Was sind nun Elemente des Unterrichts, die besonders oft bei motivierenden Lehrkräften beobachtet wurden? Bei den motivierenden Praktiken sind die positiv verstärkenden Rückmeldungen in Form des Lobs auffällig oft observiert worden. Daneben lassen sich diverse Praktiken ausmachen, die der Selbstständigkeit beim Lernen dienen, indem etwa das selbstregulierte Lernen gefördert wird. Hierunter fallen neben der Strategievermittlung (per Modellieren) auch anspruchsvolle Aufgaben und Ermutigen, Herausforderungen zu suchen. Dabei werden die Heranwachsenden aber nicht allein gelassen, sondern unterstützt. Sie erhalten per Lerngerüst gerade genug Hilfe, um aus eigener Kraft die Aufgaben zu bewältigen. Effektive Lehrkräfte verstärken die Zuschreibungen des Erfolgs auf eigene Anstrengung, die eigene Verantwortung für das Lernen sowie das Setzen realistischer Ziele und erlauben Wahlmöglichkeiten. Sie verwickeln die Heranwachsenden kognitiv, indem sie intellektuell fordernde Fragen stellen und den Stoff auf interessante Weise vermitteln. Sie generieren eine produktive Lernumgebung, indem sie das Unterrichtsgeschehen mit einem guten Klassenmanagement lernförderlich rahmen, die Kooperation betonen und neben einem positiven Klassenklima ebensolche Beziehungen mit den Schülerinnen und Schülern pflegen. Insgesamt gehen solche Lehrkräfte auch sehr planvoll vor: Sie bereiten den Unterricht vor, erfassen kontinuierlich den Lernfortschritt aller Schülerinnen und Schüler und verknüpfen die Inhalte untereinander.

4 Motivation im Lese- und Schreibunterricht in Theorie und Praxis

ZUSAMMENFASSUNG

Dieses Kapitel hat sich mit den Merkmalen eines motivierenden Lese- und Schreibunterrichts beschäftigt. Ausgehend von Fallbeispielen aus Interview- und Beobachtungsstudien lassen sich auf der Basis diverser weiterer Untersuchungen mit teilnehmender Beobachtung Bündel von Merkmalen extrahieren, die einen sowohl motivational als auch kognitiv anregenden Lese- und Schreibunterricht kennzeichnen. Ehe diese Merkmalsbündel rekapituliert werden, sei noch daran erinnert, dass unser Wissen über einen motivierenden Lese- und Schreibunterricht begrenzt ist. So liegen erstens keine aktuellen Studien zum Thema Motivation und schriftsprachbezogenem Unterricht aus dem deutschsprachigen Raum vor. Zweitens stammt der Großteil der Befunde aus dem Primarschulbereich, und es erscheint fraglich, inwiefern sich diese Ergebnisse ohne Weiteres auf die (deutsche) Sekundarschule übertragen lassen. Mit diesen beiden Haupteinschränkungen lassen sich folgende Muster aus den Daten extrapolieren:

Lehrkräfte, in deren Unterricht sich die Heranwachsenden stark engagieren bzw. besonders gut lesen und schreiben können,

▶ schaffen eine anregende, faire und von Regeln gekennzeichnete Lernumgebung, in der Schrift allgegenwärtig ist (günstige Lernumgebung);
▶ planen ihren Unterricht sorgfältig, passen sich aber wenn nötig den aktuellen Bedürfnissen der Schülerinnen und Schüler an und bieten ein Lerngerüst, d. h. gerade so viel Unterstützung wie nötig (Struktur der Instruktion);
▶ legen großen Wert auf den Erwerb selbstregulatorischer Fähigkeiten (Inhalte und Ziele der Instruktion);
▶ beziehen Schülerinnen und Schüler aktiv in die Instruktion ein und erhalten so Einblicke in deren Verstehensprozesse (Interaktionen) und
▶ nutzen eine Vielzahl motivational günstiger Verhaltensweisen wie positive Rückmeldungen, herausfordernde, sinnvolle Aufgaben mit Wahlmöglichkeiten, diverse Unterstützungsleistungen (die aber nicht die Eigenaktivität der Heranwachsenden ersetzen) und Interaktionsformen sowie positive Beziehungen zu den Lernenden (Motivation).

4.3 Welche Problembereiche zeichnen sich bei der schulischen Förderung der Lese- und Schreibmotivation ab?

In den Kapiteln 4.1 und 4.2 haben sich aus theoretischer und qualitativ-empirischer Sicht Ansatzpunkte für die Lese- und Schreibmotivationspunkte ergeben. Dabei hat sich vor allem die Förderung der Selbstregulation in dafür günstigen Lernumgebungen und -arrangements als wichtiger Bereich herausgeschält. Diesen Faden greift dieses Kapitel auf, indem es drei exemplarische Problembereiche anspricht. Der erste Bereich betrifft die scheinbar geringere Aufmerksamkeit, die der Motivationsförderung in höheren Klassenstufen zukommt. Damit verwandt ist der zweite Bereich: der Mangel an herausfordernden Lese- und Schreibaktivitäten. Der dritte Problembereich zeichnet sich in der mangelnden

Berücksichtigung von Lese- und Schreibstrategien einerseits und weiteren empirisch nachweislich wirksamen Ansätzen andererseits ab.

4.3.1 Problembereich 1: Fehlende Berücksichtigung der Motivation mit zunehmendem Alter der Heranwachsenden

Im Kapitel 4.2 wurden bereits zwei Fallbeispiele aus Studien zu motivationsförderlichen und -hinderlichen Aspekten des Unterrichts vorgestellt. Die Fälle Irving und Bonstead (s. o., S. 109f., 111) stammen aus einer von drei Beobachtungsstudien, in denen rund zwei Dutzend Lehrkräfte im Schnitt etwa 16 Stunden in ihrem Unterricht begleitet wurden und in denen es ganz explizit um die Motivation ging. Nachfolgend die wichtigsten Befunde der drei Studien:

	Studie 1 (Bogner et al. 2002)	Studie 2 (Dolezal et al. 2003)	Studie 3 (Raphael et al. 2008)
Klassenstufe	1	3	6
Anzahl untersuchter Lehrkräfte	7	9	9
Anzahl beobachteter motivationsförderlicher Praktiken	47	43	14
Anzahl beobachteter motivationshinderlicher Praktiken	15	17	7
Verhältnis förderlicher/hinderlicher Praktiken	ca. 3:1	ca. 2,5:1	2:1

Tabelle 15: Die Ergebnisse von drei Beobachtungsstudien zum motivierenden Unterricht

Wendet man sich aus der Vogelperspektive den Hauptbefunden der drei Studien zu, die sich ganz spezifisch den Differenzen zwischen eher motivierenden und eher demotivierenden Lehrkräften widmeten, so sind die Ergebnisse in gleich mehrerer Hinsicht bemerkenswert. Es fällt beispielsweise auf, dass in Klasse 1 und 3 fünf Dutzend Kategorien zur Motivation gefunden wurden, in der sechsten Klasse aber nur noch rund zwanzig. Die erste wichtige Erkenntnis ist, dass im Unterricht mit älteren Schülerinnen und Schülern erheblich weniger Verhaltensweisen und Praktiken zu beobachten sind, die generell etwas mit Motivation zu tun haben. Dieser Befund ist umso frappanter, als jede der beteiligten zwei Dutzend Lehrkräfte so lange in ihrem Unterricht besucht wurden, bis keine neuen Verhaltensweisen mehr beobachtet werden konnten. Daneben verschiebt sich – so der zweite wichtige Befund – das Verhältnis motivationshinderlicher und -förderlicher Verhaltensweisen der Lehrkraft: In der Primarstufe liegt es bei rund 1:3, in der Mittelstufe dann bei 1:2.

Man kann also auch zugespitzt sagen: *Je älter die Schülerinnen und Schüler sind, desto weniger wird Motivation direkt durch Lehrkraftverhalten adressiert, und es zeigt sich ein insgesamt ungünstigeres Verhältnis von ermittelten motivationsunterstützenden und -unterlaufenden Verhaltensweisen der Lehrkräfte.* Das gilt freilich nur sehr begrenzt, und zwar zum einen für amerikanische Schulen (ohne dass die Befunde generalisiert werden könnten) und zum anderen nur für den Unterricht, den relativ junge Schülerinnen und Schüler erleben. Speziell über motivationale Merkmale des Unterrichts für die höhere Sekundarstufe ist wenig bekannt. Weitere Studien sind demnach nötig. Im Lichte der relativ großen Dynamik bei der meist negativen Entwicklung der Lesemotivation, die ein Großteil der Heranwachsenden bis zur sechsten Klasse zu erleben scheint (s. o., Kap. 3.3), ist jedoch schon das, was man in den drei oben zitierten Studien sieht, ein echtes Alarmsignal: Für diejenigen, die eigentlich darauf angewiesen sind, in ihrer Lesemotivation unterstützt zu werden, scheint es ausgerechnet dann wenig Hilfe zu geben, wenn sie aus Sicht der Wissenschaft am dringendsten nötig erscheint.

4.3.2 Problembereich 2: Mangel an (herausfordernden) Lese- und Schreibgelegenheiten

Mit herausfordernden Lese- und Schreibaufgaben hat sich Samuel Miller in mehreren Studien befasst. Er versteht darunter Aufgaben, die über einen längeren Zeitraum kooperativ bearbeitet werden und in denen Texte entstehen, die mindestens einen Absatz umfassen. Scharf davon abgegrenzt sind Aufgaben, die wenig herausfordern. Deren wichtigste Merkmale sind rein isolierte Tätigkeiten, sei es in der Sozialform, sei es in dem, was geschrieben wird, sei es in punkto Dauer (s. folgende Tabelle 16 rechts).

Wie Miller und seine Kolleginnen in einer frühen Studie zeigen konnten, reagierten Kinder dritter und vierter Klassen positiv auf herausfordernde Aufgaben, trafen auf solche Aufgaben allerdings kaum in ihrem Alltag (Miller/Adkins/Hooper 1993). In einer anderen Studie (Miller/Meece 1999) lehnten Drittklässler die wenig anspruchsvollen Aufgaben als langweilig und zu leicht ab. Diese Kinder gehörten zwei Gruppen an. Der Unterricht der einen Gruppe zeichnete sich durch viele herausfordernde Schreibaufgaben aus, der Unterricht der zweiten durch deren Mangel. In der ersten Gruppe gaben die Kinder aller Fähigkeitsstufen an, die anspruchsvollen Aufgaben hälfen ihnen beim Lernen, während in der zweiten Gruppe nur die leistungsstärksten Kinder das so sahen. In ihren Schulleistungen schwache und durchschnittliche Kinder hegten hingegen eher Zweifel daran, anspruchsvolle Aufgaben zu bewältigen, standen dem Inhalt der Aufgabe aber grundsätzlich positiv gegenüber. Ein Schüler brachte diese Ambivalenz auf den Punkt: „Ich bin interessiert, weil man später noch eine lange Zeit das Schreiben von Briefen braucht. Die Aufgabe mochte ich aber nicht, weil es echt schwer ist, wenn du wissen musst, was du sagen wirst, was dein nächster Gedanke ist und was du in den nächsten Absatz tust. Es ist zu viel Denken!" (ebd., S.

Merkmal	Herausfordernde schulische Lese- und Schreibaufgaben	Wenig herausfordernde schulische Lese- und Schreibaufgaben
Schreibaktivität	einzelne oder mehrere Absätze schreiben, die sich auf ein Thema oder eine Sammlung von Ideen beziehen	Unter- oder Durchstreichen von Wörtern, Nummerieren oder Abschreiben von Textteilen, einzelne Wörter, Wendungen oder Sätze schreiben
Dauer	länger als ein Tag	eine Unterrichtsstunde bzw. als Hausaufgabe für die nächste Stunde
Sozialform	kooperativ: Heranwachsende teilen Ideen miteinander und geben sich Rückmeldungen zu Texten	allein: keine Ideenteilung und keine Rückmeldung von Peers
Beispiele	Aufsätze zu Themen nach Wahl; Forschungspapier in einer fachübergreifenden Unterrichtseinheit; Briefe an jüngere Schüler, in denen erklärt wird, was sie im Folgejahr lernen	isolierte Arbeitsblätter zu Zusammenschreibung, Groß- und Kleinschreibung und Handschrift

Tabelle 16: Merkmale und Beispiele für herausfordernde und weniger herausfordernde schulische Lese- und Schreibaufgaben (Quelle: Miller 2003, S. 47)

27) Die Probleme, die der Drittklässler hier anspricht, sind glücklicherweise lösbar, indem Fähigkeiten zur Selbstregulation vermittelt werden (s. Kap. 5).

Der Wert der anspruchsvollen Aufgaben ergibt sich nicht nur dadurch, dass bereits Grundschulkinder positiv auf sie reagieren und ihren Nutzen erkennen. Wir wissen aus Metaanalysen, dass die schriftliche Weiterverarbeitung von Gelesenem das Leseverstehen zum einen (Graham/Hebert 2011) und das Verständnis von Fachinhalten zum anderen (Bangert-Drowns/Hurley/Wilkinson 2004) erhöht. Ebenfalls gibt es Hinweise darauf, dass eine integrative Vermittlung von Lese- und Schreibstrategien à la PROGRESS (s. Kap. 5.5.3) sich günstig auf die Lesemotivation von schwach lesenden und schreibenden Primarschulkindern auswirkt (Mason/Meadan/Hedin/Cramer 2012). Das Potenzial des Schreibens als Mittel des Denkens wird also nicht ausreichend genutzt, wenn die Aufgaben zu wenig anregend und kognitiv fordernd sind. Insofern sind die Befunde zum Mangel solcher Schreibanlässe aus der Sicht der Lesekompetenzentwicklung und des Fachlernens gleich doppelt bedauerlich.

Fokus: Die Schreib- und Lesezeit von Zehntklässlern
Hinsichtlich der mit Schreiben im Unterricht verbrachten Zeit ist ein Ergebnis einer Studie aus den USA lehrreich (Fisher 2009). Ein Forscher beobachtete über jeweils 15 Unterrichtsstunden drei durchschnittliche Zehntklässler im Unterricht. Das wichtigste Ergebnis aus Sicht der Lese- und Schreibförderung besteht darin, dass während des gesamten Zeitraums die Jugendlichen zwei Prozent der Unterrichtszeit mit Schreiben und sechs Prozent mit Lesen verbrachten. Acht Prozent des Unterrichts waren damit für schriftsprachliche Aktivitäten reserviert. Das allein ist bemerkenswert und wäre vielleicht nicht so problematisch, wenn denn der Rest der Zeit sinnvoll mit aktivem Lernen gefüllt wäre. Tatsächlich aber verbrachten die Jugendlichen doppelt so viel Zeit (17 Prozent) mit Warten auf die Klasse wie mit dem Lesen und Schreiben zusammen. Fast die Hälfte einer Unterrichtsstunde hörten sie der Lehrkraft zu, sodass die Jugendlichen im Grunde zwei Drittel einer Schulstunde passiv blieben.

In diesem Zusammenhang sei noch auf ein verwandtes Problem verwiesen, das sich in einigen Studien gezeigt hat: der Mangel an Zeit fürs Schreiben und Lesen (s. Fokus oben). Für das Schreiben ergab eine Serie von Fragebogenuntersuchungen mit Lehrkräften in den USA, dass die Zeit, die Grundschulkinder mit dem Schreiben im Unterricht verbringen, immer geringer wird, je älter sie sind (Cutler/Graham 2008; Gilbert/Graham 2010; Graham/Harris/Fink-Chorzempa/MacArthur 2003). Dasselbe galt für die Zeit, die die Lehrkräfte mit Schreibphasen im Unterricht verbrachten. Generell zeichnet sich aus US-amerikanischen Studien ab, dass gerade das Schreiben längerer und komplexerer Texte relativ selten vorkommt (Applebee/Langer 2009, 2011). Andere Studien unterstützen diesen Befund. Laut ihnen überwiegen kurze Texte, Journaleinträge, Arbeitsblätter oder Notizen (Gilbert/Graham 2010; Kiuhara/Graham/Hawken 2009). Dass das so ist, mag mit dem Stellenwert der Lese- und Schreibphasen im Unterricht zu tun haben, dem dritten Problembereich.

4.3.3 Problembereich 3: Geringer Stellenwert der systematischen, direkten Lese- und Schreibförderung

Es ist seit Jahrzehnten ein durchgängiger Befund aus Beobachtungsstudien zum Leseunterricht, dass die Vermittlung von Lesestrategien als Werkzeuge zum Leseverstehen kaum stattfindet, stattdessen aber die Überprüfung des Leseverstehens sehr viel stärkeren Raum einnimmt (Durkin 1979; Klingner et al. 2010; Ness 2011) – und zwar selbst bei exemplarisch guten Leselehrkräften (Pressley/Wharton-McDonald/Mistretta-Hampston/Echevarria 1998). Ähnliches scheint für das Schreiben zu gelten (Applebee/Langer 2011). Dabei liegen seit geraumer Zeit diverse empirisch überprüfte Modelle vor, wie man beispielsweise Lese- und Schreibstrategien nachweislich erfolgreich vermitteln kann. Insgesamt ist außerdem bekannt, dass Programme, die auf die Selbstregulation beim Lesen und Schreiben sowie in anderen Fächern zielen, Verbesserungen in Motivationen und Einstellungen nach sich ziehen (s. Kap. 5.5).

Für das Schreiben scheint die Situation auf den ersten Blick wenig besser zu sein. Das legen jedenfalls die Ergebnisse einer Reihe von drei in den Jahren 2008–2010 veröffentlichten Fragebogenuntersuchungen nahe, in denen Lehrkräfte erster bis dritter, vierter bis sechster und neunter bis zwölfter Klassen befragt wurden. In den Studien wurden die Lehrkräfte gebeten, über die Häufigkeit von Maßnahmen in ihrem Unterricht Auskunft zu erteilen, die nachgewiesenermaßen die Schreibleistungen verbessern. Da nicht in allen Studien dieselben Fragen gestellt wurden, ist ein Vergleich nicht ohne Weiteres möglich. Bei einigen Praktiken war das jedoch der Fall (s. Abbildung 8).

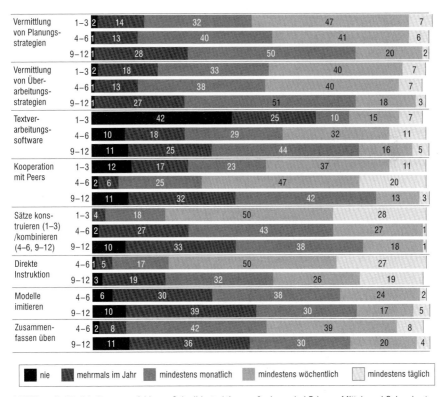

Abbildung 8: Häufigkeit von empfohlenen Schreibinstruktionsmaßnahmen bei Primar-, Mittel- und Sekundarstufenlehrkräften, die die Muttersprache unterrichten (Selbstauskünfte in Fragebögen; eigene Darstellung; Quellen: Klassenstufe 1–3: Cutler/Graham 2008, S. 913; Klassenstufe 4–6: Gilbert/Graham 2010, S. 505; Klassenstufe 9–12: Kiuhara et al. 2009, S. 144f.; Summenwerte über oder unter 100 Prozent gehen auf Rundungsfehler zurück)

Die Vermittlung von Planungs- und Überarbeitungsstrategien ist beispielsweise bis in die Mittelstufe hinein bei der Hälfte der Lehrkräfte mindestens wöchentlich Usus, während nur ein knappes Viertel der Englischlehrkräfte höherer Klassenstufen der Vermittlung von Schreibstrategien viel Raum gab. Auch für weitere Strategien (zum Zusammenfassen oder zur Selbstregulation) traf dieses Muster bei Lehrkräften älterer Jugendlicher zu (Kiuhara et al. 2009). Textverarbeitungssoftware nutzten laut Selbstauskunft vor allem die Pädagogen der Mittelstufe, und die Zusammenarbeit mit Gleichaltrigen kommt bei Kindern deutlich häufiger zum Einsatz als in der Sekundarstufe. Wie man Sätze bildet, ist ganz klar eine Aufgabe der Primarschullehrkräfte, obwohl dieses Verfahren – hier allerdings als das Schreiben von komplexeren Sätzen anhand vorgegebener Sätze – auch noch für Neuntklässler laut einer Metaanalyse eine der wirksamsten Maßnahmen hinsichtlich der Textqualität ist (Graham/Perin 2007). Im Vergleich der Lehrkräfte vierter bis sechster und neunter bis zwölfter Klassen fällt zudem auf, dass die jüngeren Schülerinnen und Schüler sehr viel stärker explizit im Schreiben unterrichtet werden und das Zusammenfassen mehr üben. Unter der Erwerbsperspektive der Selbstregulation beim Schreiben (s. Kap. 5.4) ist ein besonders pikanter Befund, dass das Nachahmen von Modellen nur bei einem guten Fünftel bzw. Viertel der Lehrkräfte mindestens wöchentlich erfolgt. In einer weiteren Studie wurde zusätzlich überprüft, ob sich die Angaben der Englischlehrkräfte von ihren Kollegen unterschieden, die ein sozial- oder naturwissenschaftliches Fach unterrichten. Ein nahezu durchgängiges Ergebnis war, dass Sprachlehrer mehr Schreibpraktiken einbanden als ihre Kollegen aus den sozialwissenschaftlichen Fächern, und diese wiederum taten das in aller Regel häufiger als die Naturwissenschaftslehrkräfte (Kiuhara et al. 2009).

Wie eingangs erwähnt, mögen die Daten den Anschein erwecken, im Schreiben sei die Situation weniger problematisch als beim Lesen. Dies wird dadurch relativiert, dass einerseits generell wenig geschrieben wird – und wenn dann (übrigens denselben Studien zufolge) nur kurze, kognitiv eher weniger anspruchsvolle Texte (s. Problembereich 2, S. 122). Andererseits wissen wir auch nicht, wie sehr den Selbstauskünften zu trauen ist, also ob sie wirklich so häufig das tun, was sie angegeben haben. Berechtigte Zweifel daran treten zum Beispiel auf, wenn man eine Studie aus der Türkei liest (Akyol/Ulusoy 2010). In ihr wurden 500 angehende Lehrkräfte – rund ein Viertel mit Muttersprache als Hauptfach – am Ende des Studiums zum Einsatz von Lesestrategien befragt, wenn sie selbst lesen. Die Ergebnisse aus den Fragebögen sind zunächst ermutigend, weil aus einem Katalog von 38 bei knapp drei Vierteln die angehenden Lehrkräfte angaben, im eigenen Lesen meistens die Strategien zu benutzen. In vertiefenden Interviews mit einem Dutzend der Befragten ergab sich aber, dass nur wenige Strategien wirklich zum Einsatz kamen. Hier deutet sich ein Unterschied zwischen Kennen und Anwenden an.

Etwas Vergleichbares konnte fürs Schreiben in der Mittel- und Sekundarstufe ermittelt werden (Applebee/Langer 2011). Dazu füllten mehr als 1.500 zufällig ausgewählte Lehrkräfte Fragebögen zur Schreibinstruktion aus, und in 20 für ihre exzellente Schreibinstruktion bekannten Schulen wurde der Unterricht beobachtet. Eines der wichtigsten Ergebnisse betrifft den Umstand, dass in der Fragebogenuntersuchung neun von zehn Lehrkräften angaben, häufig oder immer Schreibstrategien zu vermitteln. In den direkten Beobachtungen von als versiert geltenden Lehrkräften wurden nur in einem Sechzehntel aller Stunden im Englischunterricht wirklich Schreibstrategien sichtbar vermittelt (in anderen Fächern waren die Quoten noch geringer). Damit ergibt sich eine deutliche Tendenz der Überschätzung, die die Gültigkeit von Selbstauskünften grundsätzlich betrifft. Um dieses Problem zu beheben, sind Unterrichtsbeobachtungen ein besseres Instrumentarium, das im Bereich des Schreibens bislang nur selten und im Lesen schon etwas häufiger zum Einsatz gekommen ist (Philipp 2012b).

ZUSAMMENFASSUNG

In diesem Kapitel wurden exemplarisch drei Problembereiche der gegenwärtigen schulischen Lese- und Schreibförderung skizziert. Ein erster wichtiger Problembereich besteht darin, dass insbesondere von Klassenstufe 3 zu 6 immer weniger Verhaltensweisen der Lehrkräfte im Unterricht gefunden wurden, die die Motivation der Kinder positiv adressieren. Ob dies ein Hinweis für eine abnehmende Bedeutung motivierender Praktiken ist oder nur dem Umstand weniger Studien geschuldet ist, wäre durch weitere Untersuchungen vertiefend zu untersuchen.

Ein zweites Problemfeld zeichnet sich dadurch aus, dass Heranwachsende relativ selten Gelegenheit dazu haben, sich längere Zeit mit anspruchsvollen, aus motivationaler Sicht günstigen Aufgaben zu befassen, sondern eher fragmentierte Aufgaben zu lösen scheinen. Damit korrespondiert auf paradoxe Weise, dass die Schreibzeit immer geringer ausfällt, je älter Schülerinnen und Schüler sind.

Zu guter Letzt – und möglicherweise als die zugrunde liegende Ursache für die anderen beiden Problembereiche – bildet der Stellenwert der systematischen, direkten Lese- und Schreibförderung eine neuralgische Zone. In Unterrichtsbeobachtungen zum Leseunterricht zeigt sich als durchgängiger Befund seit drei Jahrzehnten, dass die Verstehensinstruktion (Übungen zum Leseverstehen) kaum stattfindet. Wenig besser wirkt es beim Schreiben. Hier zeichnet sich aus Fragebogenstudien als grundsätzliches Problem ab, dass insbesondere Jugendliche kaum in den Genuss von empirisch nachgewiesenermaßen wirksamen Maßnahmen zu kommen scheinen. Zusätzlich schreiben sie relativ wenig. Damit deutet sich ein Grundsatzproblem an, nämlich dass der Lese- und Schreibunterricht vor allem Angelegenheit der Grundschule sei. Diese Auffassung ist jedoch mit den für den Schriftsprachunterricht wichtigen Ergebnissen der Expertiseforschung (Alexander 2005) und Modellen der Schreibentwicklung (Bereiter/Scardamalia 1987; Kellogg 2008) nicht zu vereinen.

5 Der Hauptansatz zur Erhöhung der Lese- und Schreibmotivation: Selbstregulation in der Domäne Schrift fördern

„Wenn ich offen genug bin und nicht weiß, wozu ich etwas tun soll, dann denke ich, dass es wert ist, es zu tun. Vielleicht werde ich es mögen."
(eine Fünftklässlerin)

Die Zusammenhänge zwischen Motivation und Lese- und Schreibleistungen sind nach allem, was man weiß, nicht direkt. Vielmehr spielt laut dem Erwartungs-×-Wert-Modell aus Kapitel 2.4.6 das Lese- bzw. Schreibverhalten eine vermittelnde Rolle, und hierbei werden die Lese- und Schreibstrategien zunehmend als wichtige Vermittler zwischen Motivation und Leistung betrachtet. Man kann auch vereinfachend sagen: Erst wer über ein ausreichendes Maß an lernförderlicher Lese- und Schreibmotivation nebst Wissen über angemessene Strategien verfügt, kann auch schwierige Texte meistern und sich dazu einer Menge Lese- und Schreibstrategien bedienen. Dieses individuell gesteuerte Zusammenspiel von motivationalen und kognitiven Prozessen wird unter dem Begriff „Selbstregulation" diskutiert und bildet einen Schwerpunkt in diesem Band. Die nachstehenden Fragen strukturieren das Kapitel:

▶ Was versteht man ganz allgemein unter Selbstregulation und hier dem Verhältnis von Motivation und Strategien (5.1)?
▶ Was ist selbstreguliertes Lesen (5.2)?
▶ Was kennzeichnet die Selbstregulation beim Verfassen von Texten (5.3)?
▶ Wie erwerben aus theoretischer Sicht Heranwachsende die Fähigkeit, den Lese- und Schreibprozess aus eigener Kraft günstig zu steuern (5.4)?
▶ Was ist laut Interventionsstudien nachweislich günstig, wenn man Selbstregulation fördern will (5.5)?

5.1 Wie kann man sich Selbstregulation allgemein vorstellen?

Unter Selbstregulation versteht man „Prozesse, bei denen Lernende selbstständig Kognitionen, Emotionen und Verhaltensweisen aktivieren und aufrecht erhalten, die systematisch mit der Erreichung eines persönlichen Ziels zusammenhängen" (Zimmerman/Schunk 2011, S. 1). Damit ist der selbstregulierte Umgang mit Texten, sei es beim Lesen, sei es beim Schreiben, eine sowohl kognitive als auch motivational anspruchsvolle Tätigkeit, bei der schriftsprachlich versierte Personen viele Prozesse anhand von Zielen, Wissensbeständen, Selbstwahrnehmungen und nicht zuletzt im Umgang mit (entstehenden bzw. vorhandenen) Texten regulieren. Gerade für das Schreiben wird Selbstregulation als essenzielle Grundlage für die gelingende Schreibsozialisation betrachtet (Graham/Harris 2000).

5.1.1 Was Lese- und Schreibstrategien sind

Lese- und Schreibstrategien zählen zu den Lernstrategien, und Lernstrategien laufen „neben und über jenen Prozessen hinaus ab, die die eigentliche Lösung einer Aufgabe erfordern, und können einzelne bis mehrere, in einer Sequenz miteinander vernetzte Prozesse umfassen. Strategien beziehen sich auf kognitive Absichten wie das Verstehen oder Einprägen, sie sind potenziell bewusste und kontrollierbare Aktivitäten" (Pressley/Forrest-Pressley/Elliott-Faust/Miller 1985, S. 4). In dieser populären Definition stecken diverse Aspekte, die für den Einsatz von Strategien zentral sind. Erstens betont die Begriffsbestimmung den funktional-unterstützenden Charakter von Prozessen, die Leser und Schreiber anwenden, um Textverständnis und Textverständlichkeit zu erreichen. Dazu benötigen sie zweitens ein bewusstes Ziel (z. B. „Ich will einen Reklamationsbrief schreiben, der dafür sorgt, dass mein MP3-Player ersetzt wird" oder „Ich will diesen Text für die morgige Klausur verstehen"), das sie aktiv anstreben. Hierfür nutzen sie drittens diverse Prozesse, die sich im Produkt nicht notwendigerweise zeigen, aber den Weg dorthin positiv flankieren.

In der Forschungsliteratur werden drei große Gruppen von Strategien unterschieden: kognitive Strategien, metakognitive Strategien und Stützstrategien. All diese Strategien werden noch deutlicher in den Kapiteln 5.2 und 5.3, wenn anhand von Fallbeispielen die Merkmale selbstregulierter Leser und Schreiber zur Sprache kommen. Gleichwohl sollen sie an dieser Stelle kurz definiert werden.

▶ Die *kognitiven Strategien* beziehen sich auf die Auseinandersetzung mit dem Text und dessen Inhalt. Beim Lesen werden Wiederholungsstrategien (Passagen nochmals lesen) von zwei weiteren kognitiven Strategien unterschieden: Organisationsstrategien helfen dabei, die Textstruktur zu erkennen und den Text zu reduzieren, und kommen Elaborationsstrategien zum Einsatz, geht es darum, dass ein tieferes Textverständnis angestrebt und der Textinhalt in das individuelle Wissen integriert werden. Für das Schreiben sind gerade die Organisationsstrategien wichtig, wenn es darum geht, dem Text eine Struktur zu geben. Hinzu kommen (gewissermaßen als Pendant zu den Elaborationsstrategien beim Lesen) die Überarbeitungsstrategien, mit denen ein bestehender Text hinsichtlich des angestrebten Zwecks und Publikums optimiert wird.

▶ Die kognitiven Strategien unterscheiden sich damit von den metakognitiven Strategien. *Metakognitionen* haben „mit dem Wissen und der Kontrolle über das eigene kognitive System zu tun. Metakognitive Aktivitäten heben sich von den übrigen mentalen Aktivitäten dadurch ab, dass kognitive Zustände oder Prozesse die Objekte sind, über die reflektiert wird. Metakognitionen können daher Kommandofunktionen der Kontrolle, Steuerung und Regulation während des Lernens übernehmen." (Hasselhorn 1992, S. 36) Drei Strategiegruppen lassen sich unterscheiden: Planen als Festlegen des Strategieeinsatzes, Überwachen des Lern- bzw. Lesevorgangs und Regulation als Anpassung des Strategieeinsatzes, wenn es zu Problemen kommt. Alle diese Strategien hängen miteinander zusammen: Ehe man eine neue Strategie wie ein erneutes Lesen wählt, muss einer Person über die Überwachung bewusst geworden sein, dass sie die eben gelesene Seite nicht verstanden hat, weil sie zum Beispiel nicht sagen kann, worum es im eben gelesenen Text ging. Dazu muss sie wiederum geplant haben, dass sie nach einer bestimmten

Zeit ihr Verstehen überprüfen will. Stellt sie fest, dass der von ihr gewünschte Effekt nicht eingetroffen ist, modifiziert sie ihr Verhalten. Darin deutet sich ein Kreislauf an: Man plant ein neues Vorgehen, dessen Erfolg wieder überprüft und ggf. wieder angepasst wird.

▶ Die *Stützstrategien* beziehen sich weniger auf die kognitive Auseinandersetzung mit dem Text und die mentale Überwachung dieses Prozesses, sondern auf den Kontext und die Motivation bzw. das Verhalten, die den Lernprozess beeinflussen. Stützstrategien oder auch das Ressourcenmanagement sollen dazu dienen, den Lernprozess indirekt zu unterstützen, sei es intern, indem die eigenen Anstrengungen mobilisiert werden, sei es extern über das Arrangement eines lerndienlichen Arbeitsplatzes (zum Beispiel eines leisen Zimmers) oder die Nutzung von Infrastruktur (Bibliotheken, Datenbanken) bzw. die Hilfe von anderen Personen.

5.1.2 Ein Modell der Selbstregulation

Überblickt man die theoretischen Modelle, die zur Selbstregulation in der Pädagogischen Psychologie vorgelegt wurden, so fällt zunächst die große Vielfalt auf. Je nach Modell werden unterschiedliche Phasen und unterschiedliche Prozesse besonders stark fokussiert. Den Modellen ist aber in aller Regel gemein, dass sie drei Phasen (vor, während und nach einer Aktivität) und verschiedene Bereiche wie Kontext, (Meta-)Kognitionen, Motivationen/Emotionen und Verhalten kennen (Puustinen/Pulkkinen 2001). Indem die Motivation als eigenständige Dimension der Selbstregulation aufgefasst wird, erhält sie Prominenz in diesem Konstrukt (Zimmerman/Schunk 2008). In der Forschung besteht außerdem die Auffassung, auch die Motivation selbst könne bewusst reguliert werden (Wolters 2011, s. dazu auch die Fallbeispiele ab S. 125).

Eines der am stärksten verbreiteten Modelle, das von Barry Zimmerman stammt, ist in Abbildung 9 (rechts) dargestellt. Das Modell differenziert insgesamt drei Phasen, nämlich vor dem Lesen oder Schreiben (Vorbereitungsphase), während der Aktivität (Lern-/Leistungsphase) und danach (Selbstreflexionsphase). In der *Vorbereitungsphase* kommen vier der motivationalen Konstrukte zum Tragen, die Ihnen schon aus Kapitel 2.4 bekannt sind. Hinzu kommt die Analyse der Aufgabe in Form der Zielsetzung, wozu man liest bzw. im Falle des Schreibens an wen man was mit welchem Ziel schreibt. Auch die Planung des Vorgehens fällt in die erste Phase, also etwa das Überlegen, welche Textteile man gezielt lesen will oder wie man eine Argumentation in einem Aufsatz aufbauen möchte.

In der *nächsten Phase*, in der dann jemand liest oder schreibt, werden diverse Strategien eingesetzt (s. Kapitel 5.1.1). In der *dritten Phase* geht es um die *Selbstreflexion*. In dieser Phase werden zwei übergeordnete Kategorien unterschieden: Selbstbeurteilungen und Reaktionen. Zu den Beurteilungen zählen Evaluationen, ob die wahrgenommenen Anstrengungen dazu führten, ein Ziel zu erreichen. Dazu stehen Personen vier Kriterien zur Verfügung: erstens Leistungs-

5.1 Vorstellung von Selbstregulation

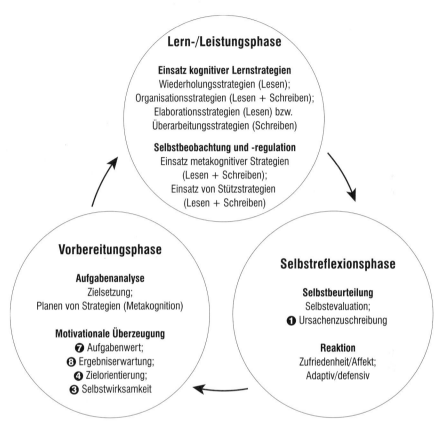

Abbildung 9: Phasen und Subprozesse der Selbstregulation (Quelle: eigene Darstellung, basierend auf Zimmerman/Cleary 2009, S. 249, adaptiert ist vor allem die Leistungsphase; nummeriert sind die fünf der zehn Konstrukte, die bereits in Abbildung 1 auf S. 34 und Abbildung 2 auf S. 47 enthalten waren).

kriterien wie Noten oder Testergebnisse, zweitens eigene frühere Ergebnisse, drittens Vergleiche mit anderen und ihren Leistungen und viertens, allerdings nur in Gruppen, ob eine Rolle angemessen erfüllt wurde (Zimmerman 2000). Hinzu kommen die schon im Kapitel 2.4 besprochenen Attributionen, also Ursachenzuschreibungen. Unter den Punkt Reaktion fallen die Zufriedenheit oder Unzufriedenheit mit der eigenen Leistung. Diese Reaktion ist emotional getönt und hat auch Relevanz für die Zukunft. Es ist anzunehmen, dass Personen ihre Handlungen so orchestrieren, dass sie befriedigende Zustände mit positiven Gefühlen nach sich ziehen. Zu guter Letzt sind auch noch die Reaktionen anzuführen, die die Veränderungen der Selbstregulation betreffen und die adaptiv-produktiv sein können oder defensiv. Produktiv erscheint eine Adaption, denn sie offeriert die Chance, eine Verbesserung der Selbstregulation vorzunehmen. Ungünstig hinsichtlich der Verbesserung wirken defensive Reaktionen, die vor zukünftigen Fehlschlägen schützen sollen. Darunter fallen Aufschub, Vermeidung und Apathie (Zimmerman 2000).

5.1.3 Zur Bedeutung der Motivation bei der Selbstregulation

Im allgemeinen Modell zur Selbstregulation aus dem Teilkapitel zuvor ist die Motivation prominenter Bestandteil. Die motivationalen Stützstrategien sind auch deshalb so wichtig, weil Probleme außerhalb des eigentlichen Schreibprozesses laut einer amerikanischen Studie das konzentrierte Schreiben behindern (Cleary 1991). So beeinträchtigen vier Umstände für die Konzentration beim Schreiben insbesondere gute Schreiberinnen und Schreiber erheblich und bedürfen einer Regulation. Dabei handelt es sich erstens um das Gefühl einer Überforderung bei gleichzeitiger Frustration, zweitens Sorgen wegen außerschulischer Problemsituationen, drittens negative Rückmeldungen von Lehrkräften und Mitschülern zu den Schreibfähigkeiten und viertens ein Mangel an intrinsischer Schreibmotivation. Dieser negative Effekt auf die Konzentration ist deshalb so prekär, weil laut experimentellen Studien unser Gehirn beim Schreiben – anders als beim Lesen – ähnlich stark beansprucht wird wie beim Schachspielen (Kellogg 1999) und man daher eigentlich stark fokussiert sein muss.

Neben diese unmittelbar den Schreibprozess betreffende Einschränkung treten weitere Erscheinungen bei den schreibenden Personen wie Verzögerungspraktiken, Abwertung des Schreibens, Belastungsempfinden sowie Schreibblockaden (Cleary 1991). Insofern sind motivationale Stützstrategien, die Heranwachsende erlernen, in ihrer Wichtigkeit nicht zu unterschätzen. Leider gibt es nur relativ wenig Forschung in den Domänen Lesen und Schreiben dazu, wie sich Heranwachsende im Unterricht konkret dazu mobilisieren, eine lese- oder schreibbezogene Aktivität durchzuführen. Die nachstehenden Fallbeispiele bilden eine Ausnahme und demonstrieren, wie Schülerinnen und Schüler mit motivationalen Schwierigkeiten umgehen, wenn sie schriftbezogene Aufgaben erledigen, die zunächst keinen erkennbaren Anreiz für sie offerieren.

> **Fallbeispiele: Was tun Schülerinnen und Schüler, um sich zu motivieren? (8)**
> Die amerikanische Forscherin Penny Oldfather (2002) hat über längere Zeit Jugendliche einer fünften bzw. sechsten Klasse begleitet. Diese Heranwachsenden hatten eine engagierte Muttersprachenlehrkraft, die ihre Schülerinnen und Schüler auf vielfältige Weise motivierte. Ein Jugendlicher beschreibt die Atmosphäre an der Schule so: „Anstatt nicht zu lesen, lesen sie. Statt nicht schreiben zu wollen, schreiben sie. Eine Sache, die ich an der Schule liebe, ist, dass wir zu lernen versuchen und nicht nur die richtige Antwort finden. Das ist wirklich gut. Du willst die richtige Antwort erhalten, aber du lernst trotzdem. Du wirst besser, weil Lernen wichtiger ist als die richtige Antwort" (Oldfather 2002, S. 36).

5.1 Vorstellung von Selbstregulation

Auch wenn die Lernatmosphäre allgemein sehr positiv war, erlebten die Schülerinnen und Schüler durchaus Situationen, in denen sie für eine Lese- oder Schreibaufgabe nicht intrinsisch motiviert waren. Interessant ist im Sinne der Selbstregulation nun, wie sie in solchen Situationen mit der mangelnden Motivation umgingen (s. Kap. 2.4.3). Oldfather unterscheidet drei verschiedene Szenarien. Im ersten Szenario gelang es den Jugendlichen, ihre positive Motivation zu mobilisieren und die Aufgabe erfolgreich zu bewältigen. Im zweiten Szenario beendeten die Jugendlichen die Aufgabe zwar, aber sie konnten keinen positiven motivationalen Zugang finden. Im dritten Szenario schließlich vermieden die Jugendlichen die Aufgabe oder fühlten sich unfähig, und es mangelte bis zum Schluss an Motivation. Die drei Szenarien unterscheiden sich damit in zwei Belangen: erstens im Grad, sich selbst zu motivieren, und zweitens in der Aufgabenbewältigung. Welche kognitiven Prozesse und Handlungen die Heranwachsenden aktivieren bzw. vollführen, darüber erteilt Tabelle 17 Auskunft.

Szenario	Positive Motivation entwickelt	Negative Motivation entwickelt	Keine Motivation entwickelt
Aufgabe erledigt?	ja	ja	nein
Motivationsform	intrinsisch	extrinsisch	Amotivation
Prozesse und ausgeführte Handlungen	• positive Einstellung aktivieren • Gründe für Wert der Aktivität suchen • Aufmerksamkeit lenken • Klassenmitglieder beobachten • mit der Aufgabe anfangen und auf Engagement hoffen	• die Aufgabe möglichst bald beenden • Anforderungen und Erwartungen gerecht werden wollen • an klasseninternes Regelsystem denken • nicht das Beste geben/Aktivität einfach durchführen	• Vermeiden • Paralyse empfinden

Tabelle 17: Prozesse von Jugendlichen, die nicht intrinsisch motiviert sind, und Lese- bzw. Schreibaufgaben (nicht) absolvieren (Quelle: eigene Darstellung, basierend auf Oldfather 2002, S. 243)

▶ Bemerkenswert ist die Vielfalt der unterscheidbaren Prozesse und Handlungen, die darauf schließen lassen, dass Heranwachsende auf sehr verschiedene Art und Weise auf Aufgaben reagieren, die als solche anfänglich kaum Anreize offerieren. Im Falle des ersten Szenarios schaffen es die Jugendlichen, sich positiv zu motivieren. Hierfür nehmen die Jugendlichen zum Beispiel eine metakognitive Haltung ein, um eine positive Einstellung zu erreichen. Sie nehmen sich selbst in die Pflicht, wie es folgendes Zitat zeigt: „Wenn man sagt ‚Ich mag Naturwissenschaft nicht', dann passt man nicht auf. Man wird all dieses Zeug nicht lesen" (Oldfather 2002, S. 244). Die Jugendlichen steuern auch aktiv ihre Aufmerksamkeit und versuchen, sich bewusst zu konzentrieren. Daneben suchen die Heranwachsenden nach Begründungen, warum es sinnvoll ist, sich mit der Aufgabe zu befassen: „Wenn ich offen genug bin und nicht weiß, wozu ich etwas tun soll, dann denke ich, dass es wert ist, es zu tun. Vielleicht werde ich es mögen" (ebd., S. 244). Hierbei mag ein weiterer Prozess helfen: das Beobachten der anderen. So sagte ein Junge: „Es sieht so aus wie ‚O nein, ich muss das tun!' Aber wenn man auf die anderen und ihre Ideen schaut, dann ist es irgendwie interessant" (ebd., S. 244). Eine weitere Möglichkeit besteht darin, dass die Jugendlichen mit der Aufgabe beginnen und darauf hoffen, involviert zu werden.

Im zweiten Szenario blieb die Motivation durchgängig extrinsisch. Einige Jugendliche berichteten davon, dass sie die Aufgabe so schnell wie möglich hinter sich bringen wollten. Für viele war ein klasseninternes Regelsystem ein weiterer Grund, Aufgaben zu beenden. Dieses System belohnte regelkonformes Verhalten, indem erledigte Aufgaben mit Punkten honoriert werden, für die es dann zum Beispiel freie Wahlmöglichkeiten von Aktivitäten gab. Die Eltern wurden ebenfalls darüber informiert, ob ihr Nachwuchs die wöchentlichen Lese- und Schreibaufgaben erfüllt hatte.

Für diejenigen Schülerinnen und Schüler, die die Aufgaben nicht erledigten (Szenario III), vermochte es freilich nicht einmal das Regelsystem, einen Anreiz zu schaffen. Im Falle der Vermeidung erledigten die Schülerinnen und Schüler die Aufgabe allenfalls oberflächlich und sagten später, sie wären mit ihr nicht klar gekommen. Andere empfanden sich sogar als völlig handlungsunfähig. Ein Junge beschrieb es so: „Mein ganzer Körper fühlt sich an, als müsste ich mich übergeben, wenn ich etwas nicht mag. Ich fühle mich wie krank, ich fühle mich so krank. Mein Körper fühlt sich komplett falsch an." (Oldfather 2002, S. 231)

ZUSAMMENFASSUNG

Selbstreguliertes Handeln zeichnet sich dadurch aus, dass Personen selbst Gedanken, Gefühle und Verhalten initiieren, modifizieren und aufrechterhalten, um Ziele zu erreichen. Hierin deutet sich schon an, dass Selbstregulation ohne Motivation nicht auskommt. Man stellt sich Selbstregulation trotz diverser Differenzen in den verschiedenen Modellen als einen zyklischen Prozess mit den drei Phasen vor, während und nach einer Handlung vor. In der ersten, präaktionalen Phase analysieren Personen die Aufgabe, die sie erledigen sollen, planen ihr Vorgehen und setzen sich Ziele, wozu sie sich mittels motivationaler Überzeugungen mobilisieren. In der zweiten, aktionalen Phase handeln sie und wenden dabei eine Vielzahl von kognitiven, metakognitiven und Stützstrategien an, um das selbstgesteckte Ziel zu erreichen. In der dritten, postaktionalen Phase bewerten sie das Ergebnis, suchen nach Ursachen für das Ergebnis und reagieren emotional darauf. Diese Reaktionen bilden wiederum den Ausgangspunkt für Zielsetzungen und Aufgabenanalysen bei weiteren Aufgaben.

Wie Sie im Kapitel 5.1.2 unschwer feststellen können, fehlen in dem Modell zur Selbstregulation Konstrukte, die im Kapitel 2.4 eine Rolle spielten. Das Interesse sucht man in dem Modell ebenso vergeblich wie das Selbstkonzept oder auch in- und extrinsische Motivation, selbst wenn Zusammenhänge angenommen werden, z. B. für das Interesse und die Selbstregulation (Hidi/Ainley 2008). Dafür liegt eine auffällige Parallele zum Erwartungs-×-Wert-Modell aus Kapitel 2.4 insofern vor, als beide Modelle zyklisch angelegt sind (mit einer Phase vor, während und nach dem Lesen oder Schreiben) und sowohl personale und aufgabenbezogene Merkmale als treibende motivationale Kräfte benennen.

In einer vertiefenden Betrachtung konnten jene motivationalen Prozesse von Fünft- und Sechstklässlern dargestellt werden, die sich einer wenig reizvollen Schreib- bzw. Leseaufgabe gegenüber sehen. Je nach Art, ob und auf welche Art sie ihre Motivation aktivieren, gelingt es ihnen mehr oder minder, sich erfolgreich mit der Aufgabe auseinanderzusetzen. Diejenigen, die sich nicht aus eigener Anstrengung motivieren können, erfüllen die Aufgabe nicht oder nur sehr oberflächlich, und zum Teil gingen sehr negative Emotionen damit einher. Auch diejenigen, die sich mittels verschiedener externer Gründe zum Erfüllen der Aufgabe motivieren konnten, neigten tendenziell dazu, so schnell wie möglich mit der Aufgabe fertig werden zu wollen. Nur jene, die auf verschiedene Art und Weise ihr Verhalten positiv beeinflussten und damit selbstreguliert vorgingen, engagierten sich stärker mit der Aufgabe und konnten sich ausreichend selbst motivieren. Ein solches Vorgehen bildet das Ergebnis der gezielten und gelungenen Förderung der Selbstregulation im Lesen und Schreiben (s. Kap. 5.4 und 5.5).

5.2 Was ist selbstreguliertes Lesen?

Nachdem im Kapitel 5.1 ein allgemeines Modell der Selbstregulation vorgestellt wurde, erfolgt nun eine erste Vertiefung für das Lesen. Gleich zu Beginn ist allerdings einschränkend anzumerken, dass es anders als beim Schreiben (s. Kap. 5.3) bislang keine ausgearbeitete Theorie zur Selbstregulation beim Lesen gibt (Massey 2009; Tonks/Taboada 2011). Das bedeutet, dass bislang allenfalls über Analogien zu bestimmen ist, was unter den Begriff fällt (Souvignier/Mokhlesgerami 2006). Was selbstreguliertes Lesen sein kann, lässt sich derzeit vielleicht am besten mit dem charakterisieren, was die RAND Reading Study Group (2002) als das *kompetente erwachsene Lesen* bezeichnet. Dieses Lesen zeichnet sich durch die Fähigkeit aus, mit Interesse und Leichtigkeit eine weite Spanne von Tex-

5 Der Hauptansatz zur Erhöhung der Lese- und Schreibmotivation

ten für verschiedene Zwecke verstehend zu lesen, und zwar selbst dann, wenn die Texte nicht leicht zu lesen sind oder uninteressant. Gerade im Falle weniger motivierender bzw. schwieriger Texte ist also die Selbstregulation beim Lesen gefordert. Ein (fiktives) Beispiel verdeutlicht, wie eine selbstregulierte Leserin aussieht (s. folgendes Fallbeispiel). Das Fallbeispiel wird weiter unten mit Merkmalen gut lesender Personen unterfüttert.

> **Fallbeispiel: Leonie und wie sie liest (9)**
> Die 14-jährige Leonie ist keine Person, die Texte nur über sich ergehen lässt oder gar nicht auf Texte reagiert. Sie sucht vielmehr viele Lesegelegenheiten und -anlässe, d. h. sie erkundigt sich über Bücher und generell Texte zu Themen, die sie interessieren. Leonie liest aber nicht jeden Text auf die gleiche Art und Weise, sondern passt ihr Lesen den Erfordernissen, Zwecken und Zielen der Lektüre immer wieder an. Das heißt, sie liest einen Sachtext im Fach Biologie in Vorbereitung einer Klausur anders als einen Roman, den sie abends goutiert, um abzuschalten. Wie auch immer sie liest: Sie ist überzeugt, dass Lesen und Textverstehen ihr etwas bringen und wertvoll sind. Was passiert nun konkret, wenn Leonie einen Biologietext und einen Roman liest?
> Montagnachmittag, 16 Uhr. Leonie ist gerade nach Hause gekommen und hat ihre Hausaufgaben erledigt. Sie hat nun noch zwei Stunden Zeit, sich auf die morgen anstehende Klausur in Biologie vorzubereiten, in der es um den Stoffwechsel des Menschen gehen wird. Ihre Lehrerin, Frau Plenge, hat der Klasse noch einen vierseitigen Text zum Blutkreislauf empfohlen, den die Jugendlichen vorbereitend lesen sollten. Ehe Leonie mit dem Lesen beginnt, denkt sie darüber nach, was sie schon über den Blutkreislauf weiß, und es fallen ihr einige Dinge ein. Sie liest den Titel „Die turbulente Reise eines Tropfen Blutes" und überfliegt den Text. Ihr fällt auf, dass der Text pro Seite zwei bis drei Zwischenüberschriften enthält. Sie liest Überschriften wie „Startschuss: Vom Herz in die äußeren Regionen durch die Arterien", „Am Bestimmungsort angekommen: Stoffaustausch in den Kapillaren", „Das Blut tankt Luft: in der Lunge" und weitere. Sie erkennt, dass es in den Abschnitten um Stationen des Kreislaufes geht. Leonie entscheidet sich, bestimmte Abschnitte genauer zu lesen, über die sie noch nicht viel weiß. Leonie nimmt sich vor, dass sie den Text lesen und danach als Vorbereitung für die Klausur aufschreiben will, wie der Blutkreislauf funktioniert.
> Leonie beginnt mit dem Lesen, und sie stellt fest, dass sie teilweise Probleme hat, den Text zu verstehen. In einem Abschnitt, in dem es um die Zusammensetzung des Blutes geht, stolpert sie über das Wort „T-Lymphozyten", das sie nicht kennt. Sie versucht zunächst, aus dem Umfeld des Wortes dessen Bedeutung zu erschließen. Als ihr das nicht gelingt, geht sie ins Internet und recherchiert nach der Wortbedeutung. An einer Stelle des Textes, die sie sich vorgenommen hat, genau zu lesen, stellt sie fest, dass sie die beschriebenen Sachverhalte schon kennt, während sie umgekehrt über manche Dinge, derer sie sich sicher wähnte, viel Neues erfährt. Sie passt ihr Lesetempo an und liest, je nachdem wie sie den Textteil beurteilt, mal langsamer und mal schneller. Immer wieder überprüft Leonie schon während des Lesens,

5.2 Selbstreguliertes Lesen

▶ ob sie den Text verstanden hat in dem Sinne, dass sie jemandem den Text erklären könnte, und baut nach und nach ein Verständnis des Textes auf. Am Ende versucht sie, den Inhalt des Textes ihrer Mutter zu erzählen, um so zu überprüfen, ob sie wirklich den Aufbau und die Funktionsweise des Blutkreislaufs verstanden hat.

Am Abend liest Leonie dann endlich das, worauf sie sich schon den ganzen Tag freut: den gerade aktuell erschienenen Band der Bis(s)-Romane. Sie hat dieses Buch schon vor zwei Tagen angefangen und freut sich darauf. Für sie ist ganz klar, dass es ihr nicht darum geht, den Text wie jenen zu verstehen, den sie am Nachmittag für die Klausurvorbereitung gelesen hat. Natürlich möchte sie den Text verstehen, aber nicht so im Detail wie den Text über den Blutkreislauf. Im Grunde geht es ihr um die Geschichte und das Eintauchen in die darin beschriebene Welt, vor allem in die Figur Bella. Schon nach wenigen Minuten Lektüre bewegt sich Leonie völlig in der Welt von Bella und Edward. Und obwohl sie gewissermaßen in den Text abgetaucht ist, freut sie sich immer wieder an gelungenen Formulierungen und ärgert sich über unlogische Handlungsstränge. Gleichzeitig fällt ihr – insbesondere wenn sie beim Lesen innehält – immer mehr auf, dass bei allen fantastischen Elementen der beschriebene Teenager-Alltag ihrem ähnelt, aber sich aber auch stark unterscheidet. Für Leonie ist das ein zusätzlicher Leseanreiz, und sie und ihre Freundinnen unterhalten sich immer gern über die Bis(s)-Romane und bestimmte Aspekte wie die Unterschiede im Teenager-Alltag.

Warum kann man Leonie als eine selbstregulierte Leserin bezeichnen? Sie weist die Merkmale auf, die Nell Duke und David Pearson (2002) für gute Leserinnen und Leser aus der breiten Forschungsliteratur extrahiert haben. Demzufolge sind gute Leser aktive Leser, das heißt sie suchen sich Lesegelegenheiten und vermeiden es nicht. Sie haben wie Leonie klare Ziele, die sie mit dem Lesen verfolgen (wie das Lernen oder den Genuss) und überprüfen fortlaufend, ob der Text bzw. dessen Lektüre diesen Zielen dient. Gute Leserinnen und Leser wie Leonie passen zudem ihr Lesen adaptiv an, wenn es ihnen nötig erscheint.

Insbesondere beim informatorischen Lesen wie jenem zur Vorbereitung der Klausur wenden Leserinnen und Leser wie Leonie eine Vielfalt von Lesestrategien an. Sie überfliegen den Text vor dem Lesen und erkennen dabei die Struktur des Textes und die Textteile, die für ihre Ziele am relevantesten erscheinen. Gute Leserinnen und Leser lesen selektiv und treffen permanent Entscheidungen über ihr Lesen (was sie sorgsam oder flüchtig, erneut oder gar nicht lesen etc.). Falls sie auf unbekannte Begriffe wie „T-Lymphozyten" stoßen, versuchen sie, unbekannte Begriffe zu erschließen und generell mit Inkonsistenzen oder Lücken umzugehen. Dabei helfen ihnen Vermutungen, die sie über den Textinhalt anstellen, was sie auf der Basis ihres Vorwissens, aber auch des bislang Gelesenen tun. Sie nutzen ihr Wissen einerseits aktiv und reichen es andererseits übers Lesen an.

5 Der Hauptansatz zur Erhöhung der Lese- und Schreibmotivation

> ZUSAMMENFASSUNG
>
> In diesem Kapitel erfolgte mangels überzeugender theoretischer Grundlagen die Begriffsbestimmung zum selbstregulierten Lesen eher über eine Annäherung. Dabei war die Zielperspektive eines erwachsenen Lesens leitend, die sich durch die Aktivierung von Motivation und Strategien bei jenen Texten auszeichnet, die schwer verständlich und/oder wenig interessant sind. Am Fallbeispiel einer jugendlichen Leserin konnten Sie sehen, dass je nach Zweck der Lektüre die eingesetzten Lesestrategien anders ausfallen und selbstregulierte Leserinnen und Leser die Prozesse aktiv steuern, um ihre Ziele zu erreichen. Die Lesestrategien, die geübte bzw. professionelle Leserinnen und Leser anwenden, sind außerordentlich vielfältig. So konnten Michael Pressley und Peter Afflerbach (1995) in einer Zusammenschau von fast vierzig Studien, in denen die untersuchten Personen, allesamt professionell lesende Menschen, während des Lesens laut dachten, über 300 verschiedene Lesestrategien unterscheiden. Somit verfügen selbstregulierte Leserinnen und Leser gewissermaßen über einen sehr großen Werkzeugkasten, aus dem sie bei Bedarf das passende Werkzeug wählen können, um spezifische Probleme beim Textverstehen, aber auch im Falle mangelnder Motivation den Leseprozess zu ‚reparieren'.

5.3 Wodurch zeichnet sich selbstreguliertes Schreiben aus?

Obwohl die Selbstregulation beim Umgang mit Schriftsprache sich hinsichtlich der Rezeption und der Produktion im Kern ähnelt, so gibt es auch Differenzen, die sich ganz klar in der aktionalen Phase im Modell aus Abbildung 9 auf Seite 133 zeigten. Dies wird nun für die Selbstregulation beim Schreiben vertieft. Selbstregulation beim Schreiben bezieht sich ganz allgemein auf *selbstinitiierte Gedanken, Emotionen und Handlungen, welche Schreibende dazu nutzen, verschiedene Schreibziele zu verwirklichen*, darunter das Verbessern der eigenen Schreibfähigkeiten und der Textqualität (Zimmerman/Risemberg 1997). Die Regulationsprozesse können sich auf die Schreibumgebung, die motorischen Aktivitäten und auf die Kognitionen und Emotionen erstrecken. Was das konkret bedeuten kann, soll das nachstehende fiktive Fallbeispiel verdeutlichen, das auf der Basis mehrerer selbstregulatorischer Prozesse basiert, die sich sowohl bei erfolgreichen Schriftstellern als auch in empirischen Studien beobachten ließen.

> **Fallbeispiel: Anton und sein Schreiben (10)**
> Anton hat Mitte März im Geschichtsunterricht den Auftrag erhalten, bis zum Ende April einen zehnseitigen Text über die Französische Revolution zu schreiben, der für die Schuljahresnote ein hohes Gewicht haben wird. Der 15-Jährige, der anfänglich eigentlich keine große Lust auf das Schreiben verspürt, will sich wegen der Wichtigkeit der Geschichtsnote für den Notendurchschnitt aber ins Zeug legen. Er überlegt sich, dass er sich in der Stadtbücherei Literatur

suchen und etwas lesen will, ehe er etwas zu schreiben beginnt. Das hat ihm seine Lehrerin, Frau Lazarus, geraten.

Anton verbringt gemeinsam mit ein paar seiner Freunde den Nachmittag in der Stadtbibliothek. Vor den Jugendlichen liegt ein Stapel Bücher, und die Gruppe einigt sich darauf, dass jede Person ein Thema bearbeitet und dass sie sich gegenseitig Tipps geben wollen, wenn sie in den Texten etwas finden, was für andere auch von Interesse ist. Anton ist sich selbst noch unsicher, worüber er konkret schreiben will, denn mit dieser Entscheidung tut er sich bei fast jedem Text schwer. Wie üblich sammelt er erst einmal ein paar Ideen und schläft eine Nacht darüber, ehe er sich entscheidet: Er will aus der Sicht eines Straßenhändlers die Ereignisse eine Woche vor dem Sturm auf die Bastille schildern. Ihm ist auch schon ganz klar, wie der Text aussehen soll: wie ein Tagebuch. Dadurch kann er leicht in der Ich-Form schreiben, die ihm liegt, und außerdem strukturiert ihm das Tagebuchformat die ungefähre Textlänge vor, die er für jeden Tag hat, nämlich rund eineinhalb Seiten.

Jetzt macht sich Anton gezielt auf die Suche nach Büchern, aber er schaut in den Büchern auch genau darauf, wie die Sprache der damaligen Zeit ist oder ob es typische Formulierungen gibt, die immer wieder auftauchen. Um den Text auch wirklich fertig zu bekommen, gibt sich Anton eineinhalb Wochen für das Lesen und reserviert sich abends dafür jeweils zwei Stunden Zeit. In den ersten Tagen hat er keine Lust zu lesen, aber er belohnt sich für jede durchgehaltene Zeiteinheit mit einem MP3-Download und schaltet in der Zeit bewusst das Handy leise und lässt es im Wohnzimmer bei seinen Eltern liegen. Anton fertigt beim Lesen Notizen am Computer an, auf die er später zurückgreifen will. Er schreibt sich außerdem gleich griffige Formulierungen auf.

Nach dieser ersten Lesephase – mittlerweile ist es April geworden – nimmt sich Anton vor, dass er den Text bis eine Woche vor Abgabetermin fertig haben will. Er macht sich einen Plan, dass er pro Woche etwa drei Seiten Text schreiben will und verteilt die Schreibzeit auf den frühen Abend, jeweils von 17 bis 19 Uhr. Außerdem hat er sich überlegt, dass sein Text die Wirren der Zeit aufnehmen soll und er zwar zeigen will, dass er verstanden hat, worum es geht, aber aus der Sicht des Markthändlers durchaus viele Fragen angesichts einer unsicheren Zeit formuliert werden sollen. Sein Text soll seiner Geschichtslehrerin Frau Lazarus zeigen, dass er Bescheid weiß, aber auch so schreiben kann, als sei er ein verunsicherter Zeitgenosse, dem die Vogelperspektive fehlt.

Anton trägt in die Textdatei die Daten der Tage ein und die Ereignisse, über die er schreiben will. Er denkt sich, dass er mit dem wichtigsten Punkt anfangen will: dem Sturm auf die Bastille, die der Händler – er hat ihn Baptiste getauft – beobachtet hat. Als er trotz Notizen nicht mit dem Schreiben beginnt, sondern sich blockiert fühlt, holt er tief Luft und sagt laut zu sich: „Komm schon, das kennst du doch aus anderen Situationen. Jetzt stress dich nicht, sondern stell dir die Situation vor, wie Baptiste in seiner Kammer liegt und wie er wohl gerade drauf ist." Und da fällt Anton auf, dass er einen euphorischen Baptiste vor seinem inneren Auge hat, der aufgekratzt ist und stakkatohaft überschwängliche Sätze aufschreibt. Anton überlegt sich, dass er diese Stimmung von Baptiste mit der Verunsicherung der Tage zuvor kontrastieren will.

5 Der Hauptansatz zur Erhöhung der Lese- und Schreibmotivation

▶ An diesem Abend gelingt es Anton, eineinhalb Seiten zu schreiben, die er gut findet. Er nimmt sich vor, diesen Text im nächsten Arbeitsblock als Erstes zu lesen und zu überprüfen. Ihm fällt tags darauf auf, dass er zwar den Ton getroffen hat, aber die Ereignisse noch zu unzusammenhängend scheinen. Anton stellt eine Sequenz von Absätzen um und ergänzt anhand seiner Notizen, was aus seiner Sicht dem Tagebucheintrag noch zu sehr fehlt.

An den nächsten Abenden, an denen das Handy perdu ist, schreibt Anton, und immer wenn es ihm schwerfällt, zwingt er sich, sich selbst zu sagen, dass das jetzt nur ein vorübergehendes Problem sei und er sich gut vorbereitet und viele Notizen habe, die er immer wieder überfliegt. Als es ihm einmal richtig schwer fällt, etwas zu schreiben, stellt er sich eine DVD in Aussicht, die er sich eigentlich von seinen Eltern wünschen wollte, aber die er sich selbst kaufen wird, wenn es ihm gelingt, die schwierige Passage zu schreiben. Es gelingt, und Anton belohnt sich mit dem Kauf. Außerdem hat er sich überlegt, dass er am Ende jedes Schreibblocks die Zeichenzählung bei der Textverarbeitungssoftware durchführen wird und sich die Zahl der Wörter auf einem Extrablatt notiert.

Am 22. April ist der Text fertig, und Anton schwankt zwischen Erschöpfung und Erleichterung. Das Schreiben hat ihn sehr gefordert. Jetzt will er den Text nur noch seiner Mutter geben, die ihn gegenlesen soll. Sie hat ihren Sohn beobachtet und ihn immer wieder ermuntert, am Ball zu bleiben. Nun bekommt sie den Text und liest ihn. Sie findet das Tagebuch prinzipiell sehr gelungen, aber sie hat den Eindruck, dass zwischen dem letzten Tag und den sechs zuvor beschriebenen Tagen ein Stilbruch zu beobachten sei. Darüber diskutiert sie mit Anton, und sie kommen zum Schluss, dass Anton ein wenig von der Euphorie herausnehmen soll, um einen insgesamt glaubwürdigeren Text zu erhalten. Gemeinsam überlegen die beiden, dass es nur an drei Stellen einiger Veränderungen bedarf, die weniger als eine Stunde Zeit beanspruchen. Anton ist zwar die ganze Zeit nervös und angespannt, aber sagt sich immer wieder selbst, dass sein Text nur gewinnen könne.

Am 30. April ist Abgabetag. Anton hat seinen Text am Abend zuvor noch einmal gelesen und ein paar Veränderungen vorgenommen. Jetzt hat er den Ausdruck dabei und gibt ihn Frau Lazarus. Der Geschichtslehrerin ist aufgefallen, dass sich Anton stärker als sonst am Unterricht beteiligt und gezielt Fragen gestellt hat. Sie ist gespannt auf den Text und liest die ersten beiden Absätze. Anton ist sich sicher, dass er den Anflug eines Lächelns auf ihrem Gesicht sieht, als er auf seinem Platz zurückgekehrt ist.

Welche Prozesse hat Anton für die Selbstregulation beim Schreiben angewendet? Zimmerman und Risemberg (1997) schlagen eine Untergliederung in drei verschiedene Arten von Prozessen vor: umweltbezogene, verhaltensbezogene und individuelle, nicht offen sichtbare Prozesse. Zu *den umweltbezogenen Regulationsprozessen* zählen zwei Prozesse. Dabei handelt es sich erstens um die 1) Strukturierung der Schreibumgebung. Im Falle Antons erkennt man das daran, dass er das Handy stumm stellt und diese Quelle der Ablenkung bei seinen Eltern lässt, um in Ruhe lesen und schreiben zu können. Ein zweiter umweltbezogener Regulationsprozess besteht darin, dass sich Schreibende bewusst 2) Modelle oder Quellen des Schreibwissens suchen, um so bei Fragen des Stils und möglicher Inhalte Hilfe zu bekommen. Anton sucht beispielsweise gezielt Formulierungen in Quellen, um einen authentischen Klang des Tagebuch-Textes zu erzielen.

Die zweite Gruppe selbstregulatorischer Prozesse bezieht sich auf die *Verhaltensregulation*. Hierunter subsumieren Zimmerman und Risemberg (1997) zunächst die 3) Selbstüberwachung des Schreibprozesses. Anton protokolliert beispielsweise die Zahl der Wörter, welche er geschrieben hat, und er nimmt immer wieder seine Schwierigkeiten wahr. Beim Umgang mit den wahrgenommenen Schwierigkeiten helfen Anton zwei weitere Prozesse. Zum einen formuliert er für sich 4) Konsequenzen: Er belohnt sich mit einer DVD oder Musik-Downloads. Zum anderen 5) verbalisiert er die Schwierigkeiten und macht sich selbst Mut, dass die Schwierigkeiten vorübergehender Natur seien.

Viele der Prozesse lassen sich bei Anton aber auch nicht direkt beobachten, sie sind *verdeckt*. Dazu gehören 6) Zeitplanung und -management. Anton reserviert Zeitfenster und definiert für sich einen Termin, an dem der erste Entwurf fertig sein soll. Eng damit verbunden ist 7) das Setzen von Zielen. Hierunter fällt nicht nur die Wahl der Textsorte Tagebuch, sondern auch die Textlänge pro beschriebenen Tag, des Tons im Text, des Protagonisten und zu guter Letzt, welches Schreibziel Anton gegenüber seiner Lehrerin verfolgt. Um die Ziele einzuhalten, bedient sich Anton wie andere selbstregulierte Schreiberinnen und Schreiber 8) individueller Standards zur Beurteilung. Beispielsweise überprüft er eine Passage, und ihm fällt auf, dass der Text noch zu bruchstückhaft erscheint, aber im Ton schon stimmt. Seine 9) bildliche Vorstellung des Inhalts hilft Anton: Er hat die Szenarien sehr plastisch vor seinem geistigen Auge und kann deshalb gut den Text in Ich-Form schreiben. Schließlich bemüht Anton 10) eine Reihe von Schreibstrategien: Er plant seinen Text sorgfältig, fertigt Notizen an, reformuliert und schreibt einen Entwurf, den er später noch an einigen Stellen überarbeitet.

Sie können am Beispiel Anton also sehen, was Selbstregulation beim Schreiben heißt: Diverse Regulationsprozesse spielen zusammen und ermöglichen es im besten Fall, dass große und schwierige Schreibprojekte gelingen. Offenkundig ist dabei ein Wechselspiel von motivationalen und kognitiven Prozessen zu beobachten. Selbstregulierte Schreiberinnen und Schreiber schaffen sich eine günstige Schreibumgebung, setzen sich Ziele, deren Erreichen sie überwachen, sie mobilisieren bei Schwierigkeiten ihre Motivation, brechen den komplexen Schreibprozess in bearbeitbare Portionen auf und konzertieren die vielfältigen Anforderungen des Schreibens.

5 Der Hauptansatz zur Erhöhung der Lese- und Schreibmotivation

> ZUSAMMENFASSUNG
>
> Schreiberinnen und Schreiber, die mit einem hohen Maß an Selbstregulation Texte verfassen, zeichnen sich durch ein Bündel verschiedener Fähigkeiten und Prozesse aus, und hierin ähneln sie den Personen, die selbstreguliert lesen. Wer so wie der Beispieljugendliche aus diesem Kapitel selbstreguliert schreibt, schafft sich eine günstige Schreibumgebung, überwacht das Schreibverhalten und setzt in verschiedenen Phasen des Schreibprozesses diverse Schreibstrategien ein, um genau definierte, sich aber im Laufe des Schreibprozesses durchaus veränderliche Ziele zu erreichen. Bei alldem gehen motivationale und kognitive Prozesse Hand in Hand.

5.4 Wie erwerben Heranwachsende selbstregulatorische Fähigkeiten aus theoretischer Sicht?

Nachdem Sie nun also wissen, was Selbstregulation im Allgemeinen und beim Schreiben bzw. Lesen im Besonderen auszeichnet, ergibt sich daraus die Frage, wie Heranwachsende die Fähigkeiten zur Selbstregulation erwerben. Dies lässt sich am besten mit einer Analogie zum Handwerk erklären. Ehe beispielsweise ein angehender Goldschmied eine komplizierte Brosche herstellen kann, muss er gelernt haben, die einzelnen Bestandteile herzustellen. Das bedeutet, er muss ausreichend lang bestimmte Arbeitsschritte geübt haben, und diese Schritte muss er zunächst in ihrer Reihenfolge kennengelernt und verinnerlicht haben. Dazu muss er sie von seinem Ausbilder, in aller Regel einem Goldschmiedemeister, demonstriert bekommen und danach unter Anleitung geübt haben.

Wie also stellt man sich den Erwerb selbstregulatorischer Fähigkeiten vor? In dem Modell aus Kapitel 5.1.2 ist eine Entwicklungsperspektive angelegt, die sich in vier Stufen zeigt und auf der die sozial-kognitive Theorie des Lernens fußt. Zimmerman betont, dass es vier Entwicklungsphasen gibt, die in Tabelle 18 (s. rechts) dargestellt sind.

Stufe der Selbstregulation	Merkmale der Regulation			
	Quelle der Regulation	Quelle der Motivation	Bedingungen der Aufgabe	Indikator der Leistung
Beobachtung	Modellierung durch andere Person	stellvertretende Verstärkung	Anwesenheit einer Modellperson	Beurteilung des Verhaltens
Nachahmung	Leistung und Rückmeldungen dazu	direkte bzw. soziale Verstärkung	Verhalten der Modellperson bei einer Aufgabe	Nachahmung des Verhaltens der Modellperson
Selbstkontrolle	Repräsentationen der Prozessstandards	Selbstverstärkung	Strukturiertheit der Aufgabe	Automatisierung des Verhaltens
Selbstregulation	Ergebnis der Leistung	Selbstwirksamkeitsüberzeugungen	dynamische Aufgaben	Adaptivität des Verhaltens

Tabelle 18: Soziale und individuelle Quellen der Regulation (Quelle: nach Zimmerman/Cleary 2009, S. 258)

Auf der ersten Stufe *(Beobachtung)* nehmen Schülerinnen und Schüler das Verhalten wahr, dass ein Lese- oder Schreibmodell, etwa eine Lehrkraft, ihnen (meist wiederholt) wie ein Handwerksmeister demonstriert, etwa den Einsatz von Strategien. Motivational günstig ist es, wenn es zu einer stellvertretenden Verstärkung kommt, wenn also ein Mitschüler für eine gute Antwort bei einer Frage zum Text oder die richtige Anwendung einer Strategie gelobt wird. Die Beobachtung setzt zwingend voraus, dass das Lesemodell anwesend ist, und mit seinen Urteilen über den Lernerfolg den Schülerinnen und Schülern Rückmeldung zur Leistung und Art der Anwendung gibt. Dadurch werden auch die Prozessstandards nachvollziehbarer, d. h. die Beurteilung, wann eine Aktivität richtig oder gut ausgeführt wurde.

Dafür ein Beispiel bezogen auf das Lesen: Als Konrad in der sechsten Klasse die Schule wechselt, erlebt er bei seinem neuen Lehrer, Herrn Stäuber, etwas für Konrad völlig Neues: Der Lehrer verkündet, dass er den Jugendlichen beibringen will, wie man Texte besser versteht. Dazu liest er regelmäßig aus einem Schulbuch laut vor und hält immer wieder inne, wenn er auf ein schwieriges Wort stößt, das er nicht verstanden hat. Dann fängt er an, laut zu denken und seine Schwierigkeiten und Lösungsansätze zu verbalisieren. Konrad findet das zunächst eigenartig, aber auch spannend, weil ihm bis dahin gar nicht klar war, dass selbst die Leute nicht alles sofort beim Lesen verstehen, von denen er dachte, sie könnten das mühelos. Herr Stäuber zeigt der Klasse, dass er im Satz mit dem unbekannten Wort nach Hinweisen sucht oder mitunter auch einzelne Wörter auslässt, weil sie ihm nicht wichtig erscheinen. Herr Stäuber erklärt jedes Mal, was die Entscheidungsgrundlage gewesen ist und welche Hinweise im Text er genutzt hat. Konrad hält das für ausgesprochen nützlich.

Auf der zweiten Stufe kommt es zur *Nachahmung* des beobachteten Verhaltens. Hier versuchen Schülerinnen und Schüler eine Lösung zu einer Aufgabe bekannten Formats zu erarbeiten, zum Beispiel indem sie selbst eine Lese- oder Schreibstrategie anwenden. Lob und Bekräftigung unterstützen dabei die Motivation, und wiederholtes Üben führt zur Nachahmung des Verhaltens, was auch das Ziel in dieser Phase ist: Die Lernerinnen und Lerner sollen durch das Üben eine neue Fähigkeit wie etwa das Zusammenfassen eines Absatzes oder die Aktivierung des Vorwissens vor dem Lesen in ihr Verhaltensrepertoire integrieren. Das Besondere an den beiden ersten Phasen aus der Perspektive der Selbstregulation ist, dass die Quelle der Regulation vornehmlich sozialer Natur und damit extern ist, während die letzten beiden Phasen eher internal gespeist werden.

In Konrads Klasse hat Herr Stäuber für ein günstiges Nachahmen gesorgt. Er gibt nach kurzer Zeit den Schülern Texte, die sie so wie er bearbeiten sollen, und zwar in Paaren, damit man jeweils die andere Person beobachten konnte. Mit seiner Banknachbarin Fanny liest Konrad Texte mit neuen Wörtern jeweils im Wechsel, diskutiert mit ihr darüber, und Herr Stäuber lobt die Klassenmitglieder, wenn sie etwas gut gemacht haben. Als Unterstützung hat der Lehrer außerdem noch Hilfsmittel vorbereitet: Kärtchen mit Hinweisen zum Vorgehen. Darauf steht in einer Reihenfolge, was man tun kann, nämlich zunächst links und rechts vom Wort im Satz zu schauen, ob es Hinweise zur Wortbedeutung gibt. Falls das nicht funktioniert, soll man es im Satz zuvor oder danach versuchen. Eine dritte Variante ist das Fremdwörterbuch, etc.

In der dritten Stufe *(Selbstkontrolle)* führt das Üben in Kontexten bzw. mittels Aufgaben mit starker Vorstrukturierung nicht nur zu einer Automatisierung. Schülerinnen und Schüler erlernen hier auch, ihre Leistungen und ihr Vorgehen mit den Prozessstandards abzugleichen, die sie in den ersten beiden Phasen durch Modellieren und Verstärkung durch das Modell kennengelernt haben. Dies führt im Idealfall zur Selbstverstärkung, bis das angestrebte Verhalten und die gewünschte Leistung erzielt werden. Dabei schätzen die Schülerinnen und Schüler selbst ein, ob es ihnen gelungen ist, eine Lese- oder Schreibstrategie adäquat angewendet zu haben.

Der Lehrer in Konrads sechster Klasse sorgt für die eben angesprochene Selbstkontrolle, indem er nach einer bestimmten Zeit der ausreichenden Übung die Schüler anhält, zunächst ohne lautes Denken die Wortbedeutung zu benennen und auf Nachfrage den Weg dorthin zu erklären. Außerdem lässt Herr Stäuber die Klasse ausreichend üben und nach einigen Wochen die Kärtchen weg, nachdem sich die Schüler die Schritte eingeprägt haben.

Die vierte und letzte Stufe bildet die eigentliche *Selbstregulation*. Die Schülerinnen und Schüler haben nun so viel geübt, dass sie weniger strukturierte Aufgaben mit zum Teil neuen Elementen bearbeiten und damit flexibel und adaptiv agieren können. Als Richtschnur dienen ihnen die Ergebnisse und Selbsteinschätzungen des Vorgehens, das ggf. korrigiert wird, um die gesteckten Ziele zu erreichen. Ihre Motivation wird dabei von dem Zutrauen in die eigenen Fähigkeiten bei der Bewältigung, d. h. ihren Selbstwirksamkeitsüberzeugungen genährt. Das sieht man auch bei Konrad: Durch das viele Trainieren mit Texten und die stetig reduzierte Hilfestellung von Herrn Stäuber auf das gerade notwendige Maß hat Konrad inzwischen keine Angst mehr vor Texten, die er nicht kennt. Er weiß nun, wie er vorgehen soll, was ihm Sicherheit gibt, und er nutzt die erlernten Fähigkeiten auch in anderen Situationen und stellt in Klasse 7 fest, dass er inzwischen auch andere Dinge tut als noch in Klasse 6.

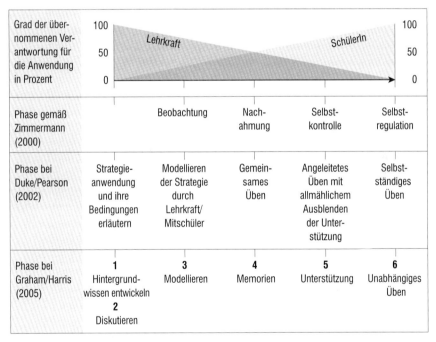

Abbildung 10: Übersicht über Phasen des Erwerbs von lese- bzw. schreibbezogener Selbstregulation (eigene Darstellung basierend auf Duke/Pearson 2002; Graham/Harris 2005; Zimmerman 2000)

Die eben anhand des Beispiels von Konrad und seinem Lehrer skizzierte Progression findet man in Modellen zur Instruktion von Lese- bzw. Schreibstrategien wieder (Duke/Pearson 2002; Graham/Harris 2005). Entsprechend unternimmt die Darstellung in obiger Abbildung 10 den Versuch, in unterschiedlichen Publikationen jeweils anders bezeichnete Phasen zu integrieren. Der Grundmechanismus ist, dass die lernende Person zunächst kaum Verantwortung in Form der

Selbstregulation übernimmt, sondern diese sukzessive von einem kompetenten anderen wie der Lehrkraft übertragen bekommt. Die Lehrkraft erklärt und diskutiert, wozu man Strategien verwendet und wo sie an ihre Grenzen stoßen. Danach modelliert sie die Strategie mit lautem Denken, sodass die Schülerinnen und Schüler nachvollziehen können, wie jemand die Strategie erfolgreich anwendet. Erst danach ahmen sie das Verhalten unter Anleitung nach und werden mit zunehmender Unterstützung in die Lage versetzt, immer selbstständiger zu werden. Am Ende steht dann das selbstregulierte Üben, das dem Festigen der Fähigkeiten dient. Natürlich ist dies ein langfristiger Prozess, denn mit nur wenig Übung ist keineswegs zu erwarten, dass Schülerinnen und Schüler schon selbstreguliert mit Texten umgehen.

> ZUSAMMENFASSUNG
>
> Der Erwerb selbstregulatorischer Fähigkeiten erfolgt langfristig und laut Theorie in vier verschiedenen Stufen. Auf Stufe 1 des Modells beobachten Personen zunächst ein Verhalten bei einer Modellperson. Auf Stufe 2 ahmen die Personen das Verhalten aktiv nach und werden dabei verstärkt. Sie erlangen dadurch Sicherheit und können auf Stufe 3 das Verhalten automatisieren und zunehmend selbst kontrollieren und sich selbst stärken. Erst auf der Stufe 4 kann von der eigentlichen Selbstregulation die Rede sein. Personen auf dieser Stufe können aufgrund ihrer eigenen Selbstwirksamkeit in variablen Situationen angemessen reagieren. Diese Stufenlogik machen sich Föderansätze in der Tradition der expliziten Instruktion zunutze, in denen Lehrkräfte (oder andere kompetente Personen) als Lese- und Schreibmeister fungieren und Schülerinnen und Schüler von ihnen wie Lese- oder Schreiblehrlinge lernen. Dieser Rückgriff auf die Handwerk-Metapher erscheint aus zwei Gründen günstig: Erstens demonstriert sie, dass man domänenspezifisch etwas aktiv lernen kann, und zweitens ist damit auch eine längerfristige Perspektive angesprochen. Ebenso wenig wie jemand über Nacht zum Zimmermann oder Goldschmied wird, erlernt man Selbstregulation in der Domäne Schrift kurzfristig.

5.5 Welchen Erfolg haben Interventionsstudien zum Erwerb selbstregulatorischer Fähigkeiten beim Lesen und Schreiben?

Pädagogische Psychologie und Deutschdidaktik haben bei aller Unterschiedlichkeit ein ähnliches Ziel vor Augen: den Erwerb von Lese- und Schreibkompetenz bei Heranwachsenden. Hier hat gerade die Pädagogische Psychologie mit einer Vielzahl von Interventionsstudien wichtige Beiträge dazu geleistet, das Bild von nachweislich wirksamen Maßnahmen zur Verbesserung in der Selbstregulation beim Umgang mit Schriftsprache zu vervollständigen. Die regen Forschungsbemühungen erhöhen nicht nur den allgemeinen Kenntnisstand, sie machen auch das Terrain etwas unübersichtlich. Aus diesem Grund sind Metaanalysen hilfreich, die die durchschnittlichen Ergebnisse von Einzelstudien ermitteln, die nach

5.5 Erfolg von Interventionsstudien zum Erwerb selbstregulatorischer Fähigkeiten

strengen Kriterien ausgewählt wurden und sich meist ähneln bzw. so gruppiert werden, dass ähnliche Merkmale in den Blick geraten. Eine Synthese der Befunde aus mehr als 40 solcher Metaanalysen können Sie an anderer Stelle nachlesen (Philipp 2012c), an dieser Stelle seien nur die wichtigsten Befunde gebündelt. Erwähnt sei noch, dass es neben der von außen herangetragenen Veränderung des Unterrichts unter kontrollierten Bedingungen im Sinne der Interventionsforschung auch einen weiteren Forschungszweig gibt, in dem die ohne Intervention, sondern gleichsam natürlich stattfindende Vermittlung selbstregulatorischer Fähigkeiten im Unterricht exemplarischer Lehrkräfte beobachtet wird (exemplarisch: Perry 1998; Perry/VandeKamp 2000, s. Kap. 4.2).

Um es gleich vorwegzunehmen: Interventionen, die sich gezielt der Erhöhung von Lese- und Schreibmotivation gewidmet haben, sind recht spärlich gesät. Wesentlich häufiger ging es bislang darum, die kognitiven Lese- und Schreibfähigkeiten zu verbessern. Allerdings zeigt sich nicht nur in Beobachtungsstudien (s. Kap. 4.2), sondern auch in eigentlich eher kognitiv orientierten Interventionsstudien, dass die Förderung von Motivation und Kognition keine Gegensätze bilden. Man könnte auch sagen: Die besten Ansätze nehmen keine künstliche Trennung vor, sondern fördern beide Seiten. Das lässt sich zum einen theoretisch begründen, da sowohl in dem Erwartungs-x-Wert-Modell (aus Kapitel 2.4.6) als auch dem Modell zum selbstregulierten Lernen (aus Kapitel 5.1) Motivation das Verhalten in Situationen und damit die Kompetenz beeinflusst als auch von der Wahrnehmung des Ergebnisses der Situation gespeist wird. Zum anderen verweisen bei aller Vorläufigkeit des Forschungsfelds auch die empirischen Befunde zur Kausalität von Lesemotivation und Textverstehen auf eine grundsätzlich wechselseitige Beeinflussung (Morgan/Fuchs 2007; McElvany et al. 2008).

Die nachfolgende Darstellung metaanalytisch abgesicherter Befunde im Kasten zeigt, dass die Vermittlung von Selbstregulation diverse Facetten der Lesemotivation (ex- und intrinsische Motivation sowie Selbstkonzept) positiv beeinflusst und mit einer verbesserten Einstellung gegenüber dem Schreiben sowie erhöhter Selbstwirksamkeit beim Schreiben korrespondiert. Die Vermittlung von Selbstregulation hilft Heranwachsenden also, sich in ihren Lese- und Schreibprozessen und -produkten zu verbessern und erhöht die Lese- und Schreibmotivation.

Fokus: Metaanalytisch abgesicherte Effekte von Interventionsstudien auf die Lese- und Schreibmotivation

Trotz der im Vergleich zu kognitiven Lese- und Schreibleistungen eher spärlichen Befunde kann man aus den gebündelten Befunden aus Metaanalysen folgende Aussagen ableiten:
- Die Vermittlung von Schreibstrategien und weiteren Elementen der Selbstregulation erhöht die Schreibmotivation und hier speziell die Selbstwirksamkeit (Dignath/Büttner 2008; Dignath/Büttner/Langfeldt 2008; Gersten/Baker 2001).
- Die Vermittlung von selbstreguliertem Lesen erhöht die intrinsische Lesemotivation und das Leseselbstkonzept (Dignath/Büttner 2008; Dignath et al. 2008).
- Für die Erhöhung der Lesemotivation (und in noch etwas höherem Maße des Leseverstehens) sind vier Aspekte förderlich. In der aufsteigenden Reihenfolge handelt es sich um erstens die Möglichkeit, mit anderen Heranwachsenden aus der Klasse zusammenzuarbeiten (s. dazu Kap. 6.4), zweitens um klar umrissene Ziele der Leseaktivität, drittens um Wahlmöglichkeiten bei Lesestoffen, Lesezeit, Reaktion auf das Gelesene etc. (s. hierfür Kap. 6.3) sowie viertens und am wichtigsten um interessante Lesestoffe (Guthrie/Humenick 2004).

5.5.1 Was hilft schwach lesenden Heranwachsenden dabei, selbstregulierter zu lesen?

Generell sind Interventionen zur Erhöhung der Leseleistung wesentlich häufiger durchgeführt worden als Studien zur Verbesserung der Schreibkompetenz. Aus der Fülle solcher Metaanalysen zum Lesen sind zwei besonders ergiebig (Souvignier/Antoniou 2007; Swanson 1999), denn beide haben gesondert Einzelelemente bestimmt, die für die Förderung des Leseverstehens nachweislich günstig sind.

So hat Lee Swanson (1999) aus 20 *didaktischen Prinzipien* jene sechs gefiltert, die für die Verbesserung des Textverstehens besonders wichtig waren:
- Günstig sind erstens *sorgfältig tarierte Anforderungen der Aufgaben*. Damit sind bewältigbare Aufgaben gemeint, aber auch die Unterstützung durch die Lehrkraft, wenn sie für Schülerinnen und Schüler nötig ist.
- Zweitens helfen *Zusatzinformationen*, also Erklärungen zu Inhalten, Abfolgen bzw. Schritten oder Wiederholungen von Sachverhalten in Texten.
- Als drittes Element gelten *Strategiehinweise*, etwa explizite Erinnerungen, Benennungen von Strategien oder Prozeduren, aber auch die Beschreibung von Vorteilen der Verwendung einzelner Strategien.
- Erfolg versprechen viertens *strukturierte Dialoge*, in denen Lehrende Lernende anregen, Fragen zu stellen, Erklärungen zu geben etc. bzw. gemeinsam einen sokratischen Dialog zu führen.
- Fünftens ist die *Vermittlung in kleinen Gruppen* ein wirksames Verfahren.
- Als sechstes und letztes Element gilt die *Demonstration der Lehrkraft*. Das bedeutet hier, dass Lehrkräfte (mit lautem Denken) vormachen, was die Schü-

lerinnen und Schüler tun sollen, damit letztgenannte nachvollziehen können, was sie lernen sollen und wie die Lehrkraft vorgeht.
Einen etwas anderen Weg haben Elmar Souvignier und Faye Antoniou (2007) eingeschlagen. Sie haben aus 18 Elementen der Interventionsstudien die wirksamsten extrahiert, und das waren einzelne oder mehrere (meta)kognitive Lesestrategien. Die spezifischen Analysen aus den beiden Metaanalysen ergänzen sich. Während Souvignier und Antoniou (2007) klar demonstrieren, dass die Vermittlung diverser Lesestrategien die stärksten Verbesserungen im Leseverstehen nach sich ziehen, helfen die Befunde von Swanson (1999) dabei, den Weg dorthin zu verstehen. Swanson hat betont, dass eine dialogische, in Kleingruppen stattfindende Vermittlung günstig ist. Ein Unterricht, der Leseverstehen fördert, zeichnet sich ferner dadurch aus, dass Lehrkräfte das Verhalten demonstrieren, Hinweise geben, den Nutzen von Strategien unterstreichen und Aufgaben stellen, die von ihrer Schwierigkeit angemessen sind. Alles in allem agieren sie damit wie Handwerksmeister, die den Einsatz verschiedener Werkzeuge demonstrieren und sicher gehen, dass die Lehrlinge durch Üben und die Möglichkeit des Nachfragens einerseits und das Bereithalten von Informationen seitens des Meisters selbst die gewünschten Verhaltensweisen erlernen (s. Kap. 5.4).

5.5.2 Was hilft schwach Schreibenden?
Maßnahmen, die den schwach lesenden Heranwachsenden helfen, unterscheiden sich im Kern nur wenig von jener Instruktion, die für die schwach schreibenden Kinder und Jugendlichen ebenfalls Hilfe versprechen. Zu dieser Erkenntnis gelangt man, wenn man eine einflussreiche Metaanalyse liest (Gersten/Baker 2001). In ihrer Sekundäranalyse wurden knapp hundert Studien mit Erst- bis Neuntklässlern gesichtet. Damit wurden nicht nur besonders viele Untersuchungen berücksichtigt, sondern auch eine spezifische Frage beantwortet: Welche methodischen Komponenten versprechen den höchsten Erfolg? Vier Elemente waren besonders wichtig:

- *Element 1: Struktur und Entlastung.* Das erste und wichtigste Element besteht darin, dem Schreibprozess Hinweise und Struktur zu geben. Das bedeutet zum Beispiel, dass Schülerinnen und Schüler für die Schreibprozessphasen Planen, Formulieren und Überarbeiten ihr Vorgehen auf Denkblättern festhalten. Sie sammeln so zum Beispiel die Ideen, die sie in die Texte einbringen wollen, strukturieren sie vor, legen den Aufbau des Textes fest und erhalten damit eine Richtschnur für den Prozess des Formulierens und der Überprüfung und ggf. Veränderung des Textes. Gerade beim letzten Punkt sind auch Mitschülerinnen und Mitschüler hilfreich, die Anregungen zu Überarbeitungs- und Formulierungsvorschlägen geben können.
- *Element 2: Kooperation.* Als wichtig gilt die gemeinsame Arbeit zum einen mit der Lehrkraft, zum anderen mit Klassenmitgliedern. Schreiben ist dann nicht eine einsame Tätigkeit, sondern wird während des Prozesses mit Rück-

meldungen und Anregungen von anderen zu einer sozialen Praxis, die sich in einem verständlicheren Text niederschlägt. Hier lassen sich Spielregeln für die Form der Rückmeldungen aufstellen, die Lob, Kritik und Anregungen gleichermaßen enthalten sollten.

- *Element 3: Beobachtbare Schreibvorbilder.* Eine weitere wichtige Komponente bildet die Möglichkeit, die Lehrkraft (und im Grunde auch Mitschülerinnen und Mitschüler) als Modell beim Schreiben zu beobachten, um so zu lernen und sich abzuschauen, wie eine besser schreibende Person vorgeht, wie sie Textkonventionen (zum Beispiel Geschichtenelemente, Argumentationsstrukturen etc.) befolgt und ihren Text anpasst. Lehrkräfte sollten demnach ihr Schreiben sichtbar machen und für die Schreiblehrlinge Schreibmeister sein.
- *Element 4: Textverarbeitungssoftware.* Zu guter Letzt hilft es schwach Schreibenden, wenn sie den Computer und Textverarbeitungssoftware nutzen können, die sie bei der Rechtschreibung und dem mühsamen motorischen Schreiben entlasten.

Es geht also darum, als Lehrkraft zunächst (mehrfach) zu demonstrieren, was die Schülerinnen und Schüler lernen sollen. Das findet sich wieder in der Vermittlung von (textformspezifischen) Strategien, vor allem zur Planung des Schreibprozesses und im sozial gerahmten Lernen. In dem kann man aus Schülersicht nicht nur das Schreiben beobachten, sondern auch Leistungsrückmeldungen im Schreibprozess erhalten und sich die Verantwortung im Schreiben zuteilen. Diese Befunde stehen in Einklang mit vielen anderen Erkenntnissen aus Metaanalysen.

5.5.3 Ein ausführliches Beispiel für erfolgreiche Interventionen und ihre Merkmale

Die soeben kurz umrissenen Prinzipien nimmt ein für schwache Schreiber wirksamer Förderansatz auf, der in den USA seit den 1980er Jahren entwickelt und in zahlreichen Studien überprüft wurde: das Programm „Self-Regulated Strategy Development" (Baker et al. 2009; Graham 2008; Graham/Harris 2003; Graham/Perin 2007; Rogers/Graham 2008). Dieses Programm zur Entwicklung selbstregulierter Strategienutzung (PROGRESS) besteht aus sechs Phasen (s. Tabelle 19 für das Schreiben, rechts), die bereits Gegenstand der Abbildung 10 (s. S. 147) im Kapitel 5.4 waren und an anderer Stelle ausführlich für die Sachtextinstruktion dargestellt sind (Philipp 2012a). Wichtig ist, dass die sechs Phasen flexibel handhabbar sind und Lehrkräfte ausdrücklich dazu eingeladen sind, ihren persönlichen Vorlieben und dem Kenntnisstand ihrer Schülerinnen und Schüler entsprechend Adaptionen vorzunehmen, wo es geboten erscheint.

5.5 Erfolg von Interventionsstudien zum Erwerb selbstregulatorischer Fähigkeiten

Phase	Instruktionale Aktivitäten
Hintergrundwissen entwickeln	Vermitteln Sie das Wissen zu den Fähigkeiten, die man für eine aufgabenspezifische Schreibstrategie benötigt.
Diskutieren	▶ Ermitteln Sie, wie ein Schüler derzeit beim Schreiben vorgeht, und zeigen Sie die Notwendigkeit, die Schreibstrategie zu erlernen. ▶ Benennen Sie die Ziele, warum die Strategie gelernt werden soll, und begründen Sie, wie der Strategieeinsatz die Schreibfähigkeiten verbessert. ▶ Beschreiben Sie die Strategie, die Notwendigkeit jeder ihrer Teilschritte und wo und wann jeder Teilschritt verwendet werden kann. ▶ Ermutigen Sie die Schüler, die Schreibstrategie zu erlernen, und benennen Sie, was die Schüler tun können, um dieses Ziel zu erreichen. ▶ Stellen Sie Selbstüberwachungsprozeduren vor, um die Effekte der Strategieanwendung zu beurteilen. ▶ Beschreiben Sie weitere selbstregulatorische Techniken (z. B. Zielsetzung, Vorstellen des Zielzustands, Selbstbekräftigung), welche die Schüler nutzen können.
Modellieren	▶ Zeigen Sie den Schülern mit lautem Denken, wie man die Strategie und die begleitenden Selbstregulationstechniken anwendet, und nutzen Sie dazu vielfältige Selbstinstruktionen. ▶ Wenden Sie eine Selbstbeobachtung an, um die Effektivität der Strategie zu beurteilen. ▶ Helfen Sie den Schülern, Selbstaussagen für die Strategieanwendung, den Schreibprozess oder unerwünschte Verhaltensweisen (wie Ablenkung, negative Emotionen etc.) zu entwickeln.
Memorieren	Stellen Sie sicher, dass jeder Schüler die Schritte der Strategie lernt. Hierbei helfen auch Eselsbrücken, Denkblätter und positive, bekräftigende Selbstaussagen.
Unterstützen	▶ Geben Sie zeitlich begrenzte und angepasste Unterstützung bei der Anwendung der Strategie, Selbstaussagen sowie -überwachung und weiteren Techniken. ▶ Ermutigen Sie die zunehmend verdeckte (also nicht mehr direkt sichtbare) Verwendung von Selbstaussagen, indem die Schüler sie denken, aber nicht mehr laut sagen.
Unabhängiges Üben	▶ Überwachen Sie die unabhängige Verwendung der Strategie und weiterer selbstregulatorischer Aktivitäten. ▶ Beurteilen Sie gemeinsam mit den Schülern die Effekte der Instruktion der Selbstregulation und passen Sie gegebenenfalls Ihre Instruktion an.

Tabelle 19: Die sechs PROGRESS-Phasen (Quelle: Graham/Harris 1999, S. 260)

In aller Kürze lassen sich die sechs Phasen so zusammenfassen: Zunächst werden in der ersten Phase die Notwendigkeit, der Nutzen und die Art von Strategien vermittelt, z. B. das Planen von Inhalten vor dem Schreiben oder das Überprüfen, ob der Text ein klar bestimmtes Schreibziel erreicht. Es geht also darum, Schülerinnen und Schülern den Nutzwert einer Strategie begreiflich zu machen. Dies ist dialogisch angelegt, denn in der zweiten Phase (die sachlogisch kaum von der ersten zu trennen ist) diskutiert die Lehrkraft mit den Schülerinnen und Schülern, wie man die Strategie nutzt, wie sie einem in Zukunft hilft und wie man sich positiv selbst bekräftigen kann, sie einzusetzen. Es folgt Phase 3: Die Lehrkraft demonstriert als Modellperson vor den Augen der Lernenden, wie sie die Strategie nutzt und wobei ihr das konkret hilft. Die Schülerinnen und Schüler sehen also zunächst, wie eine andere, mit der Strategie vertraute Person vorgeht, ehe sie in der Phase 4 gemeinsam mit anderen die Strategieschritte memorieren und anwenden. Dabei erhalten sie in einer ausführlichen Phase 5 noch Unterstützung von der Lehrkraft, um so sukzessive sicherer zu werden. Den Abschluss in Phase 6 bildet das unabhängige Üben. Das nachstehende authentische Beispiel des Schülers Alvin soll verdeutlichen, worum es konkret geht. Um Missverständnissen vorzubeugen, werden die PROGRESS-Etappen im folgenden Fallbeispiel als *Phase* bezeichnet, während die Teilschritte der eigentlichen Schreibstrategien als *Schritte* bezeichnet werden.

Fallbeispiel: Alvin und sein Weg zum besseren und stärker motivierten Schreiben (11)

Alvin ist ein 12-jähriger Junge, der das Schreiben meidet, wo es geht, und negativ kommentiert. Schreiben sei dumm, sagt er, bevor er folgenden Text zu Papier bringt (der Schreibanlass lautet: „Soll man von Kindern verlangen, ihre Zimmer aufzuräumen?"):

„Von Kindern sollte verlangt werden, dass sie ihre Zimmer aufräumen, weil sie denken können, es ist okay, in der Schule Unordnung zu machen. Sie können ihre Schulaufgaben nicht finden, die sie machen sollen, sie können wichtige Bücher verlieren. Sie können wichtige Sachen wie Schulbuchprojekte, Bücher aus der Bibliothek und Spielzeuge kaputtmachen. Zusammenfassend ist es einfach besser, ein sauberes Zimmer zu haben."

Dieser Text ist in punkto sprachformaler Merkmale korrigiert; im englischen Original ist er 56 Wörter lang, enthält vier Zeichensetzungsfehler und in jedem sechsten Wort ist ein Rechtschreibfehler gewesen. Neben diesen sprachformalen Mängeln ist besonders offenkundig, dass die Argumente nicht besonders stichhaltig sind und Gegenargumente völlig fehlen. Das dürfte mit dem Entstehungsprozess des Textes zu tun haben: Alvin hat ihn in fünf Minuten geschrieben, und wie üblich hat er wenig vorher geplant und auch den Hinweis ignoriert, nach dem Schreiben noch einmal den Text zu lesen und gegebenenfalls noch daran etwas zu ändern. Am nächsten Tag, als ihn die Lehrerin bittet, seinem Text zusätzliche Details und Gründe hinzuzufügen, korrigiert Alvin einige Wörter und ergänzt bei den wichtigen Sachen, die kaputt gehen können, die Baseball-Trophäen.

Alvin ist trotz diverser Bemühungen seiner Lehrkräfte und seiner Eltern, die ihm Nachhilfe ge-

5.5 Erfolg von Interventionsstudien zum Erwerb selbstregulatorischer Fähigkeiten

ben (lassen), ein schwieriger Fall. Er hat wie viele andere schwache Schreiber Probleme in verschiedenen Bereichen. Erstens schreibt er, was ihm in den Sinn kommt, ohne es zu ordnen und an die Leser zu denken, und es fällt ihm zweitens schwer, überhaupt ein Thema zu finden und darüber ausführlich etwas zu berichten. Seine Texte sind dementsprechend kurz. Darüber hinaus sind drittens die Überarbeitungsversuche ineffektiv, wie man es an den Ergänzungen am ersten Entwurf ermessen kann. Alvin hat viertens Schwierigkeiten mit sprachformalen Aspekten wie Zeichensetzung oder auch mechanischen Fähigkeiten wie der Handschrift. Gleichwohl – fünftens – bilden diese den Kern dessen, was Schreiben für Alvin und weitere schwach schreibende Heranwachsende ausmacht: Rechtschreibung sowie Aussehen des Textes (also oberflächliche Produktmerkmale) und weniger der Inhalt des Textes und der Prozess des Schreibens. Jugendliche wie Alvin benötigen offenkundig Hilfe, und Alvin, dessen Schreiben noch viel umfangreicher getestet worden ist, als es hier beschrieben werden kann, hat sie erhalten.

Alvins Lehrerin beschließt, ihm zwei Strategien in den Bereichen zu vermitteln, die Alvins Bedarf adressieren: Planung und Überarbeitung. Für das Planen kommt eine dreischrittige Strategie zum Einsatz:
1. Denk über Adressaten des Textes und den Grund nach, warum du schreibst.
2. Plan, was du sagen willst.
3. Schreib und sag mehr.

Es geht also um Klärung von Adressaten und Schreibziel, Inhaltsgenerierung und das Verfassen des Textes, bei dem mehr Text entsteht als ursprünglich geplant. Für den zweiten Schritt erhält Alvin weitere Hinweise, die sich auf die Textsorte Argumentation beziehen, an denen Alvins Klasse gerade arbeitet. Um Inhalte zu generieren und ihre Reihenfolge festzulegen (Schritt 2), lernt Alvin eine vierteilige Strategie kennen, in der er zunächst festlegen soll, auf welcher Seite er steht (2a), unterstützende Argumente dafür aufzählen soll (2b), Gegenargumente aufführt (2c) und mit einer abschließenden Schlussbemerkung endet (2d).

Mit diesen vier Teilschritten beginnen Alvin und seine Lehrerin, wobei die Pädagogin ganz analog zur PROGRESS-Phase 1 Alvin erklärt, dass sie beabsichtigt, ihm Strategien zu vermitteln, die ihm dabei helfen, ein besserer Schreiber zu werden. Zuerst überprüfen beide, welche Teile eine Argumentation hat (Einleitung mit Prämisse, Pro- und Kontra-Argumente und Schluss mit einem bewertenden Fazit). An verschiedenen Texten, mit denen die Klasse gerade arbeitet, suchen die Lehrerin und Alvin die vier Bestandteile und überlegen sich zu verschiedenen Themen Ideen, die in einen der vier Teile einer Argumentation passen könnten.

In der nächsten Stunde geht es um Alvin und seine bisherigen Texte. Gemeinsam suchen die Lehrerin und er die Bestandteile von Argumentationen und beurteilen deren Qualität. Sie diskutieren auch, wie Alvin sonst beim Schreiben vorgeht und was er sich beim Schreiben sagt. Die Lehrerin stellt Alvin erst jetzt die vier Teilschritte (2a–d) vor und bittet Alvin, diese Strategie ab sofort zu nutzen, da sie ihm hilft, bessere Texte zu verfassen. Um das nachvollziehbar zu machen, erläutert die Lehrerin Alvin eine Möglichkeit der Selbstüberwachung und -bewertung: Er kann an seinen Texten die Elemente der Argumentation sehen und erkennen, wie vollständig seine Argumentationen sind und wie sehr ihm das Planen hilft. Zusammen nehmen sich beide den früheren Text aus der Stunde vor, zählen die Elemente und übertragen sie in ein Diagramm. Dieses Diagramm hat eine wichtige Funktion: Es wird den Fortschritt sichtbar machen. Die Stunde, die ganz im Sinne der PROGRESS-Phase 2 verlaufen ist, endet mit einer Diskussion über die Begründung der Strategieschritte 2a–d und die Benennung von Gelegenheiten, in denen Alvin die Strategie einsetzen kann.

In der Folgestunde modelliert die Lehrerin die vier Schritte, indem sie laut denkt (PROGRESS-Phase 3). Alvin ist dabei nicht zur Passivität verdammt, sondern gefragt, selbst Ideen beizusteuern und mitzuentscheiden, welche Argumente in den Text einfließen sollen. Zu zweit schmücken die Lehrerin und Alvin die Ideen aus und verändern nebenbei den eingangs vereinbarten Schreibplan, weil ihnen neue Ideen kommen, was schon einer Ausweitung auf den oben angeführten Schritt 3 der Strategie darstellt. Immer wieder verwendet die Lehrerin Aussagen der Selbstinstruktion. Sie klärt Probleme („Was soll ich jetzt tun?"), plant („Okay, als Nächstes muss ich …") und überprüft sich selbst („Ist es wirklich das, was ich sagen wollte?"). Die Lehrerin schreibt den ersten Entwurf und danach überprüft sie gemeinsam mit Alvin, ob alle notwendigen Teile sowie die ausgewählten Ideen enthalten sind. Im Anschluss diskutieren beide, wie wichtig es gewesen ist, sich positiv während des Schreibens zu bekräftigen. Alvin gibt zu, dass er bisher eher hinderliche Aussagen wie „Ich hasse Schreiben" beim Schreiben geäußert hat. Mithilfe der Lehrerin formuliert er zwei Aussagen, die er in Zukunft statt der negativen Äußerungen an sich adressieren will, wenn er Schwierigkeiten hat: „Arbeite hart, schreib besser" und „Kein Schweiß". Er bekommt noch eine weitere Aufgabe, denn er soll sich zur nächsten Stunde die vier Schritte einprägen (PROGRESS-Phase 4).

In den darauffolgenden Stunden erhält Alvin von der Lehrerin bei der Anwendung der Strategieschritte Unterstützung im Sinne der PROGRESS-Phase 5. Die Lehrerin will, dass er die Elemente der Strategie richtig anwendet. Zunächst braucht Alvin noch relativ viel Hilfe, da ihm das Planen Mühe macht. Die Lehrerin übernimmt daher zunächst den Großteil des Planens, und nachdem Alvin darin sicherer geworden ist, reduziert sie ihren Anteil. Immer wieder ermutigt sie Alvin aber, sich die Teilschritte der Strategie einzuprägen und positive Selbstaussagen zu verwenden. Je besser ihm beides gelingt, desto mehr fordert die Lehrerin Alvin auf, diese Aussagen nicht mehr verbal auszusprechen, sondern nur noch zu denken.

Immer wenn ein argumentativer Aufsatz fertig ist, überprüft Alvin die Vollständigkeit und überträgt die Anzahl der Elemente in das Diagramm. Mit diesem Hilfsmittel kann er nicht nur Fortschritte dokumentieren, sondern sieht auch, ob er beim Planen anders vorgehen sollte, wenn das Ergebnis schlechter ausgefallen ist. Daneben ermutigt die Lehrerin Alvin, seine Texte anderen zum Lesen zu geben: Mitschülern, Eltern und anderen Lehrern.

Nach nur sechs Aufsätzen kann Alvin die Strategie anwenden (PROGRESS-Phase 6). Ein Text, den er nach der PROGRESS-Instruktion geschrieben hat, sieht so aus:

„Ich denke, man sollte es Kindern erlauben, selbst die Zeit auszusuchen, wann sie ins Bett gehen wollen, weil sie es lernen müssen, Verantwortung zu übernehmen. Oft ist es gut, wenn sie ihre Zu-Bett-geh-Zeiten selbst planen, weil sie dadurch herausfinden, wie viel Schlaf sie brauchen. Ein anderer Grund, warum ich glaube, dass Kinder die Zeit selbst aussuchen sollten, ist, dass sie, wenn sie gerade lernen und die normale Zeit erreicht ist, ihre Eltern sie ins Bett schicken, ehe sie mit dem Lernen fertig sind. Obwohl einige Kinder vielleicht nicht selbst die Zeit bestimmen sollten, weil sie zu spät schlafen gehen und am Morgen zu spät aufwachen, sind die meisten Kinder verantwortungsvoll genug, dann ins Bett zu gehen, wenn sie sollten. Darum denke ich, man sollte Kindern erlauben, ins Bett zu gehen, wann sie wollen."

Dieser (wiederum sprachformal korrigierte) Text ist nicht nur zweieinhalb Mal länger als jener aus Alvins Feder zur Frage nach dem Aufräumen, er ist auch stringenter gestaltet und orientiert sich stark am Thema. Mehr noch: Alvin erkennt, dass er das Planen auch bei anderen Schreibaufgaben verwenden kann (und er lernt noch eine weitere Strategie zum Schreiben von Geschichten kennen, einer Tätigkeit, die ihm viel Spaß macht). Und er berichtet zum einen, dass er die Selbstaussage „Kein Schweiß" auch bei anderen Aufgaben verwendet, die ihm Mühe bereiten bzw. die er nicht mag. Zum anderen helfe ihm die Strategie, wie er sagt, mehr zu schreiben, bessere Leistungen zu bringen und daran zu denken, die Textinhalte zu planen.

Auf die Überarbeitungsstrategie mit Peer-Feedback soll aus Platzgründen an dieser Stelle nicht näher eingegangen werden (s. dazu Philipp 2012a), aber auf die Folgen. Mit dieser zweiten Strategie gelingt es Alvin, sich von den rein mechanischen, sprachformalen Überarbeitungen zu entfernen. Stattdessen ergänzt er zunehmend Inhalte, die den Text verständlicher machen. Am Ende verändert er auf 100 Wörter 20 Mal den Text, meistens inhaltlich. Seine Texte werden immer länger – bis zu dreimal so umfangreich sind sie – und aus Sicht der Lehrerin immer klarer, und Alvin organisiert 15 bis 20 Ideen in ihnen. Auch die negativen Selbstaussagen hat er hinter sich gelassen. Seine Lehrerin beschließt, auf diesem Erfolg aufzubauen und die Strategien zu verfeinern.

(Quelle: Graham/Harris 1999)

Was lehrt der Fall Alvin? Die Vermittlung der Fähigkeiten zum selbstregulierten Umgang mit Texten nach dem PROGRESS-Schema ist ganz im Einklang mit den Überlegungen zum Erwerb der Selbstregulation aus dem Kapitel 5.4 langfristig angelegt, was sich mit den theoretischen Überlegungen zum Erwerb von Expertise deckt (Alexander 2005). Sie bedarf der Lehrkraft als einer Art Lese- bzw. Schreibmeister, die wie ein Handwerksmeister ihr Können an die Lehrlinge weitergibt und dabei nicht rigide einer Prozedur folgt, sondern adaptiv dem Fähigkeitsstand der Lehrlinge entsprechend vorgeht und sukzessive ein Lerngerüst schafft und die Unterstützung reduziert (Stone 1998).

Bei alldem erscheinen auch aus motivationaler Sicht zwei Aspekte neben der Notwendigkeit zentral, dass Schülerinnen und Schüler bei ihren Lehrkräften die zu erlernende Fähigkeit erst einmal ausreichend beobachten können, ehe sie sie selbst anwenden (Schunk/Zimmerman 2007; s. Kap. 5.4). Der erste Aspekt besteht darin, dass *Lehrkräfte direkt instruieren*. Das heißt, dass sie zum einen vollständige Informationen darüber liefern, welche Inhalte und Abläufe die Schülerinnen und Schüler lernen sollen, und zum anderen die Instruktion so inszenieren, dass sie der Architektur des menschlichen Gedächtnisses und den kognitiven Lernprozessen entgegenkommt. Dazu zählen neben a) einer überschaubaren Zahl unvertrauter Informationen auch b) ausgearbeitete Beispiele wie Texte, die mit einer bestimmten Schreibstrategie entstanden sind, sowie c) Denkblätter mit Prozesshinweisen, was zu tun ist (Kirschner/Sweller/Clark 2006; Rupley/Blair/Nichols 2009).

Der zweite Aspekt liegt in der *ausreichenden und systematischen Übung*. Dieser Aspekt, dass Fähigkeiten ausreichend geübt werden, erscheint trivialer, als er ist (s. Kap. 4.3.4). Wir wissen aus der für die gesamte Kompetenzdebatte sehr einflussreichen Expertiseforschung – also jenem Forschungszweig, der sich damit befasst, wie aus Novizen Meister ihres Fachs werden –, dass hervorragende Künstler und Schachspieler Tausende Stunden mit dem absichtsvollen, disziplinierten Üben verbracht haben, ehe sie ihre Fähigkeiten bis zum wahren Expertentum vervollkommnet haben (Ericsson/Krampe/Tesch-Römer 1993; Campitelli/Gobet 2008; Charness/Tuffiash/Krampe/Reingold/Vasyukova 2005; Sloboda/Davidson/Howe/Moore 1996). Dabei ist ganz entscheidend, dass es nicht um die schiere Menge der Zeit geht, denn man kann auch viel Zeit damit zubringen, wenig sinnvoll zu üben, sondern um die Verbindung von echten Lerngelegenheiten in regelmäßigen Abständen mit einem ausreichenden Maß an mit Üben verbrachter Zeit.

Inwiefern man diese Erkenntnisse, die aus anderen Domänen (Sport und Musik) stammen, auf das Lesen und Schreiben übertragen kann, wäre noch mit eigenen Studien zu überprüfen. Gleichwohl erscheint die Notwendigkeit der ausreichenden Übung bei Fähigkeiten, die nicht angeboren sind, sondern erlernt und geübt werden müssen, auf der Hand zu liegen und findet Befürworter in der Schreibforschung (Kellogg/Whiteford 2009). Diese Sichtweise ist bislang noch viel zu wenig in Form systematischer Lese- und Schreibförderung über verschiedene Schulfächer und Jahrgangsstufen berücksichtigt und stellt eine der dringlich zu bearbeitenden Felder der Deutschdidaktik dar.

> **ZUSAMMENFASSUNG**
>
> Dieses Unterkapitel hat einen weiten Bogen geschlagen, indem es sich einer wichtigen Frage gewidmet hat: Lassen sich die Fähigkeiten, selbstreguliert mit Schriftsprache umzugehen, vermitteln, und zwar speziell bei jenen, die den größten Bedarf haben, nämlich den schriftschwachen Kindern und Jugendlichen? Wir wissen inzwischen zum einen aus diversen Metaanalysen, dass sich Selbstregulation im Unterricht selbst bei lese- und schreibschwachen Heranwachsenden nachweislich lehren und lernen lässt und dies eine erhöhte Lese- und Schreibmotivation bewirkt. Zum anderen zeichnen sich Parallelen zwischen der Domäne Schreiben und der Domäne Lesen ab.

5.5 Erfolg von Interventionsstudien zum Erwerb selbstregulatorischer Fähigkeiten

Diese Parallelen bestehen in mindestens fünf Punkten. So sind erstens Strategien im Umgang mit Texten als hilfreiche Werkzeuge anzuführen, sei es in der Rezeption, sei es in der Produktion. Hinzu kommt zweitens das Lernen im Dialog mit Rückmeldungen und hoher Interaktionsdichte, die sich prototypisch in kooperativen Settings als dritter Gemeinsamkeit zeigen. Viertens helfen Strukturierungshilfen (Eselsbrücken und Denkblätter etwa) und zu guter Letzt Lese- und Schreibmodelle.

Ein Förderansatz, der diese Elemente umfasst bzw. zulässt und zumindest für das Schreiben nachweislich wirksam ist, stammt aus den USA: das Programm zur Entwicklung selbstregulierter Strategienutzung (PROGRESS). Anhand des Beispiels eines schreibschwachen Sechstklässlers ließen sich sechs PROGRESS-Phasen vom Vermitteln des Hintergrundwissens hin zum unabhängigen Anwenden konturieren, wobei deutlich ist, dass die Lehrkraft in jeder Phase verschiedene Rollen innehat. Zentrale Elemente des vorgestellten Ansatzes – im Grunde aller anderen Vermittlungsansätze aus der Tradition der direkten/expliziten Instruktion mit Wurzeln in der sozial-kognitiven Lerntheorie – bilden das Vorhandensein eines ausreichend auskunftsfähigen Lese- bzw. Schreibmodells, eine explizite Instruktion von Strategien und anderen Elementen wie Selbstbekräftigungen sowie ausreichend Zeit, die selbstregulatorischen Fähigkeiten zu üben und anzuwenden.

6 Einige weitere Ansatzpunkte: Günstige Rahmenbedingungen für die Selbstregulation beim Lesen und Schreiben schaffen

„Ich fing an, das Schreiben zu mögen, weil ich wusste, dass ich Geschichten schreiben konnte und alles, was ich wollte. Wenn ich jemals ein Cartoon-Künstler werde, dann muss ich so etwas wie ein Skript für meinen Cartoon machen."
(ein Neuntklässler)

Die in diesem Kapitel vorgestellten Ansatzpunkte zur Erhöhung der Lese- und Schreibmotivation sind nicht minder wichtig als die Erhöhung der Selbstregulation, die in Kapitel 5 so prominenten Raum erhalten hat. Im Gegenteil könnte man auch sagen, dass die hier versammelten Ansatzpunkte förderliche Bedingungen für den Erwerb der Selbstregulation schaffen. Dabei werden Sie leicht feststellen, dass es eine Entsprechung zwischen den Förderansätzen in diesem Kapitel gibt und dem, was in Kapitel 4 als Potenzial und Problembereiche des motivierenden Lese- und Schreibunterrichts thematisiert wurde. Die fünf Aspekte in diesem Kapitel bilden zugleich lediglich eine Auswahl von möglichen Ansatzpunkten. So wurden beispielsweise die positiven Lehrkraft-Schüler-Beziehungen, die nachgewiesenermaßen mit mehr Engagement der Schülerinnen und Schüler im Unterricht korrespondieren (Roorda/Koomen/Spilt/Oort 2011), nicht berücksichtigt. Der Grund, weshalb diese und andere Aspekte nicht Einzug gehalten haben, liegt darin, dass stark unterrichtsprozessbezogenen Förderschwerpunkten der Vortritt gewährt werden sollte. Wie können Lehrkräfte nun also ganz konkret Maßnahmen ergreifen, um lern- und motivationsförderliche Rahmenbedingungen zu kreieren? Folgende fünf Fragen bilden hierfür die Grundlage:

▸ Was sind authentische bzw. situierte Lese- und Schreibanlässe (6.1)?
▸ Welche Merkmale haben Rückmeldungen an Heranwachsende, die motivierend wirken (6.2)?
▸ Welche Quellen haben Selbstkonzept und -wirksamkeit und wie sollte man sie gezielt nutzen (6.3)?
▸ Was macht günstiges kooperatives Lesen und Schreiben aus (6.4)?
▸ Wie lässt sich Autonomie beim Lesen und Schreiben fördern (6.5)?

6.1 Was sind authentische/situierte Aufgaben und Lese- und Schreibanlässe?

Lesen und Schreiben besitzen für Personen einen praktischen Gebrauchswert oder Anreiz, der inner- oder außerhalb der unmittelbaren Beschäftigung mit der Schriftsprache liegt (s. Kap. 2.4). Etwas zu lesen oder zu schreiben besitzt damit spezifische Funktionen für Heranwachsende, die zu Beginn des Buches angesprochen wurden (s. o., Kap. 2.2). An dieser Stelle setzt das Konzept der authentischen bzw. situierten Schreib- und Leseanlässe an, das dabei helfen soll, die Lese- und Schreibmotivation in der Schule zu fördern, indem es sinnvolle Lese- und Schreibanlässe nutzt.

6.1.1 Authentische bzw. situierte Schreib- und Leseanlässe: Versuch einer Begriffsbestimmung

Für die Erhöhung der Lese- und Schreibmotivation stehen solche Aufgaben hoch im Kurs der Vertreter aus der Motivationspsychologie, die sinnstiftend sind (s. nur die erste Zeile in Tabelle 12 im Kap. 4.1). Es hat diverse Bezeichnungen für solche Ansätze gegeben (Perin 2011), aber besonders prominent ist der Begriff der „authentischen" Lese- und Schreibaufgaben geworden, wobei dieser Begriff bzw. das damit gemeinte Phänomen insbesondere in der Domäne Schreiben diskutiert wird. Was man sich darunter vorstellen kann, lernen Sie anhand des folgenden Beispiels aus einer Studie kennen, ehe es um Begriffsbestimmungen und Reaktionen von Jugendlichen auf solche Aufgabenformen geht.

Ein Beispiel für authentische Schreib- und Lesesituationen

Die zweite Klasse setzte sich geräuschvoll nieder, nachdem sie gerade von einem Besuch eines Naturschutzgebiets zurückgekehrt war. Der Ausflug fand im Rahmen des Unterrichts über das Leben in Gewässern statt, und die Kinder waren noch ganz aufgeregt wegen all der Fundstücke aus dem Teich, die sie mitgebracht haben. Die Lehrerin, Miss Jones, richtet die Aufmerksamkeit auf einen Brief in ihrer Hand: „Ratet mal, was heute Früh in der Post war? Mister Hernandez hat uns einen Brief geschrieben. Lasst ihn mich euch vorlesen." Mister Hernandez ist der Direktor des Naturschutzgebiets und hat die Kinder auf ihrer Tour begleitet. Er hat Folgendes an die Klasse geschrieben:

Liebe Jungs und Mädchen,
ich hoffe, euch hat der Besuch unseres Teichs gefallen. Ich fand es prima, eure vielen guten Fragen zum Leben im Teich zu beantworten. Als ihr weg wart, habe ich über die vielen anderen Kinder nachgedacht, die wie ihr zu uns kommen und viele ähnliche Fragen haben. Ich dachte, es könnte eine gute Idee sein, eine Broschüre für die Kinder zu haben, die auf einige der Fragen Antworten gibt. Ich schreibe euch, um euch zu fragen, ob ihr eine solche Broschüre vorbereiten wollt. Sie könnte „Fragen und Antworten zum Leben im Teich" oder so ähnlich heißen. Ihr könnt einige eurer Fragen berücksichtigen, die ihr vor eurem Besuch bei uns gehabt habt. Wenn ihr die Broschüre schreibt, werde ich viele Kopien davon herstellen, die wir an einem Stand in meinem Büro auslegen. Dann können die Leute sich eine nehmen, wenn sie ankommen oder gehen. Ich hoffe, ihr könnt die Broschüre für uns erstellen.
Viele Grüße, Mr. Hernandez

Nach einer Diskussion und Abstimmung begannen die Kinder, in Gruppen zu arbeiten. Sie schauten sich Broschüren von Museen und anderen naturwissenschaftlichen Institutionen an, und sie generierten per Brainstorming Fragen für die Broschüre (z.B. „Was würden Kinder gern darüber wissen, was im Teich lebt?"). Danach lasen sie eine Vielzahl von Sachtexten zu Lebewesen in Gewässern, um die Fragen zu beantworten, auf die sie sich geeinigt hatten. Die Kinder schrieben Entwürfe ihrer Broschürentexte, bis sie sicher waren, dass die Broschüre für die Öffentlichkeit nützlich sei.   (Quelle: Purcell-Gates/Duke/Martineau 2007, S. 21)

In dem Beispiel mit der Teich-Broschüre wird deutlich, was die Forschenden als authentisches Schreiben (und Lesen) auffassen. Eine kleine Auswahl der Definitionen hilft dabei, den Begriff der Authentizität zu schärfen und eine Schnittmenge zu erhalten:

1. Valerie Purcell-Gates, Nell Duke und Joseph Martineau (2007) definierten in ihrer Studie, aus der das Beispiel aus dem Kasten stammt, die Authentizität von Lese- und Schreibaktivitäten von Grundschulkindern über zwei Dimensionen: die Textsorte und die Absicht, den Text zu lesen oder zu schreiben. Authentisch waren ihrer Auffassung nach textgebundene Aktivitäten, die sich außerhalb des unmittelbaren Lesen- bzw. Schreibenlernens bewegten und andere Funktionen hatten. Solche Funktionen bestanden darin, dass das Lesen oder Schreiben einem sozialen kommunikativen Zweck diente, zum Beispiel, um eine Information zu erhalten oder zu geben, die man selbst oder eine andere Person benötigt (s. zum Beispiel in das Theaterstück, das Tracy in Kap. 3.4.1 für andere Bibliotheksbenutzer verfasst hat, s.o., S. 90f.). Weitere Beispiele sind das Lesen eines Textes zur Entspannung, das Schreiben von Glückwunschkarten zum Erhalt von Beziehungen etc. Davon trennten Purcell-Gates et al. (2007) prototypisch rein schulische Texte wie Arbeitsblätter, Wortlisten, Texte mit Verständnisfragen etc., die allein dem Verbessern und dem Erwerb von Lese- und Schreibfähigkeiten dienten. Das Team um Purcell-Gates verortet Aufgaben zudem innerhalb eines Kontinuums: Es gab nicht nur rein authentische und inauthentische Aufgaben, sondern auch mehr oder weniger authentische.
2. Roger Bruning und Christy Horn (2000) definieren in ihrem Übersichtsartikel authentische Lese- und Schreibaufgaben über einen unmittelbaren konkreten Gebrauchswert (Unterhaltung oder Kommunikation), der sich scharf von unspezifischen zukünftigen Erträgen unterscheidet. Sie ergänzen den Begriff der Bedeutungshaftigkeit des Lesens und Schreibens, das Heranwachsende innerhalb sozialer bzw. lebensweltlich relevanter Kontexte erlernen sollen, statt isoliert und außerhalb.
3. In einer jüngeren deutschdidaktischen Publikation bezeichnen Gerd Bräuer und Kirsten Schindler (2011) solche Aufgaben als authentisch, welche aufgrund einer didaktischen Inszenierung einerseits einen genau situierten Gebrauchswert im Sinne eines zu lösenden Problems aufweisen sowie andererseits ein individuelles Handeln erlauben und exakt deshalb von Schreibenden und Lesenden als authentisch wahrgenommen werden.
4. Ganz ähnlich definierten Thomas Bachmann und Michael Becker-Mrotzek (2010, S. 194) ihre „Schreibaufgaben mit Profil", welche „so klar konturiert und profiliert sind, dass sie für die Lerner/innen in einem klar erkennbaren und nachvollziehbaren Handlungszusammenhang stehen bzw. einen solchen abbilden." Um solche Aufgaben unterrichtlich zu inszenieren, müssen nach der Auffassung der Autoren vier Bedingungen erfüllt sein. Erstens muss

Schülerinnen und Schülern klar sein, welchen Zweck und welches Publikum der Text hat. Zweitens müssen die Schreibenden das erforderliche Wissen über den Schreibgegenstand, aber auch über Textsortenkonventionen haben bzw. erlangen können. Drittens braucht es Möglichkeiten des Schreibens in sozial-interaktiven Kontexten und viertens die Chance, die Wirkung der Texte auf ihre Adressaten zu überprüfen.

Vergleicht man die verschiedenen Definitionsversuche von Schreib- und Leseaufgaben, so schält sich als Schnittmenge heraus, dass Lesen und Schreiben a) einem konkreten Zweck mit für die Lesenden und Schreibenden sinnvollem Ziel dienen b) und sozial eingebettet sind (s. auch das Kapitel 4.3 bzgl. herausfordernder Schreibaufgaben). Dissens besteht hingegen darin, ob das Schreiben und Lesen in solchen Arrangements dem schulischen Zweck dient, das Schreiben und Lesen zu lernen. Während Purcell-Gates et al. (2007) dies explizit und Bruning und Horn (2000) implizit ausschließen, scheinen die eher deutschdidaktischen Modellierungen (Bräuer/Schindler 2011; Bachmann/Becker-Mrotzek 2010) dies zuzulassen. Statt hier eine möglicherweise unproduktive Dichotomie von ‚guten' außer- und ‚schlechten' innerschulischen Lese- und Schreibsituationen zu konstruieren, die den schulischen Umgang mit Schriftsprache rundheraus abqualifiziert, ist eine Unterscheidung von Schreib- und Lesesituationen hilfreicher, die Dolores Perin (2011) vorschlägt. Sie unterscheidet kontextualisierte und integrierte Lese- bzw. Schreibinstruktion.

6.1.2 Kontextualisiertes und integriertes Lesen und Schreiben

Beim *kontextualisierten Lesen und Schreiben* geht es darum, Lese- und Schreibfähigkeiten zu erlernen und hierfür systematisch unterrichtsfachtypische Texte bzw. Schreibaufgaben zu bearbeiten. Ein Beispiel dafür ist der Ansatz, im Geschichts- und Muttersprachenunterricht Strategien zum selbstregulierten Schreiben von Argumentationen mittels historischer Primärquellen und Textbüchern zu vermitteln (de La Paz 2005). In dieser Studie lernten die untersuchten Achtklässler primär, wie sie mit typischen Texten eine allgemeine Strategie für das Verfassen von Sachtexten erlernen. Es ging also eher um das Erlernen des Lesens und Schreibens als um eine außerhalb dieses Zwecks liegende Absicht. Man könnte auch sagen: Die Heranwachsenden lernten, auf eine bestimmte Art und Weise zu lesen und vor allem zu schreiben, und der Lerngegenstand (also die zu rezipierenden und zu produzierenden Texte) ist nur Übungsmittel zum Zweck der Schriftsprachinstruktion (Perin 2011).

Im Falle des *integrierten Lesens und Schreibens* liegt eine andere Zielsetzung vor: sich einen Lerngegenstand mittels Lesen und Schreiben anzueignen (Lesen und Schreiben, um zu lernen). Damit liegt eine Verschiebung insofern vor, als Lesen und Schreiben nun einen instrumentellen Charakter haben und eingesetzt/vermittelt werden, damit es Schülerinnen und Schülern besser gelingt, Dinge zu verstehen. Dies ist besonders gut im Falle der Zweitklässler ersichtlich, die in Purcell-Gates' et al. (2007) Studie eine Broschüre über den Froschteich anfertigten, aber auch in Förderansätzen wie dem in den USA populären CORI-Leseförderprogramm, in dem Sach- und Muttersprachunterricht konvergieren, indem Kinder und Jugendliche eigene Fragen mit schriftsprachlichen und weiteren Forschungsaktivitäten bearbeiten und durch dieses umfassende Programm erheblich in ihrer Lesemotivation profitieren (Guthrie/McRae/Klauda 2007, s. Kap. 5.5). Aus der Sicht der Schreibförderung ist der aus der Naturwissenschaftsdidaktik stammende Ansatz „Writing to learn" (Prain/Hand 1996) anzuführen. In diesem Ansatz geht es darum, verschiedene Texte (Sachtexte, Reden, Broschüren) mit verschiedenen Zielen (Informieren, Überzeugen, Werben) an verschiedene Adressaten (Mitschüler, schulexterne Personen etc.) zu verfassen. So haben beispielsweise Heranwachsende der Sekundarstufe Poster produziert, die für Reisen im Weltraum warben und in einer örtlichen Bank ausgestellt wurden, und Zehntklässler Broschüren über die Gefahren von Algen erstellt, die sich an Landwirte adressierten (Hand/Prain 2002).

Angesichts der Differenzierung von kontextualisierten und integrierten Lese- und Schreibanlässen stellt sich die Frage nach der Authentizität von Lese- und Schreibsituationen anders, nämlich danach, in welchem Kontext und mit welcher didaktischen Zielsetzung etwas authentisch ist oder nicht. Bekanntlich gehorcht die Schule ihren eigenen Regeln und hat spezifische Aufgaben, zu denen nun einmal die Vermittlung von Lese- und Schreibkompetenz gehört. Innerhalb der Schule bzw. des Unterrichts kann eine Schreibaufgabe also durchaus authentisch sein, während sie jenseits der Schulmauern nicht vorkommt oder falls doch, dann dort sehr künstlich wirkt. Vielleicht ist deshalb der Begriff der *Situiertheit* im Sinne einer klaren Einbettung in einen Kontext besser geeignet, um den sich in den Definitionsbestimmungen andeutenden Dissens zur Authentizität von Aufgaben produktiv zu überwinden (Brophy 2008).

Was heißt das nun für die Schriftsprachinstruktion? Bräuer und Schindler (2011) benennen aus ihrer Perspektive drei Notwendigkeiten. Die erste besteht darin, die Situiertheit und Inszeniertheit in ein angemessenes Verhältnis zu bringen. Damit ist ein Berücksichtigen der verschiedenen Funktionen von Schriftlichkeit aus Sicht der Lernenden (s. Kap. 2.2) gemeint, und zugleich eine sinnvolle didaktische Inszenierung der Lernziele. Die lässt sich am Beispiel der Teich-Broschüre verdeutlichen, bei welchem das Lernziel Verstehen biologischer Zusammenhänge mit der kommunikativen Funktion des Schreibens konvergiert. Ein zweites Erfordernis liegt in der Verknüpfung von Aufgaben mit anderen Aufträgen, in deren Licht dann das Lesen und Schreiben von Texten überhaupt erst sinnvoll erscheint (siehe vor allem das integrierte Lesen und Schreiben). Es geht also um übergeordnete Zielstellungen, wozu Lesen und Schreiben eingesetzt werden. Die dritte Notwendigkeit besteht in einer grundsätzlichen Überlegung, wie sinnvoll situierte Lese- und Schreibaufgaben in Einklang mit den zentralen Zielen der Schule (wie der generellen Förderung selbstregulierten Lernens) gebracht werden können. Im Gesamt adressieren diese drei Notwendigkeiten das Generieren von 1.) einzelnen Schreib- und Leseanlässen, 2.) verknüpften Anlässen und Zielen, die mindestens innerhalb eines Faches zu sehen sind, und 3.) einer fächerübergreifenden institutionellen Schreib- und Lesekultur.

6.1.3 Wie Jugendliche situierte Schreibaufgaben beurteilen

Wie Schülerinnen und Schüler auf situierte, angesichts der sonst im Unterricht vorherrschenden ungewöhnlich wirkenden Schreibanlässe und -aufgaben reagieren, war das Erkenntnisinteresse einer Sekundäranalyse von über 100 Interviews mit Jugendlichen der siebten bis dreizehnten Klassenstufe (McDermott/Hand 2010). Die Jugendlichen fanden die Aufgaben insgesamt mit überwältigender Mehrheit nützlich für ihr tieferes Verständnis von Sachverhalten. Sie konnten zudem präzise benennen, was an den Aufgaben für sie nützlich war. Dabei handelte es sich um drei Aspekte: die Adressaten, die Entwürfe und die Rückmeldungen.

Bei den *Adressaten* sprachen die Jugendlichen die Notwendigkeit an, Themen und Begriffe für andere zu übersetzen, statt nur das zu reproduzieren, was die Lehrkraft ihnen sagte. Dabei machten sich die Jugendlichen vor allem über die Sprache Gedanken. Eine Zehntklässlerin, die an Siebtklässler (statt wie üblich an den Lehrer) schreiben sollte, sagte: „Ich denke, es wäre einfacher gewesen, denn ich hätte nicht so viele Begriffe oder Beschreibungen verändern müssen. Aber dann hätte ich auch nicht so viel gelernt, da ich zurückgehen und entscheiden musste: ‚Das ist wirklich technisch ausgedrückt, wie kann ich es anders schreiben und trotzdem die gleiche Bedeutung erhalten?'" (ebd., S. 533) Dieser Aspekt, dass Adressaten motivieren, wird zunehmend auch in der Pädagogischen Psychologie betont (Magnifico 2010).

Hinsichtlich der *Entwürfe* gaben fast alle Jugendlichen zu, in den sich entwickelnden Texten Informationen verändert und davon profitiert zu haben. Das Überarbeiten half dabei, zum einen den Gegenstand zu klären und zum anderen Missverständnisse im eigenen Verständnis zu erkennen. Eine Zehntklässlerin brachte es wie folgt zum Ausdruck: „Zuerst wollte ich nur durchkommen und nicht ins Detail gehen. Ich hatte es nicht wirklich verstanden, also schrieb ich irgendwas auf. Doch dann ging ich zurück und wollte stärker verstehen und erkunden, was ich geschrieben hatte. Danach änderte ich den Text" (McDermott/Hand 2010, S. 533). Dabei halfen *Rückmeldungen* zu den Texten von anderen. Äußerungen wie die folgende zeugen davon: „Meistens klingt es gut, was du zuerst aufs Blatt bringst, aber du brauchst eine andere Meinung, denn andere finden Dinge, die du vergessen hast" (ebd., S. 534).

ZUSAMMENFASSUNG

Der Ausdruck „authentische" Lese- und Schreibaufgaben ist trotz seiner intuitiven Eingängigkeit noch nicht konsensfähig definiert, wie Sie es am Beispiel von vier Begriffsbestimmungen gesehen haben. Es besteht immerhin Einigkeit darüber, dass die Lese- und Schreibanlässe konkreten und aus Sicht der Lernenden sinnvollen Zwecken dienen und kommunikativ eingebettet sind, also Texte in Zusammenarbeit mit anderen entstehen bzw. gelesen werden und/oder im Falle des Schreibens an ein echtes Publikum über die Lehrkraft hinaus richten. Man kann auch sagen: Das Lesen und Schreiben ist in einem solchen Fall klar situiert. Fruchtbar erscheint die Unterscheidung in kontextualisierte und integrierte Schreib- und Leseanlässe, die unterschiedlichen didaktischen Zielen dienen. Bei den kontextualisierten Schreib- und Leseanlässen wird an echtem Material das Lesen bzw. Schreiben erlernt (Lesen und Schreiben lernen), während der integrierte Umgang mit Schriftsprache dazu dient, sich über das Lesen und Schreiben Lerngegenstände anzueignen (mittels Lesen und Schreiben etwas lernen).

Gerade das integrierte Lesen und Schreiben, das einen Brückenschlag zur vielfach geforderten Lese- und Schreibförderung in allen Fächern offeriert, wird von Jugendlichen positiv beurteilt. Sie schätzten in Interviewstudien beim Schreiben die Notwendigkeit, für die konkreten Adressaten Wissen zu übersetzen, Entwürfe zu schreiben und von anderen Rückmeldungen zu erhalten, wie sie diese Texte verbessern können. In authentischen bzw. situierten Schreib- und Leseanlässen liegt aus motivationaler Sicht also erhebliches Potenzial, das aber natürlich auch voraussetzungsreich ist. Es erfordert profundes fachdidaktisches Wissen auf der Seite der Lehrkräfte und benötigt selbstverständlich Zeit.

6.2 Welche Rückmeldungen sind hilfreich?

Die Art und Weise, wie Heranwachsende auf ihr Lesen und Schreiben bzw. andere Leistungen Rückmeldungen von Lehrkräften erhalten, zählt zu den wirksamsten Ansatzpunkten beim schulischen Lernen (Hattie 2009). Als besonders günstig hat sich die sogenannte formative Evaluation erwiesen. Während die Rolle von Rückmeldungen für den Lernerfolg gut belegt ist, herrscht in der Motivationspsychologie zum Teil Dissens über die Effekte von Lob und Belohnungen als eine Art von Rückmeldung auf die intrinsische Motivation (s. folgenden Fokus).

Fokus: Behindert oder verbessert Lob die intrinsische Lese- und Schreibmotivation?
Es war eine der am heftigsten geführten Kontroversen in der Motivationspsychologie, die eine Forschungsgruppe rund um Judy Cameron (Cameron/Pierce 1994; Eisenberger/Cameron 1996; Eisenberger/Pierce/Cameron 1999; Cameron/Banko/Pierce 2001) mit Edward Deci, Richard Koestner und Richard Ryan (1999, 2001) in verschiedenen Zeitschriften über mehrere Jahre hinweg austrug. Der Gegenstand, um den es ging, waren Belohnungen und

deren Effekt auf intrinsisch motiviertes Verhalten. Deci, Koestner und Ryan als Verfechter der sogenannten Korrumpierungsthese gehen davon aus, dass Belohnungen für ein Verhalten, das jemand aus freien Stücken zeigt (wie intrinsisch motiviertes Lesen oder Schreiben), die intrinsische Motivation vermindern. Cameron sieht das nicht so.

Der Grund, der bei der Korrumpierungsthese angeführt wird, ist der „Überveranlassungseffekt". Grob umrissen geht es dabei darum, dass man unsicher in punkto der internen und externen Handlungsveranlassung wird, wenn ein freiwilliges Verhalten zusätzlich einen weiteren Anreiz wie Schulnoten, Lob oder Antolin-Punkte erhält. Entfällt die Belohnung für das Lesen oder Schreiben wieder, fällt gemäß der Logik der Überveranlassung die Bereitschaft geringer aus, sich aus intrinsischer Motivation mit der Schriftsprache auseinanderzusetzen. Die extrinsischen Belohnungen unterhöhlen damit gewissermaßen die intrinsische Motivation. Die Debatten, die sich beide Lager lieferten, basierten auf statistischen Sekundärauswertungen (Metaanalysen) von experimentellen Studien. Dabei gelangen die Autoren zu sehr unterschiedlichen Einschätzungen, was aber insgesamt eher typisch für den untersuchten Gegenstandsbereich ist (Tang/Hall 1995). Mögen die einzelnen Metaanalysen auch zu anderen Ergebnissen kommen (die ganz besonders damit zusammenhängen, welche Studien berücksichtigt wurden und wie man die Effektstärken berechnet hat – hier werfen sich die Lager die meisten handwerklichen Fehler vor), so ergibt sich durchaus eine Schnittmenge:

▸ Relative Einigkeit besteht darin, dass positive verbale Rückmeldungen verschiedene Facetten der intrinsischen Motivation bzw. genauer: die mit der Aktivität verbrachte Zeit und das Interesse erhöhen (Cameron/Pierce 1994; Deci/Koestner/Ryan 1999; Tang/Hall 1995).

▸ Bei materieller Belohnung hatte nur eine im Vorfeld in Aussicht gestellte Prämierung mehr oder minder negative Effekte auf das Verhalten (Cameron/Pierce 1994; Deci/Koestner/Ryan 1999), insbesondere bei Aufgaben, die an sich interessant waren (Tang/Hall 1995) oder bei denen die Teilnehmer nicht das Maximum an Belohnung bekamen (ihnen also damit signalisiert wurde, ihre Leistung sei nicht optimal gewesen). Bei wenig interessanten Aufgaben hingegen gab es leichte Zuwächse (Tang/Hall 1995).

Diese Schnittmenge nebst einer gemischten Befundlage zum positiven oder negativen Ausmaß verschiedener materieller Belohnungen legen die Frage nahe, unter welchen Umständen extrinsische Anreize Gewinn oder Gefahr sind. Auch für das Lesen haben sich bislang gemischte Befunde dazu ergeben, ob Bücher als Belohnungen überhaupt einen Effekt auf die Lesemotivation von Grundschulkindern haben (Edmunds/Tancock 2002; Marinak/Gambrell 2008). Für das Schreiben ist das noch nicht ausgelotet. Aus den oben angeführten Studien lässt sich aber ableiten: Lob hingegen scheint für die intrinsische Motivation eher ein Motor statt eine Bremse zu sein (s. auch Kap. 4.1 und 4.2). Dabei ist eine bestimmte Form des Lobs förderlich für die intrinsische Motivation. Es handelt sich um jenes Lob, das

▸ Heranwachsende erstens als aufrichtig empfinden,
▸ sich zweitens auf Bereiche bezieht, die Heranwachsende kontrollieren können (z. B. die Anstrengung beim Lesen und Schreiben),

- drittens auf die selbstbestimmte Ausführung der Aktivität fokussiert,
- viertens positive Informationen über die Fähigkeiten der gelobten Person enthält, ohne sich dabei zugleich auf soziale Vergleiche zu beziehen, und
- fünftens Standards und Erwartungen transportiert, die die gelobte Person realistisch erreichen kann (Henderlong/Lepper 2002).

6.2.1 Auf welche Fragen und auf welchen Ebenen hilfreiche Rückmeldungen Antworten geben

Als besonders günstig fürs Lernen gilt die sogenannte „formative Rückmeldung". Das sind Informationen, die eine lernende Person mit der Absicht auf Seiten der Lehrkraft erhält, das Denken oder Verhalten zugunsten eines verbesserten Lernens zu erhöhen (Shute 2008). Die formative Rückmeldung zielt nicht auf ein Endergebnis ab (wie bei der Benotung in Tests), sondern erfolgt prozessnah. Solche Rückmeldungen dienen dazu, Diskrepanzen zwischen einem aktuellen Zustand und einem angestrebten Ziel zu überwinden (Hattie/Timperley 2007). Damit dies erfolgreich geschieht, antwortet eine Rückmeldung auf drei Fragen:

1. *Wohin soll ich gehen?* Die Antwort auf die Frage betrifft das Ziel bzw. die Ziele beim Lesen und Schreiben. Um die Marschrichtung klar zu bestimmen, bedarf es klarer Erfolgskriterien, z. B. Elemente, die in einen Text gehören.
2. *Wie erfolgreich bin ich vorgegangen?* Damit ist eine Information dazu gemeint, wie sehr die eigenen Anstrengungen beim Lesen und Schreiben schon zur Zielerreichung beigetragen haben.
3. *Was ist die nächste Station?* Dies bedeutet, dass ein Heranwachsender Informationen über die nächsten Schritte erhält, die ihm dabei helfen, das angestrebte Ziel zu erreichen.

Hattie und Timperley (2007) zufolge beziehen sich diese drei Fragen auf insgesamt vier Ebenen:

1. die *Aufgabe* (Wie gut hat jemand einen Text verstanden bzw. verfasst?, Bsp. Schreiben: „Dein Text ist für eine Argumentation noch nicht vollständig gelungen. Du brauchst noch mehr Gegenargumente, damit beide Seiten ausreichend zu Wort kommen"; Bsp. Lesen: „Du hast den Text teilweise verstanden. Die Gründe für den Aufstand sind dir präsent, woran es noch fehlt, sind die Konsequenzen"),
2. den *Prozess* (Welche Aktivitäten sind sinnvoll, um die Aufgabe zu bewältigen? Bsp. Schreiben: „Du kannst die Schreibstrategie verwenden, die wir im Unterricht zum Schuljahresbeginn gelernt haben. Versuch erst einmal, Gegenargumente zu finden und such dann aus der Liste die besten aus. Du kannst deine Banknachbarin fragen, welche Gegenargumente sie für die überzeugendsten hält"; Bsp. Lesen: „Lies bitte noch einmal die Seiten 154–156 genau, dort findest du sechs Folgen des Aufstands"),

3. die *Selbstregulation* (Wie kann man die Aktivitäten so steuern, dass sie bei der Zielerreichung helfen?, Bsp. Schreiben: „Ich bin mir sicher, dass du deinen Text noch viel besser hinbekommst. Streng dich an und lies den Text noch einmal, bevor du ihn abgibst. Überprüf am Ende noch einmal deinen Schluss, in welchem du die Argumente abwägst (du weißt ja, wie das geht). Möglicherweise hast du so starke Gegenargumente gefunden, dass du sogar noch deine Beurteilung änderst."; Bsp. Lesen: „Wenn du genau liest und dir die Gründe notierst, wirst du Erfolg haben. Überprüf für dich, warum es dir leichter gefallen ist, die Gründe zu finden") und
4. die *Person* (Welche positiven Effekte hat die Aufgabenbearbeitung für die Person bzw. wie beurteilt sie diese?, Bsp.: „Das hast du noch nicht so gut gemacht wie sonst.").

Auf den vier Ebenen der Rückmeldungen haben prozess- und selbstregulationsspezifische Feedbacks den größten Effekt, weil sie am ehesten auf die tiefe Verarbeitung und die eigenständige Bearbeitung fokussieren, statt sehr aufgabenspezifische bzw. sehr allgemeine Aspekte der lernenden Person zu adressieren (Hattie/Timperley 2007). Entsprechend sollten Sie Rückmeldungen zum Prozess und zur Selbstregulation den Vorrang geben. Dass informationsreiche, auf Verbesserung der Texte abzielende Rückmeldungen dabei zu helfen scheinen, sich im Schreiben tatsächlich zu verbessern, hat eine neuseeländische Studie demonstriert (s. folgenden Fokus; s. a. Graham et al. 2011).

Fokus: Die Macht der Rückmeldungen am Beispiel Schreiben
In einer neuseeländischen Studie konnte gezeigt werden, wie sehr Rückmeldungen beim Schreiben helfen können (Parr/Timperley 2010). Knapp fünf Dutzend Lehrkräfte und die von ihnen unterrichteten rund 400 Primarschulkinder nahmen an der Längsschnittuntersuchung mit Interventionscharakter im Rahmen eines Schuljahres teil. Im Zentrum des Interesses stand, wie sich die Rückmeldungen der Lehrkräfte a) innerhalb von neun Monaten veränderten und b) wie diese geänderten Rückmeldungen zu Texten mit den Veränderungen der Schreibleistungen korrespondierten. Dazu wurden die Schülertexte zum Schuljahresbeginn und -ende nach einem umfassenden Schema inhaltlich beurteilt. Zugleich wurde den Lehrkräften eine Vignette vorgelegt, in der eine Unterrichtssituation beschrieben wurde und ein Entwurf einer Schülerin beurteilt werden sollte, der in dem Unterricht entstanden war. Die konkrete Anweisung lautete, sich vorzustellen, im Rahmen der fiktiven Situation einen allgemeinen Kommentar an die Schülerin zu schreiben und zwei Hauptaspekte zu vertiefen, die der Schülerin dabei helfen, den Text zu verbessern.
In den neun Monaten verbesserten sich die Kinder sechs Mal stärker, als es laut nationalen Vergleichswerten üblich war. Auch die Kommentare der Lehrkräfte zu den Texten unterlagen einer massiven Veränderung. Im Vergleich der ersten und zweiten Messung verdoppelten

sich die expliziten Beurteilungen bzw. Hinweise, ob der beurteilte Text schon die erwünschte Leistung widerspiegelte. Zusätzlich verdoppelten sich in den Kommentaren der Lehrkräfte Hinweise auf die rhetorische Organisation der Ideen bzw. der Ideen im Text, also Tiefenmerkmale des Textes. Das wichtigste Ergebnis stammte aus einer Korrelationsanalyse. In ihr setzten die Forscherinnen den Zuwachs in der Qualität der Schülertexte ins Verhältnis zu den Lehrkraftkommentaren am Ende der Studie. Rein rechnerisch lässt sich die Hälfte der Unterschiede in den Verbesserungen auf ein qualitativ hochwertiges, informationsreiches Feedback der Lehrkraft zurückführen – ein schreibdidaktisch sehr ermutigender Befund.

6.2.2 Was man als Lehrkraft bei Rückmeldungen sonst noch beachten sollte

Formative Rückmeldungen sind mit ihren verschiedenen Ebenen und zu berücksichtigenden Fragen eine komplexe Angelegenheit. In jedem Falle setzen sie ein ausdrückliches Ziel beim Lesen oder Schreiben voraus und haben klare Kriterien, wann das Soll erfüllt ist. Ein paar abschließende Hinweise sollen dabei helfen, ein möglichst lernförderliches Feedback zu geben:

- *Geben Sie klare, spezifische Rückmeldungen* (statt allgemeiner Rückmeldungen) *mit einer deutlichen Botschaft.* Nur so wissen Heranwachsende ganz genau, wie sie das angestrebte Ziel erreichen können.
- *Halten Sie das Feedback sprachlich so simpel wie nötig, aber gestalten Sie es nicht unterkomplex.* Je nach Fähigkeitsgrad der Heranwachsenden helfen einfache Hinweise oder komplexere Rückmeldungen. Diese Rückmeldungen sollen sprachlich bewältigbar und nicht überladen sein.
- *Wenn Sie elaboriertes Feedback geben, tun sie es in handhabbaren Portionen.* Rückmeldungen sollen helfen, nicht verwirren, daher ist es mitunter hilfreich, schrittweise Rückmeldungen zu geben.
- *Geben Sie schriftliche Rückmeldungen.* Diese Form wirkt glaubwürdiger.
- *Erstatten Sie Rückmeldungen, nachdem Heranwachsende ein Problem zu lösen versucht haben.* Zwischendurch kann es als Störung empfunden werden.
- *Nutzen Sie unmittelbare bzw. verzögerte Rückmeldungen je nach Aufgabenschwierigkeit und -ziel.* Für schwierige Aufgaben sowie Aufgaben, in denen Fähigkeiten unmittelbar erworben werden, empfiehlt sich eine unmittelbare Rückmeldung. Sind die Aufgaben eher leicht oder soll ein Transfer hergestellt werden, ist ein zeitlich verzögertes Feedback sinnvoll.
- *Geben Sie besseren und schwächeren Schülerinnen und Schülern jeweils passendes Feedback.* Schwache Schülerinnen und Schüler profitieren von unmittelbaren, direktiven Rückmeldungen, die Sicherheit geben. Stärkere Schülerinnen und Schüler können von zeitlich verzögerten Rückmeldungen profitieren, die zudem anspruchsvoller sind, indem sie zu mehr Denken herausfordern (Quelle: nach Shute 2008).

ZUSAMMENFASSUNG

Rückmeldungen zum Umgang mit Texten stellen ein wichtiges Element zur Erhöhung von Motivation und Selbstregulation dar, wobei damit nicht Schulnoten oder Abschlussprüfungen gemeint sind. Günstiger sind prozessbegleitende (formative) Rückmeldungen mit dem Ziel, zwischen dem Ist- und dem Sollzustand klare Verbindungen zu zeigen. Rückmeldungen sollten entsprechend auf drei Fragen Antworten geben: a) Wie hat jemand anhand transparenter Kriterien eine Aufgabe bewältigt, b) welche Anstrengungen haben dabei geholfen, und c) was sind die nächsten Schritte? Rückmeldungen können die Aufgabe, die Prozesse der Aufgabenbearbeitung sowie – eng damit verbunden – der Selbstregulation und die Person betreffen. Im Licht der Befunde gilt Feedback zu Prozessen und der Selbstregulation als günstigste Variante. Oder anders: Aus motivationaler und Sicht des Lernens erscheint die Rückmeldung zur optimalen Ausgestaltung der weiteren Aufgabenbearbeitung besonders sinnvoll. Gute Rückmeldungen sind nicht notwendigerweise mit Lob gleichzusetzen. Vielmehr geht es um präzise Rückmeldungen, die auf die eigene Anstrengung der Schülerinnen und Schüler abzielen und deren Fähigkeitsniveau sowie Ziele der Lese- und Schreibaufgabe berücksichtigen.

6.3 Wie können positive Selbstwahrnehmungen gefördert werden?

In Kapitel 2.4 ging es schon um die Gemeinsamkeiten und Unterschiede von Selbstwirksamkeit und -konzept. Beide Konstrukte eint, dass sie sich auf individuelle Selbsteinschätzungen zum eigenen Leistungsvermögen (Kompetenzüberzeugungen) in einer Domäne wie dem Lesen oder Schreiben beziehen, die sich auf bisherige Erfahrungen mit Schriftlichkeit stützen. Im Falle der Selbstwirksamkeit sind diese Einschätzungen stark auf eine unmittelbar bevorstehende, konkrete und situativ gerahmte Aufgabe bezogen und rein kognitiver Natur („Ich kann diesen Text lesen"). Im Falle des Selbstkonzepts hat diese Selbsteinschätzung auch emotionale Qualität und ist stärker auf die Vergangenheit bezogen („Ich bin keine Person, die gut schreiben kann"; Bong/Skaalvik 2003).

6.3.1 Ansatzpunkte zur Erhöhung von Kompetenzüberzeugungen aus theoretischer Warte

Aus didaktischer Perspektive ist es von besonderem Interesse und besonderer Wichtigkeit, wie die Urteile über die wahrgenommene eigene Kompetenz zustande kommen und wo sich entsprechend Ansatzpunkte für die Förderung ergeben. Einen Überblick gibt Tabelle 20, aus der deutlich wird, dass es Parallelen bei den Einflussquellen gibt, was mit denen im Kapitel 2.4 beschriebenen konzeptionellen Gemeinsamkeiten der beiden Konstrukte Selbstwirksamkeit und -konzept korrespondiert. Zunächst gerät die Selbstwirksamkeit und ihre Förderung in den Blick, danach geht es um das Selbstkonzept. Bei alldem gilt: Da man begründet annimmt, dass Selbstwirksamkeit ein aktiver Vorläufer des Selbstkonzepts ist (Bong/Skaalvik 2003), kommt der Förderung von (tendenziell leichter zu beeinflussenden) Selbstwirksamkeitsüberzeugungen eine höhere Priorität zu.

	Selbstwirksamkeit	Selbstkonzept
Ähnliche Quellen	• Frühere Meisterschaftserfahrungen • Fremdbeurteilungen/Verstärkungen	• Frühere Meisterschaftserfahrungen • Fremdbeurteilungen/Verstärkungen
Unterschiedliche Quellen	• Wahrgenommene Erfahrungen von ähnlichen Personen mit vergleichbaren Aufgaben/stellvertretendes Erleben • Körperliche Reaktionen (physiologische Zustände und Emotionen)	• Vergleiche mit anderen • Kausalattributionen von (Miss-)Erfolgen

Tabelle 20: Einflussquellen des Selbstkonzepts und der Selbstwirksamkeit (Quelle: nach Bong/Skaalvik 2003 sowie Bandura 1997)

6.3.2 Quellen der Selbstwirksamkeit und Förderung der Erfolgszuversicht

Selbstwirksamkeit bildet eines der zentralen Elemente in der äußerst einflussreichen sozial-kognitiven Lerntheorie von Albert Bandura. Bandura (1997) hat nicht nur den Begriff Selbstwirksamkeit geprägt, sondern auch vier Quellen beschrieben:

1. Meisterschaftserfahrungen (= früherer (Miss-)Erfolg beim Lesen und Schreiben), die Bandura als stärkste Quelle ansieht,
2. stellvertretendes Erleben (= Beobachten von anderen beim Lesen und Schreiben gemäß dem Motto „Wenn er/sie das kann, kann ich es auch"),
3. Fremdbeurteilungen (= Er- bzw. Entmutigen in Bezug auf das eigene Lesen und Schreiben) und
4. körperliche Reaktionen (beschleunigter Puls, Angst, Erregung).

Auf den theoretischen Überlegungen Banduras bauen die Arbeiten von Ellen Usher und Frank Pajares auf, die nicht nur Instrumente zur Erfassung der vier Quellen der Selbstwirksamkeit entwickelt (Usher/Pajares 2006), sondern auch in einer eigenen Studie zum Schreiben (Pajares/Johnson/Usher 2007) sowie einer Metaanalyse für diverse Fächer wie Mathematik, aber auch das Schreiben (Usher/Pajares 2008) überprüft haben, wie eng Selbstwirksamkeit und ihre theoretisch postulierten Quellen korrespondieren. Hier sollen vor allem die Ergebnisse der Metaanalyse interessieren, nach denen das Erleben von Meisterschaft analog zu den theoretischen Vermutungen am stärksten mit Selbstwirksamkeitsüberzeugungen verknüpft ist. Die anderen drei Quellen korrelierten in quantitativen Studien hingegen nur moderat mit der Selbstwirksamkeit.

Das liegt auch auf der Hand, denn das Erleben der eigenen Leistungsfähigkeit ist die vermutlich authentischste Ursache, weil sie die unmittelbarste Quelle darstellt. Untereinander korrelieren Fremdbeurteilungen einerseits und körperliche Reaktionen andererseits ebenfalls sehr hoch mit dem Meisterschaftserleben. Anhand dieses Musters und trotz der rein korrelativen Befunde, die im Kern nicht beantworten, was Ursache und was Wirkung ist, lässt sich vermuten, dass das Meisterschaftserleben sich aus den sozialen Verstärkungen und günstigen emotionalen und körperlichen Zuständen speist.

Was heißt das nun konkret für die Förderung der lese- und schreibbezogenen Selbstwirksamkeit in der Schule? Pajares (2006) hat für die vier Quellen der Selbstwirksamkeit einen Katalog von Prinzipien formuliert, wie Lehrkräfte günstig Einfluss nehmen können. Eine Auswahl seiner Empfehlungen enthält die nachstehende Übersicht im Fokus.

Fokus: Meisterschaftserfahrungen ermöglichen (12)
1. Fokussieren Sie auf Verbesserung der Fähigkeiten durch echte Erfolgserlebnisse. Damit ist gemeint, dass Sie optimal herausfordernde Aufgaben stellen sollen, also Schreib- und Leseaufgaben, die weder zu leicht sind (weil dann der Erfolg zu leicht verdient ist) noch überfordern (also ein Erleben von Meisterschaft von vornherein erschweren bzw. gänzlich verunmöglichen).
2. Gehen Sie mit Misserfolgen produktiv um, sodass Heranwachsende hartnäckig bleiben. Nicht in allem, was wir tun, haben wir Erfolg: Texte misslingen uns oder wir verstehen sie nicht. Entscheidend ist, dass Personen dann produktiv mit Misserfolg umgehen und wissen, dass Anstrengungsbereitschaft auch und gerade nach Misserfolgen dabei hilft, sich zu verbessern, etwa indem man andere Strategien anwendet, z. B. Texte besser plant oder das bisher Verstandene eines Textes rekapituliert, wenn ein Text überfordert. Deshalb sollten Fehler als Lerngelegenheiten betrachtet werden, die auf dem Weg zur Meisterschaft unvermeidlich sind.

Positive Wahrnehmungen anderer (stellvertretendes Erleben) erlauben
3. Machen Sie vor, was die Heranwachsenden erlernen sollen. Die unter der Erwerbsperspektive von Selbstregulation angesprochenen vier Phasen (s. o., Kap. 5.4) beginnen mit dem Modellieren von Fähigkeiten durch eine Person, die zunächst einmal sichtbar und mit lautem Denken demonstriert, wie sie beim Lesen oder Schreiben vorgeht. Dazu zählen auch Äußerungen, mit denen Sie sich selbst ermuntern und Zuversicht in Ihre Fähigkeiten zum Ausdruck bringen („So eine ähnliche Aufgabe habe ich schon mal gemacht. Ich weiß noch, dass es mir damals geholfen hat, so und so vorzugehen").
4. Geben Sie Möglichkeiten, den produktiven Umgang mit Fehlern bei anderen zu beobachten. Der unter Punkt 2 bei den Meisterschaftserfahrungen erwähnte Umgang mit Fehlern bzw. Rückschlägen impliziert, dass Schülerinnen und Schüler es erleben müssen, dass es kein Problem ist, wenn man mal etwas falsch macht. Deshalb ist es günstig, wenn Sie mit offenen Karten spielen, wenn Ihnen ein Fehler passiert („Oh, da habe ich mich gerade vertan. Gut, dass mir das auffällt. Ich mache es jetzt so: ..."). Solche sichtbaren Demonstrationen können auch von Peers stammen, wichtig ist dabei aber auch, dass

der Mitschüler bzw. die Mitschülerin Einblicke in ihren Umgang mit Fehlern gewährt, statt sich zu immunisieren (s. Tabelle 4 in Kap. 2.4.4).

Günstige Fremdbeurteilungen/Verstärkungen in den Unterricht integrieren
5. Loben Sie Lobenswertes. Lob ist ein starker Anreiz zur Erledigung von Aufgaben, aber nur dann, wenn es ernst gemeint und angemessen ist (s. o., S. 169). Wenn also ein Kind bei einer schwierigen Aufgabe Erfolg hat, weil es sich angestrengt hat, ist Lob Ausdruck der Wertschätzung und Unterstützung. Lob für eine eilig und unmotiviert erledigte Aufgabe hingegen ist ein falsches Signal.
6. Loben Sie Anstrengung und Engagement, nicht die Fähigkeit selbst. Weil Motivation eigene Beiträge zu Schulleistungen über kognitive Fähigkeiten hinaus hat, ist es aus Sicht der Motivationsförderung sinnvoll, die Effekte der Motivation (Engagement, Hartnäckigkeit, besondere Anstrengung) zu loben. Statt also zu sagen „Du hast einen sehr guten Text geschrieben, weil du ein kluger Schüler bist" ist es besser, das Lob so zu formulieren: „Dein Text ist sehr gut geworden, und ich glaube, du hast dich dafür richtig ins Zeug gelegt." Dies verlagert den Fokus von den (eher stabilen) Fähigkeiten auf die Veränderungen durch Anstrengung.

Emotionale Reaktionen und ihre Folgen nicht vernachlässigen
7. Lassen Sie negative Emotionen zu Wort kommen. Wenn Heranwachsende Gefühle wie Hilflosigkeit, Angst oder regelrecht Paralyse empfinden (s. o., S. 136), behindert das die Auseinandersetzung mit der eigentlichen Aufgabe und damit auch den Erfolg. Deshalb ist es sinnvoll, Schülerinnen und Schüler, die solche Emotionen und damit verbundene körperliche Symptome wie Herzrasen oder Schweißausbrüche erleben, zu Wort kommen zu lassen und ihnen zu vermitteln, dass diese Symptome zuvorderst angegangen werden müssen. Dabei mag schon helfen, dass Heranwachsende bei Lehrkräften sehen, wie diese mit schwierigen Situationen umgehen und negative Emotionen mit Selbstbekräftigungen beeinflussen.
8. Identifizieren Sie Selbstbehinderungsstrategien. Wenn Heranwachsende das Lesen oder Schreiben abwerten (weil es langweilig sei oder nichts bringe) oder sich kaum ins Zeug legen, dann schützt sie das vor dem Erleben negativer Emotionen wie Scham (s. Kap. 5.5.3). Weitere Beispiele sind zu hoch gesteckte Ziele, die realistisch nicht zu erreichen sind und deren Nicht-Erreichen als ehrenhaftes Scheitern umgedeutet werden, oder das Aufschieben ungeliebter Tätigkeiten (sogenannte „Prokrastination"), bis sie unausweichlich sind und dann nachgewiesenermaßen mit Stress und geringerer Motivation einhergehen (Steel 2007). Solche letztlich dysfunktionalen Herangehensweisen sollten Sie mit Ihren Schülern identifizieren und zum Beispiel durch gezielte Strategieinstruktion eindämmen.

(Quelle: nach Pajares 2006, bis auf den dritten Punkt auf S. 175)

6.3.3 Quellen des Selbstkonzepts und Förderung eines stabilen Selbstbildes

Wie Sie in Tabelle 20 (s. Seite 174) gesehen haben, gibt es ähnliche und unterschiedliche Quellen der Kompetenzüberzeugungen. Eine Schnittmenge für die Genese von Selbstwirksamkeit und -konzept bilden die (Miss-)Erfolgserlebnisse und sozialen Bekräftigungen, auf die Kapitel 6.3.2 schon eingegangen ist. An dieser Stelle sollen andere Akzente gesetzt werden, indem es um Selbstkonzeptspezifische Förderansätze geht.

In einer Metaanalyse zu schulischen Interventionen zur Erhöhung des Selbstkonzepts erwiesen sich folgende drei Maßnahmen als förderlich: erstens das Üben von Aufgaben oder angepasste Aufgaben, welche(s) Meisterschaftserfahrungen möglich macht, zweitens die soziale Verstärkung durch gezielte Beratung sowie drittens kooperative Lernformate und soziale Unterstützung als Form der positiven Bekräftigung (O'Mara/Marsh/Craven/Debus 2006). Den höchsten Effekt hatte jedoch das Lob, und zwar eine bestimmte Form: dasjenige, welches sich auf Attributionen bezieht, die wiederum eine eigene Quelle des Selbstkonzepts bilden. Auch das positive Feedback zu erreichten Zielen hat sich in der Metaanalyse als überlegen herausgestellt. Demnach ist es günstig, wenn Sie Heranwachsenden versichern und jene zudem erleben, dass sie ihre Ziele aus eigener Kraft erreichen können. Wichtig ist also wie bei der Förderung der Selbstwirksamkeit, dass die Anstrengungsbereitschaft und ihre Folgen im Zentrum stehen (s. auch Kap. 6.2.1).

Eine weitere Quelle bilden *Vergleiche mit anderen* (Marsh 2006). Hier besteht eine Besonderheit darin, dass bei der Selbstwirksamkeit das Beobachten anderer wichtig ist, während beim Selbstkonzept eher entscheidend ist, als wie fähig die anderen Personen wahrgenommen werden. Besser lesende oder schreibende Klassenmitglieder oder Freunde führen dazu, dass die eigene Einschätzung der Lese- bzw. Schreibfähigkeiten nach unten angepasst wird. Sind andere Personen schlechtere Leser als man selbst, hat dies positive Folgen für das Selbstkonzept. Damit ist also die sozial bedingte Relativität des Selbstkonzepts angesprochen, die insbesondere durch eine starke Wettbewerbsorientierung im Unterricht Nahrung erhält. Wenn jemand immer wieder durch solche Maßnahmen wie das öffentliche Beurteilen das Signal erhält, er oder sie lese bzw. schreibe unterdurchschnittlich, wird er oder sie sein Vertrauen in die eigenen Fähigkeiten verlieren. Deshalb sollten Sie derlei vermeiden.

> ZUSAMMENFASSUNG
>
> Wegen ihrer konzeptionellen Ähnlichkeit in Form der Einschätzung des eigenen Leistungsvermögens liegt es nahe, dass die Förderung von lese- bzw. schreibbezogener Selbstwirksamkeit und dem Selbstkonzept ähnlich erfolgen kann. Zwei Quellen sind aus theoretischer und empirischer Sicht besonders hervorzuheben: zum einen Meisterschaftserfahrungen, also das Gefühl, Lese- und Schreibaufgaben beherrschen zu können und aus eigener Kraft erfolgreich zu bewältigen (was wiederum herausfordernde, sorgfältig in ihrer Schwierigkeit tarierte Aufgaben voraussetzt), und zum anderen positive soziale Bestärkung in Form von Ermunterungen und Lob. Das Lob sollten Sie auf die Anstrengung beziehen, nicht auf die Fähigkeiten. Zugleich helfen positive Rollenmodelle dabei, Zuversicht im Umgang mit Schriftsprache zu erwerben. Im Falle der Unterstützung des Selbstkonzepts ist noch zu erwähnen, dass es bedingt durch soziale Vergleiche mit anderen nach oben oder unten korrigiert wird. Eine starke Wettbewerbsbetonung bzw. Betonung von Unterschieden ist demnach für jene Heranwachsenden mit relativ geringem Selbstkonzept alles andere als günstig.

6.4 Wie hilft kooperatives Lernen?

Heranwachsende verbringen den Großteil ihres Tages mit ihresgleichen. Untereinander sind sie prinzipiell gleichberechtigt und handeln ihre vielfältigen Beziehungen aus. Wegen dieser Gleichrangigkeit werden die Freundinnen und Freunde, die Cliquenmitglieder, aber auch die Mitschülerinnen und Mitschüler von Kindern und Jugendlichen als „Peers" bezeichnet. Dieser Begriff bezeichnete ursprünglich Mitglieder des britischen Parlaments, die untereinander ebenbürtig waren.

Aus der Leseforschung wissen wir, dass ein lesefreundlicher Freundeskreis in positivem Zusammenhang zur intrinsischen Lesemotivation steht (Klauda/Wigfield 2012; Philipp 2010; Wigfield/Cambria/Ho 2012) und dass das Lesen, um sich mit Freunden darüber auszutauschen bzw. um im Wettbewerb mit Klassenmitgliedern Erfolg zu haben, jeweils eigene Dimensionen der extrinsischen Lesemotivation bildet (s. o., Kap. 2.4 und 3.4.1). Doch nicht nur im außerschulischen Kontext, sondern auch im Unterricht bilden Peers eine wertvolle Ressource der Motivation. So gibt es mehr und mehr Hinweise darauf, dass die gemeinsame Arbeit von Heranwachsenden ein positives Selbstkonzept stabilisieren kann (Ginsburg-Block/Rohrbeck/Fantuzzo 2006; Rosebrock/Rieckmann/Nix/Gold 2010).

Doch was ist eigentlich kooperatives Lernen? Allgemein lässt sich sagen, dass kooperatives Lernen eine Organisationsform des Unterrichts darstellt, die sich von anderen Varianten unterscheidet (s. Tabelle 21, rechts). Aus der Gegenüberstellung in der Tabelle geht hervor, dass die kooperativen Lernformen sich stark von den auf Wettbewerb oder nur auf Einzelleistungen abzielenden Varianten der Unterrichtsinszenierung abheben. Wer beim kooperativen Lernen die Ziele erreichen will, ist von der Gruppe bzw. einem Tandempartner abhängig. Entsprechend wird die Verantwortung geteilt, es bedarf gemeinsamer Interaktionen und als Basis dafür entsprechender sozialer Fertigkeiten. Das bedeutet, dass kooperatives Lernen einerseits aus lese- und schreibmotivationaler Sicht ein günstiger Ansatz ist, es zugleich aber aus unterrichtsmethodischer Sicht kein Selbstgänger ist, sondern einige Voraussetzungen hat (s. dazu Kap. 6.4.3), die sich auch aus der Tabelle 21 ergeben: Lernarrangements, in denen Heranwachsende nur gruppiert werden, um ohne gemeinsame Interaktionen für sich Aufgaben bearbeiten, oder die soziale Spielregeln nicht beherrschen, mögen auf den ersten Blick wie kooperatives Lernen aussehen, sind es im Kern aber nicht.

Unterscheidungsdimension	kooperativ	kompetitiv	individualistisch
Verantwortlichkeit für Lernen	Individuum und Gruppe	Individuum	
Wechselseitiger Bezug der Schülerinnen und Schüler	positiv	negativ	keiner
Interaktionen	miteinander	gegeneinander	keine
Notwendigkeit sozialer Fertigkeiten	notwendig	nicht notwendig	

Tabelle 21: Drei Organisationsformen von Unterricht und ihre Merkmale (Quelle: nach Borsch 2010, S. 18, basierend auf Johnson/Johnson 1999)

6.4.1 Weshalb sich kooperatives Lernen auszahlt

Dass sich echte Kooperation in Leistungssituationen und der Schule generell auszahlt, verdeutlicht eine äußerst umfassende Metaanalyse von 750 Einzelstudien aus knapp hundert Jahren (Johnson 2003). In ihr ging es unter anderem darum, wie die Leistungen der Studienteilnehmer ausfielen, wenn sie bei der Aufgabenlösung entweder mit anderen zusammenarbeiten und die Leistungen anhand der Gruppenergebnisse belohnt wurden (kooperatives Verhalten), gegen andere konkurrierten (kompetitives Verhalten) oder unabhängig von der Leistung der anderen beurteilt wurden (individualistisches Verhalten). Das Ergebnis: Kooperierende Studienteilnehmer verbrachten zum einen mehr Zeit mit der Aufgabenlösung als konkurrierende bzw. unabhängig voneinander arbeitende Personen. Zum anderen zeigten sie die höchste Arbeitsqualität und die positivsten Einstellungen zur Aufgabe.

Diese Befunde stehen im Einklang mit weiteren Metaanalysen, die sich zentral oder am Rand dem kooperativen Lernen widmeten. Ermutigend sind die metaanalytischen Befunde, denen zufolge

- die Zusammenarbeit mit Peers die Lesemotivation und das Leseverstehen erhöhen (Guthrie/Humenick 2004);
- reziprokes und explizites Lehren von Lesestrategien in Kleingruppen das Leseverständnis gerade schwächerer Schülerinnen und Schüler verbessert (Edmonds et al. 2009; Rosenshine/Meister 1994);
- das gemeinsame Planen und das Überarbeiten von Texten mit Peer-Feedback in längere und qualitativ hochwertigere Texte mündet (Graham/Perin 2007);
- insbesondere die Arbeit in strukturierten Dyaden den höchsten Effekt hat (Slavin 1995), wenn sie noch genügend kognitive Autonomie zulässt (s. Kap. 6.5.2);
- solche Kinder vom kooperativen Lernen profitieren können, die aufgrund ihrer soziodemografischen Daten (geringes Einkommen der Eltern, Migrationshintergrund) als Risikogruppe gelten (Ginsburg-Block et al. 2006; Rohrbeck et al. 2003).

Es gibt also auf breiter empirischer Basis Hinweise darauf, dass sich kooperatives Lernen bei Schulleistungen und der Motivation auszahlt, und zwar gerade bei denjenigen, die am stärksten auf schulische Interventionen angewiesen sind. Dieses Befundmuster ist aus didaktischer Sicht ein ermutigendes Signal, kooperatives Lernen systematisch im Unterricht zu verankern.

6.4.2 Vier Formen von kooperativem Lernen

Das Lernen mit Peers in kooperativen Settings kennt viele Arten, und es konkurrieren verschiedene, nicht immer trennscharfe Bezeichnungen, zum Beispiel „kooperatives Lernen" oder „Peer-Assisted Learning". Sie alle eint, dass das Lernen mit Unterstützung der Peers erfolgt. Keith Topping und Stewart Ehly (1998) haben eine Systematisierung von Varianten des Lernens mit Peer-Unterstützung vorgenommen. Für die Zwecke dieses Buchs erscheinen vier Formen besonders erwähnenswert:

- Im Falle des *Peer-Modeling* dient jemand als Modell, das ein erstrebenswertes Verhalten im Lesen und Schreiben demonstriert, damit die Mitglieder einer Gruppe oder eine andere Person in einem Tandem das Verhalten imitieren. Das beobachtete Modell muss dabei nicht zwangsläufig anwesend sein, sondern kann auch gefilmt worden sein (s. dazu unten mehr). Wenn das der Fall ist, liegt das quer zur Definition von kooperativem Lernen aus Tabelle 21, die davon ausgeht, dass die anderen Schülerinnen und Schüler vor Ort sind.
- Das *Peer-Tutoring* ist durch einen Rollenwechsel gekennzeichnet. Dabei hat eine Person zu einem Zeitpunkt die Rolle des ‚Lehrenden' bzw. Tutors inne, während die andere oder die anderen als ‚Lernende' resp. Tutanden agieren.
- Beim *Peer-Monitoring* überwachen Peers einander dabei, ob der bzw. die Partner ein angemessenes und effektives Verhalten zeigen.
- Das *Peer-Assessment* beinhaltet, dass die Leistungen oder Produkte von anderen Peers bewertet werden.

Man kann auch sagen, dass Peer-Modeling und Peer-Tutoring einerseits und Peer-Monitoring und -Assessment andererseits sich ähneln. Zunächst zum Modellieren und dem Rollenwechsel als Tutor und Tutand. Die Gemeinsamkeit besteht darin, dass eine Schülerin oder ein Schüler ganz im Sinne des Erwerbs von Selbstregulation (s. o., Kap. 5.4) zunächst ausreichend Gelegenheit hat, ein Mitglied aus der Klasse beobachten zu können. Im Falle des Tutorings gibt es dabei Wechsel zwischen Beobachter und beobachteter Person. Das Peer-Monitoring und -Assessment ähneln sich, weil es in beiden um Beurteilung geht. Im Falle des Monitoring geht es um die Einhaltung einer Prozedur, zum Beispiel der einzelnen Schritte eines Schreibstrategiebündels. Dabei interveniert die beobachtende Person dann, wenn es zu einer Fehlanwendung kommt. Dem Peer-Assessment fehlt diese direkte Intervention, denn beurteilt wird das Produkt einer Beschäftigung mit Schriftsprache, nicht der Prozess.

Häufig werden verschiedene Formen des kooperativen Lernens kombiniert. Zum Beispiel werden im reziproken Lehren – einem Ansatz, in dem Kleingruppen mit wechselnden Rollen vier Lesestrategien üben (Palincsar/Brown 1984, s. Kasten) – das Modellieren, das Tutoring und das Monitoring verquickt. Was jedoch auffällt, ist, dass jener Peer, der etwas modelliert, überwacht oder beurteilt, über ein Minimum von Wissensbestände verfügen muss, damit der jeweils andere Peer davon profitiert. Häufig kombiniert man in instruktionalen Ansätzen daher einen leistungsstärkeren und einen leistungsschwächeren Schüler. Eine weitere didaktische „Reißleine" besteht darin, dass man die Lese- und Schreibprozedur stark vorstrukturiert, sodass gerade schwachen Schülerinnen und Schülern klar ist, wie sie vorgehen sollen (Philipp 2012a). Wie sich die verschiedenen Arten von kooperativem Lernen konkret beim Lesen und Schreiben zeigen, zeigt der nachstehende Kasten.

Beispiele für kooperatives Lernen bzw. Lernen mit Peer-Unterstützung

a) Peer-Modeling: andere beim Schreiben beobachten
Lernmodelle sind zentral für den Erwerb selbstregulierten Lesens und Schreibens. Solche Modelle zu beobachten gilt nach den Ausführungen des Kapitels 5.4 als die erste Stufe des Erwerbs. Die Lese- und Schreibmodelle müssen nicht unbedingt immer Erwachsene sein, im Gegenteil. Es ist schon seit vergleichsweise langer Zeit bekannt, dass Peers ebenfalls geeignete Modellpersonen sein können (Schunk 1987). Das konnten einige Studien aus den Niederlanden zeigen, von denen zwei nun exemplarisch vorgestellt werden (Braaksma/Rijlaarsdam/van den Bergh/van Hout-Wolters 2004, 2006).
In beiden Studien haben Schülerinnen und Schüler achter bzw. neunter Klassen etwa gleich alte Jugendliche beobachtet, die beim Schreiben von argumentativen Aufsätzen gefilmt wurden. Die beobachteten Modelle unterschieden sich darin, dass sie entweder die Aufgabe (eine

Argumentation anhand einer vorstrukturierten Argumentationskette bzw. -hierarchie verfassen) gut lösten oder aber nicht. Das Erkenntnisinteresse der beiden Studien unterschied sich. In der Studie aus dem Jahr 2006 interessierten sich die Forscher dafür, welche kognitiven Prozesse in den Jugendlichen während des Beobachtens abliefen; in der Untersuchung aus dem Jahr 2004 betrachteten die Forscher Veränderungen im Schreibprozess nach Beobachtungen.

Zunächst zu den *Prozessen* während der Beobachtungen: In der 2006 erschienenen Studie sahen Neuntklässler zunächst anderen Jugendlichen zu, wobei sie die Aufmerksamkeit entweder auf die bessere oder die schwächere Modellperson richten sollten. Dabei dachten die Jugendlichen während des Beobachtens laut, konnten Notizen anfertigen und wurden ihrerseits von den Forschern beobachtet und im Anschluss interviewt. Die Analysen zeigten, dass die Jugendlichen die Aufgaben analysierten, mögliche Lösungen formulierten, die beiden Modellpersonen miteinander verglichen, die Texte hinsichtlich ihrer Kohärenz kommentierten und das Vorgehen der beobachteten Personen mit dem eigenen Schreiben zueinander ins Verhältnis setzten. Mit anderen Worten: Die Beobachter waren alles andere als passiv, sondern engagierten sich kognitiv sehr stark.

Wie sich dieses Engagement in eigenen *Texten* und dem *Schreibprozess* niederschlägt, unterstreicht die Studie aus dem Jahr 2004. Wieder beobachteten Jugendliche, dieses Mal aus der achten Klasse, bessere und schwächere Modelle, und beurteilten deren Vorgehen. Eine Gruppe konzentrierte sich auf die bessere Modellperson, eine andere auf das schwächere Peer-Modell. Eine dritte (Kontroll-)Gruppe bekam keine Peer-Modelle zu Gesicht, sondern bearbeitete Schreibaufgaben. Alle drei Gruppen schrieben selbst auch noch Texte, wobei sie laut dachten. Diese verbalen Äußerungen wurden analysiert und kategorisiert. Das wichtigste Ergebnis betraf den Schreibprozess. In ihm definierten die Jugendlichen aus den Beobachtungsgruppen stärker die Aufgabe, analysierten die gestellte Aufgabe mehr, planten bewusster, lasen den bisher verfassten Text mehr und überwachten gerade zum Ende hin ihr Vorgehen stärker. Dabei gab es auch Unterschiede: Jugendliche, die sich in der Beobachtung auf ein schwächeres Modell konzentrierten, planten stärker ihre Schritte während des Prozesses, während Jugendliche, die stärkere Modelle beobachteten, dem Ergebnis und der Überwachung der Aufgabenbearbeitung stärker Aufmerksamkeit schenkten.

Beide Studien unterstreichen damit, dass Beobachten kein passiver Akt ist, sondern sich Beobachter aktiv damit auseinandersetzen, was sie sehen. Nach nur wenigen Beobachtungen zeigte sich, dass Heranwachsende stärker auf den Schreibprozess und die Einhaltung günstiger Aufgabenbearbeitung sowie zum Teil auch das Textprodukt achten. Das Besondere bei diesen Befunden ist, dass all dies ohne didaktische Interventionen von Lehrkräften geschah.

b) Peer-Tutoring und Peer-Monitoring: das Beispiel „reziprokes Lehren" von vier Lesestrategien

Das reziproke Lehren, also wechselseitiges Lehren, wurde in seiner bekanntesten Form, nämlich der gegenseitigen Instruktion von vier Lesestrategien in heterogenen Kleingruppen à 4–6

Personen, von Annemarie Palincsar und Ann Brown (1984) entwickelt. Bei den vier Lesestrategien handelt es sich erstens um das *Zusammenfassen* von Textabschnitten, zweitens um das *Fragenstellen*, und zwar gleichermaßen solche, für deren Antwort man nur einen Textabschnitt zu lesen braucht, und solche, bei denen man mehrere Textabschnitte verknüpfen muss, drittens das *Klären* von unbekannten Wörtern und Sätzen (über gegenseitiges Erklären, nochmalige Lektüre, Erschließen der Bedeutung aus dem Kontext oder durch Lexika) und viertens das *Vorhersagen* des weiteren Textinhalts.

Richtig angewendet, fungiert jeweils ein Mitglied der Gruppe wie ein ‚Lehrer'. Dieser Schüler bzw. diese Schülerin fordert einzelne Gruppenmitglieder auf, eine der vier Strategien anzuwenden. Der jeweilige ‚Lehrer' entscheidet autonom, wer eine Strategie anwenden soll und welche Reihenfolge bei den Strategien ihm am sinnvollsten erscheint. Der ‚Lehrer-Schüler' hakt nach, wenn ihm der Strategieeinsatz nicht optimal erscheint. Am Ende eines Zyklus bestimmt der ‚Lehrer-Schüler', wer als Nächster seine Aufgabe übernimmt. In dem Rollenwechsel zeigt sich, was typisch für das Peer-Tutoring ist, zudem ist der ‚Lehrer-Schüler' immer gefragt, die Anwendung der Strategien zu überwachen (Peer-Monitoring). Für diejenigen aus der Gruppe, die nicht selbst an der Reihe sind, offeriert das Beobachten eigene Lerngelegenheiten im Sinne des Peer-Modeling.

c) Peer-Assessment: Rückmeldungen zu Texten geben

Erfolg versprechen Ansätze zur Verbesserung des Textverstehens bzw. der -produktion, wenn sie in kooperativen Arrangements die Fähigkeit schulen, auf Texte von anderen Klassenmitgliedern Rückmeldung zu geben bzw. erhaltene Rückmeldungen zur Überarbeitung zu nutzen. Ein solcher Ansatz mit vier Schritten stammt aus den USA (MacArthur/Schwartz/Graham 1991). In einem ersten Schritt liest der Schüler, der den Text geschrieben hat (Autor), seinen Text dem Schüler vor, der ihn überprüfen wird (hier ‚Redakteur' genannt). Das geschieht deshalb, damit der Redakteur nicht an der Handschrift des Autors scheitert. Der Redakteur teilt dem Autor nach dem lauten Lesen im zweiten Schritt mit, worum es im Text geht. Das dient dazu, dass der Redakteur ganz gezielt seine Aufmerksamkeit auf den Textinhalt richtet. Der Redakteur soll aber nicht nur den Inhalt präsent haben, sondern auch sagen, was ihm am besten gefallen hat. Dies hat den Zweck, nicht sofort mit Kritik zu beginnen. Nach dem lauten Lesen liest der Redakteur den Text im dritten Schritt für sich allein und prüft die Verständlichkeit des Textes und ob Inhalte fehlen oder überflüssig erscheinen. Entsprechende Stellen markiert der Redakteur. Im vierten Schritt treffen sich Redakteur und Autor und diskutieren über die Änderungsvorschläge. Der Redakteur gibt so konkrete Anweisungen wie möglich, und der Autor kann gezielt nachfragen. Danach überarbeitet der Autor seinen Text und nutzt dafür jene Vorschläge des Redakteurs, die ihm sinnvoll erscheinen.

In dem Beispiel ist schon angedeutet, dass der Vorgang der Textbeurteilung stark vorstrukturiert ist. Das hat damit zu tun, dass sich dieser Ansatz an Kinder mit Lernschwierigkeiten richtet. Aber auch aus motivationaler Perspektive ist der Ansatz für den Autor bemerkenswert. So beginnt die Rückmeldung mit einer Verständnissicherung und Lob, und die Überarbei-

> tungsvorschläge sind nur Vorschläge. Der Autor kann also frei entscheiden, was er übernimmt. Und auch der Redakteur profitiert. Denn aktuelle Studien zeigen, dass die Redakteure das, was sie anderen empfehlen, selbst verstärkt bei ihren eigenen Texten anwenden (Crinon/Marin 2010).

6.4.3 Worauf Lehrkräfte beim kooperativen Lernen achten sollten

Damit kooperatives Lernen sein Potenzial voll ausschöpft, ist es notwendig, einige grundsätzliche Bedingungen zu beachten. Drei solcher Bedingungen behandelt dieses Teilkapitel. Es geht um die Gruppierungsprinzipien, die Notwendigkeit vorbereitender Sozialtrainings und die Anforderungen, die kooperatives Lernen bei der Implementierung und Begleitung des kooperativen Lernens an Lehrkräfte stellt.

Nach welchem Prinzip sollen kooperierende Peers gruppiert werden?

Es gibt verschiedene Prinzipien, nach denen man Schülerinnen und Schüler in kooperativen Lernarrangements zusammenstellt. Drei sollen hier betrachtet werden: die Größe der Gruppe, die Frage der Leistungsfähigkeit der Mitglieder und die Zusammensetzung nach Geschlecht.

- *Größe der Gruppe:* Aus Sicht der Empirie sind insbesondere die beiden Metaanalysen vom Forschungsteam rund um Yiping Lou zu nennen. In der ersten Analyse erwiesen sich Gruppierungen von drei bis vier Schülerinnen als die günstigste Variante, gefolgt von Dyaden (Lou/Abrami/Spence/Poulsen/Chambers/d'Apollonia 1996). In der zweiten Metaanalyse ergaben sich keine Unterschiede nach Fähigkeitszusammensetzung der Gruppen bzw. Dyaden für die individuellen Leistungen. Dafür erwiesen sich Paar-Konstellationen als etwas erfolgreicher gegenüber Kleingruppen mit drei bis fünf Personen (Lou/Abrami/d'Apollonia 2001).
- *Leistungshomogene vs. -heterogene Gruppen:* Unter der Perspektive der Leistungsheterogenität bzw. -homogenität ist bemerkenswert, dass die Befunde fürs Lesen laut Lou et al. (1996) dafür sprechen, leistungshomogene Gruppen zu bilden. Von solchen Gruppierungen ähnlich leistungsstarker Mitglieder profitieren *durchschnittlich* leistungsfähige Schülerinnen und Schüler. Bei *schwächeren* Schülerinnen und Schülern scheint etwas anderes zu gelten. Für diese Gruppe ist es wirksamer, wenn sie mit besseren Klassenkameraden in Gruppen zusammenarbeiten. Für die *leistungsstärksten* Schülerinnen und Schüler ergaben sich hingegen keine eindeutigen Muster, ob sie von leistungsähnlichen oder -gemischten Gruppen profitierten. Eine andere Metaanalyse kam zu dem Schluss, dass sehr leistungsstarke Schülerinnen und Schüler beim kooperativen Lernen mehr lernen, wenn die anderen Gruppenmitglieder ähnlich leistungsfähig sind (Neber/Finsterwald/Urban 2001).

Bezogen auf den Befund von Lou et al. (1996), nach dem es sich für schwache Schülerinnen und Schüler empfiehlt, leistungsgemischte Gruppen zusammenzustellen, besteht die Problematik der Heterogenität und ihrer Folgen. So können Statusunterschiede zwischen Gruppenmitgliedern (etwa in der Zuschreibung, wer wie schulisch leistungsfähig ist) zu unterschiedlich reger Teilnahme der Gruppenmitglieder führen, gerade wenn es um offenere Aufgaben geht. Schülerinnen und Schüler, die als leistungsfähiger gelten, übernehmen dann das Heft, während schwächere weniger zu Wort kommen (können). Ein Ausweg, dieses Statusgefälle aufzubrechen und ergiebigere Gruppeninteraktionen zu evozieren, besteht darin, den Schülerinnen und Schülern zu verdeutlichen, dass viele unterschiedliche Fähigkeiten aller Beteiligten benötigt werden (Cohen 1994).

▸ *Gleich- oder gemischtgeschlechtliche Gruppen:* In zwei weiteren Metaanalysen zum kooperativen Lernen fanden sich Hinweise dafür, dass gleichgeschlechtliche Gruppen unter Primarschulkindern bessere Leistungen erzielten (Ginsburg-Block et al. 2006; Rohrbeck et al. 2003).

Hinsichtlich der Gruppierung lassen sich trotz vieler Studien kaum allgemeine Prinzipien ableiten. Nach dem derzeitigen Kenntnisstand ist es günstig, gleichgeschlechtliche Gruppen mit drei bis fünf Mitgliedern oder Dyaden zu bilden. Nach dem Fähigkeitslevel als Zusammenstellungsprinzip spricht einiges für leistungsheterogene Gruppen oder Dyaden, wenn man schwächere Schülerinnen und Schüler fördern will. Durchschnittlich und überdurchschnittliche Schülerinnen und Schüler scheinen hingegen mehr auf Gruppierungen mit ihresgleichen anzusprechen. Das bedeutet – ausgedrückt als *erstes Prinzip* –, dass unter anderem die Frage, wer gefördert werden soll, den Ausschlag über die Gruppierung gibt.

Bedarf es einer Vorbereitung durch Sozialtrainings?

Da kooperatives Lernen kein Selbstgänger ist, stellt sich die Frage, wie man es optimal einführen kann. Hierfür ist der Forschungsüberblick von Robyn Gillies (2003) fruchtbar. Sie betrachtet einige ihrer eigenen Studien mit verschiedenen Altersgruppen, in denen zwei Gruppen von Schülern miteinander verglichen wurden. Die Experimentalgruppen hatten ein umfassendes Training absolviert, nachdem ihre Lehrkräfte von den Forschern darauf vorbereitet worden waren. Sie lernten, aktiv zuzuhören, konstruktive Rückmeldungen zu Ideen und Vorschlägen zu geben, sich in die Gruppe einzubringen, Ideen zu teilen, die Perspektive der anderen einzunehmen und den Gruppenfortschritt zu überwachen. Die Kontrollgruppen erhielten ein solches Training nicht. Die Ergebnisse sprechen dafür, dass die gesondert präparierten Experimentalgruppen länger an den Aufgaben arbeiteten, ein kooperativeres Verhalten an den Tag legten, mehr Erklärungen gaben und außerdem mehr lernten. In einer anderen Studie zeigte sich zusätzlich, dass solche Gruppenmitglieder besser darin waren, auf Verlangen etwas zu erklären, die zuvor ein vorbereitendes Training zum kooperativen Lernen erhalten hatten (Terwel/Gillies/van den Eeden/Hoek 2001). Aus der Forschung lässt sich damit als *zweites Prinzip* ableiten, dass es sinnvoll ist, die Klassen mit vorausgehenden Trainings zu erwünschten sozialen und aufgabenbezogenen Verhaltensweisen auf das kooperative Lernen vorzubereiten. Dabei können auch explizite Spielregeln für den Umgang miteinander helfen (s. Fokus).

Fokus: Sieben Spielregeln für Rückmeldungen von Peers zu Texten (13)
Wer seinen Text öffentlich macht und von einem Mitschüler oder einer Mitschülerin beurteilen lässt, macht sich angreifbar. Zugleich müssen solche Rückmeldungen stark strukturiert sein. Das mag erklären, warum die Jugendlichen in der Studie von Rebecca Lipstein und Ann Renninger (2007b) in den ersten drei Phasen des Schreibinteresses* entweder überfordert waren (Phase 1), wenig interagierten (Phase 2) oder aber den Fokus auf Sprachformalia als wenig hilfreich empfanden (Phase 3; s. Tabelle 11 auf S. 80 f.). Damit Peer-Rückmeldungen zu Texten wirklich das Potenzial entfalten, das in ihnen steckt, und zugleich auf die Bedürfnisse von Lernenden Rücksicht nehmen, braucht es zum einen klar definierte Kriterien wie zum Beispiel das Vorhandensein von Pro- und Kontra-Argumenten bei einem argumentativen Text. Zum anderen sind soziale Spielregeln nötig, um eine positiv getönte Interaktion zu gewährleisten:

1. Betone zuerst das Positive. Was magst du an dem Text?
2. Deine Kommentare sind *Vorschläge*. Der Autor entscheidet, was er an seinem Text ändert und wie er es tut.
3. Das Ziel des Überprüfens ist, den Text des Autors zu verbessern, nicht kritisch oder wertend zu sein. Der Autor und der Redakteur arbeiten zusammen, damit sie den bestmöglichen Text produzieren.
4. Der Redakteur sollte Fragen stellen, die dem Autor dabei helfen, mehr über das Thema nachzudenken und zu berücksichtigen, was für den Leser noch von Interesse sein könnte.
5. Der Redakteur hilft dem Autor wo nötig. Wenn der Autor Hilfe beim Schreiben eines bestimmten Teils oder einer Formulierung braucht, sollte der Redakteur Hilfe geben.
6. Der Redakteur sollte bedenken, dass es verschiedene Arten gibt, etwas beim Schreiben zu tun. Fragen zu stellen, ist ein Schlüssel für gutes Schreiben und Überarbeiten.
7. Reparier nichts, was nicht kaputt ist. Wenn ein Text gut ist, muss man ihn nicht kritisieren. Versuch nicht, dem Autor deine Ideen aufzuzwingen

(Quelle der sieben Regeln: Hallenbeck 1995).

Wie kann die Implementierung von kooperativem Lernen gelingen?

Im Modell des Erwerbs von Selbstregulation aus Kapitel 5.4 bilden die ersten Phasen das Fundament für den Erfolg des Lernens. Das bedeutet, dass der Implementierung ganz besonders große Bedeutung zukommt, da Lehrkräfte viele Aspekte berücksichtigen müssen. Dazu zählen ein bedachtes Modellieren, das Flankieren der kooperativen Arrangements über Monitoring, Fragen und Rückmeldungen und das bedachte Eingreifen, dem eine Diagnose zwingend vorauseilt (s. Fokus).

Fokus: Was Lehrkräfte tun, um kooperatives Lernen günstig zu gestalten (14)
Wie bedeutsam das Modellieren ist, verdeutlicht eine Studie, in der fünf Lehrkräfte und ihre fünften Klassen beobachtet wurden, die reziprokes Lehren (s. Kap. 6.4.2) implementierten (King/Parent Johnson 1999). Der Fokus lag darauf, wie sich das lehrkraftseitige Modellieren der Strategien in den Interaktionen innerhalb der Gruppen spiegelte. Die Ergebnisse sprechen für eine Kongruenz: Je konsistenter und klarer die Lehrkräfte die Strategien demonstrierten, je mehr Beispiele sie für sinnvolle Dialoge lieferten, je klarer sie Dialoge anleiteten und die Dialoge der Kinder kommentierten, desto höher war die Qualität der Interaktionen in den Schülergruppen. Dasselbe galt umgekehrt: Bei diffusen und inkonsistenten Modellierungen, Beispielen, Unterstützungsleistungen und Rückmeldungen litt die Qualität des reziproken Lehrens. Ein weiterer wichtiger Befund der Studie war, dass die Schülerinnen und Schüler Zeit brauchten, ehe sie das volle Potenzial des reziproken Lehrens ausschöpften. Nach vier Monaten hatten sie durch ausreichende Übung die Anwendung verinnerlicht und nutzten die Rückmeldungen von Peers zu einer tiefer gehenden Bedeutungskonstruktion. Die Studie verweist somit darauf, dass die Art, wie Lehrkräfte reziprokes Lehren modellieren, bedeutsam ist für die Umsetzung der Schülerinnen und Schüler. In ihren Dialogen schlägt sich nieder, was ihnen vorgemacht wurde – ein Ergebnis, das auch in anderen Studien zu beobachten war (Gillies 2004; Webb et al. 2009).
Selbst wenn eine sinnvolle Gruppenzusammenstellung vorgenommen und die Klasse auf das kooperative Lernen vorbereitet ist, bedeutet das noch nicht zwangsläufig, dass die Heranwachsenden die Aufgaben allein und selbstreguliert bewältigen. Stattdessen verweisen etwa australische Studien darauf, dass Lehrkräfte während des kooperativen Lernens eine Vielzahl von Stimuli offerieren. Sie stellen kognitiv und metakognitiv herausfordernde Fragen, geben Hinweise, fokussieren auf Themen und geben positive Rückmeldungen zu den Anstrengungen und Leistungen der Schülerinnen und Schüler (Gillies/Boyle 2008, 2010). Oder anders gesagt: Sie nehmen eine sorgfältige Überwachung vor, was in den Gruppen geschieht, und greifen erst dann ein, wenn es ihnen erforderlich scheint.
Hierfür gibt es auch aus einer anderen Studie einen Hinweis (Emmer/Gerwels 2002). In ihr wurden Stunden mit kooperativem Lernen von Grundschullehrkräften beobachtet und analysiert. Dabei wurden zwei Arten von Stunden unterschieden: erfolgreiche und weniger er-

folgreiche. Die Zugehörigkeit zur ersten Kategorie war dann gegeben, wenn die Kinder bei der kooperativ zu bearbeitenden Aufgabe einen großen Fortschritt machten, ein hohes Maß an Kooperation in den Gruppen existierte und das Engagement der einzelnen Kinder hoch war. Erfolgreiche Stunden zeichneten sich unter anderem dadurch aus, dass die Lehrkräfte die Schülerinnen und Schüler beobachteten und Rückmeldungen gaben. Konkret bezog sich eine hohe Monitoring-Aktivität darauf, dass die Lehrkräfte sich zwischen den Gruppen bewegten, den Interaktionen zuhörten und die Arbeit der Kinder überprüften. Zudem beinhalteten die Rückmeldungen in erfolgreichen Stunden Fragen der Lehrkräfte zum Fortschritt bei der Aufgabe oder Gruppenprozessen und unterstützende oder die Aufmerksamkeit lenkende Hinweise.

In einer weiteren Untersuchung wurden die Zusammenhänge zwischen Monitoring und Intervention von Lehrkräften genauer bestimmt. Laut der Studie von Ming Chiu (2004) kam der Beobachtung und Einschätzung der Gruppenaktivitäten eine wichtige Bedeutung als Filter zu. Je mehr nämlich die Lehrkräfte zunächst überprüften, wo das Problem lag und worin der Bedarf an Hilfe bei den Jugendlichen bestand, desto weniger tendierten sie dazu, den Lösungsweg vorzugeben. Stattdessen stellten sie Fragen bzw. gaben Hinweise auf spezifische Aspekte der Aufgabe. Ein solches Verhalten der Lehrkraft führte dazu, dass die Schülerinnen und Schüler mehr Zeit mit der Lösung der Aufgabe verbrachten und deren Ergebnis besser ausfiel. Als positiv für ein gelingendes kooperatives Lernen gilt demnach, wenn Lehrkräfte zu eruieren versuchen, wie Schülerinnen und Schüler zu Erklärungen gelangen. Hierbei geht es darum, über Fragen das Denken und die Problemlösestrategien zu erkennen, statt direktiv die Lösungsstrategie vorzugeben. Ein solches Vorgehen korrelierte in der Studie von Noreen Webb et al. (2009) damit, dass die Schülerinnen und Schüler selbst mehr Erklärungen gaben.

In diesem Zusammenhang ist schließlich die Studie von Gillies (2004) ermutigend. In ihr wurden Lehrkräfte zwei Gruppen zugeteilt. Beide erhielten ein Training zur Implementierung kooperativen Lernens, aber nur eine ein spezielles Training zu kommunikativen Fähigkeiten, um die Arbeiten in den Gruppen anzureichern (siehe Tabelle 22). Die Lehrkräfte dieser zweiten Gruppe stellten im Verlauf der Studie mehr Fragen und legten ein stärkeres lernförderliches Verhalten an den Tag, das bereits in anderen Studien beobachtet werden konnte (Gillies/Boyle 2008, 2010). Die von solchen Lehrkräften unterstützten Schülerinnen und Schüler vergrößerten zwischen der ersten und zweiten Messung die Zahl der Fragen, Erklärungen und kurzen Antworten. Das spricht dafür, Lehrkräfte zunächst gesondert auf sinnvolle Kommunikationsformate vorzubereiten, von denen die Schülerinnen und Schüler später profitieren.

Ergründen und Klären	Könnt ihr mir etwas dazu erzählen, was ihr vorhabt? Es scheint, als versucht ihr … Vielleicht könnt ihr mir sagen, was ihr sagen wollt.
Bestätigung	Ich sehe, dass ihr hart daran gearbeitet habt, die Zusammenhänge zwischen diesen Dingen herzustellen. Ich frage mich, ob ihr jetzt erkennt, zu welcher übergeordneten Kategorie sie gehören.
Mit Diskrepanzen konfrontieren und Auswege klären	Ich frage mich, wie ihr dies zusammenfügt, wenn ihr doch gerade erwähnt habt, dass … Ihr habt mir gesagt, ihr könnt das Problem nicht lösen. Dabei habe ich bemerkt, dass ihr herausarbeitet, wie diese unterschiedlichen Teile verwendet werden können. Mir scheint, dass ist Teil des Weges zur Lösung.
Probeweise Vorschläge anbieten	Habt ihr es schon auf diese Art versucht? Vielleicht probiert ihr … aus und schaut, ob es passt.

Tabelle 22: Arten und Beispiele der kommunikativen Fähigkeiten, die mit Lehrkräften trainiert wurden (Quelle: eigene Übersetzung von Gillies 2004, S. 260)

Obwohl die Rolle der Lehrkraft beim kooperativen Lernen während der Implementierung und der Gruppendiskussionen erst allmählich stärker erforscht wird, erscheint es sinnvoll und gerechtfertigt, ein *drittes Prinzip* zu formulieren, das den Fokus auf den Prozess legt: Lehrkräfte haben dann Erfolg, wenn sie das angestrebte Verhalten sichtbar und konsistent demonstrieren, dessen Anwendung überwachen und gezielt intervenieren, um bei Schwierigkeiten den Lösungsprozess gezielt zu stimulieren, ohne dabei die Lösung vorzugeben. Damit geht einher, dass Lehrkräfte viel Autonomie zulassen (s. Kap. 6.5).

ZUSAMMENFASSUNG

Kooperatives Lernen bezeichnet eine Form des Unterrichts, in dem mindestens zwei Heranwachsende zusammenarbeiten, um gemeinsam ein Ziel zu erreichen. Eine Vielzahl von Studien hat gezeigt, dass eine solche Art des Lernens mit verbesserten Leistungen und erhöhter Motivation korrespondiert. Entsprechend groß ist das Potenzial für die Lese- und Schreibförderung in der Schule. Dabei kennt das kooperative Lernen viele Formen, von denen vier in diesem Kapitel genauer betrachtet wurden. Das Peer-Modeling beinhaltet, dass eine vom Alter ähnliche Person dabei beobachtet wird, wie sie eine Aufgabe bearbeitet. Dies ist in der zweiten Variante, dem Peer-Tutoring, angelegt, in dem es Rollenwechsel zwischen lehrendem und lernendem Peer im Sinne einer Lehrer- bzw. Schülerrolle gibt. Peer-Tutoring umfasst meist auch das Peer-Monitoring, welches meint, dass eine Person die Einhaltung von Prozeduren überwacht und ggf. korrigierend eingreift. Das Peer-Assessment schließlich bezeichnet die Beurteilung von Produkten anderer Schülerinnen und Schüler.

Kooperatives Lernen impliziert, dass Lehrkräfte viel Verantwortung für den Lernerfolg an die Heranwachsenden übertragen (s. auch Kap. 6.5). Um dies zu erleichtern, wurden drei forschungsbasierte Prinzipien abstrahiert:
- Bei der Gruppierung von Schülerinnen und Schülern ist zu berücksichtigen, dass schwächere Schüler davon profitieren, mit stärkeren zusammenzuarbeiten. Leistungsstärkere Heranwachsende lernen eher mehr, wenn sie in leistungshomogenen Gruppen oder Tandems arbeiten. Kleingruppen und Dyaden sowie gleichgeschlechtliche Gruppen wirken im Licht der vorhandenen Empirie überlegen.
- Kooperatives Lernen ist ein komplexes kognitives und soziales Geschehen. Deshalb gelingt es nicht automatisch, und daher empfiehlt sich ein vorbereitendes Training der sozialen und aufgabenbezogenen Fähigkeiten, die für die Bearbeitung nötig sind.
- Lehrkräfte sind sowohl beim Demonstrieren als auch beim Überwachen gefordert, konsistent vorzugehen und den Prozess des Lernens ins Auge zu fassen. Beim Intervenieren in der Anwendungsphase ist eine sorgfältige Beobachtung nötig, um nicht allzu schnell Lösungen vorzugeben oder lernförderliche Gruppenprozesse zu stören.

6.5 Wie lässt sich Autonomie erhöhen?

In der Selbstbestimmungstheorie bildet der Wunsch nach Autonomie ein menschliches Grundbedürfnis und hängt eng mit dem Wohlbefinden zusammen (Ryan/Deci 2000a, b). Unter der Perspektive des motivierten, selbstregulierten Lesens und Schreibens liegt es nahe, das Wort „*Selbst*regulation" ernst zu nehmen und *Selbst*bestimmung und Autonomie zu ermöglichen. Gemäß der Definition von Johnmarshall Reeve (2009) zielt Autonomieförderung auf die Erhöhung der intrinsischen sowie extrinsischen Motivationsformen, bei denen die Regulation internal erfolgt (s. dazu die Tabelle 4 auf S. 40 f.). Drei Merkmale sind zentral: die Übernahme der Perspektive der Heranwachsenden, das Willkommen-Heißen von Gedanken, Emotionen und Verhaltensweisen von Heranwachsenden und die Unterstützung der motivationalen Entwicklung sowie der Fähigkeit, das Verhalten selbst zu regulieren. Das Gegenteil dazu bildet ein kontrollierender Unterrichtsstil, der ebenfalls drei Eigenheiten aufweist. In einem solchen Unterricht zählt erstens nur die Perspektive der Lehrkraft, welche zweitens die Gedanken, Gefühle und Aktionen der Schülerinnen und Schüler einschränkt und bedrängt sowie drittens die Heranwachsenden dazu zwingt, auf eine bestimmte Art und Weise zu denken und sich uniform zu verhalten.

Untersuchungen zu Interventionen, in denen die Autonomie gefördert werden sollte, zeigen nahezu durchgehend, dass es Lehrkräften häufig zunächst schwer fällt, die Autonomie zu fördern. Es gab eine Reihe von Bereichen, in denen es zu durchaus produktiven Reibungen kam, sei es bei den Wahlmöglichkeiten von Texten (Andreassen/Bråten 2011), der Betonung der Relevanz durch Anbindung an die Alltagswelt der Schüler (Turner 2010) oder der Verschiebung der Verantwortung für den Lernerfolg von der Lehrkraft hin zu den Schülern (Anderson 1992; Duffy 1993; Hacker/Tenent 2002; Turner 2010). Die Förderung von Autonomie ist vermutlich deshalb so schwierig zu realisieren, weil der Kontrollverlust für Lehrkräfte aus verschiedenen Gründen eine unbequeme Vorstellung ist, die mit dem professionellen Selbstverständnis zu kollidieren scheint (Reeve 2009). Damit ist auch klar, dass die Autonomieförderung ein voraussetzungsreiches Unterfangen ist, bei dem Lehrkräfte loszulassen lernen, ohne dabei tatsächlich wirkungsohnmächtig zu sein – im Gegenteil.

6.5.1 Warum sich Autonomieförderung lohnt

Forschungsbefunde sprechen eine eindeutige Sprache: Je stärker Heranwachsende den Unterricht als autonomieförderlicher wahrnehmen, desto positiver sind ihre Lern- und Performanzannäherungsziele sowie der wahrgenommene Nutzen des Lernens (Lau/Lee 2008) und desto höher ist ihr lernbezogenes Selbstkonzept (Leflot/Onghena/Colpin 2010) und ihre intrinsische Motivation beim Lernen (Bieg/Backes/Mittag 2011). Daneben ist die wahrgenommene Relevanz des Lernstoffs aus Sicht von Schülerinnen und Schülern ein Prädiktor des selbsteingeschätzten Engagements im Unterricht (Assor/Kaplan/Roth 2002; Crumpton/Gregory 2011). Die vielleicht gründlichste Sichtung der positiven Effekte hat Johnmarshall Reeve (2009) vorgenommen. Er hat mehr als vierzig Studien konsultiert und deren Befunde systematisiert. Das Ergebnis: Wenn Heranwachsende wahrnehmen, dass ihre Lehrkräfte sie in der Eigenständigkeit unterstützen, geht das generell mit höherer Motivation und Leistung, mehr Engagement und tieferem Verständnis einher.

Für das *Lesen* ist das kaum ausgelotet, aber es gibt Hinweise aus einer Studie aus Hong-Kong darauf, dass ein positiv wahrgenommener, Selbstbestimmung zulassender Leseunterricht mit einer allgemein höheren in- und extrinsischen habituellen Lesemotivation sowie einem höheren Leseselbstkonzept einherging (Lau 2009b). Die Zusammenhänge waren mit Ausnahme der sozialen Lesemotivation (s. o. Tabelle 8 auf S. 56) bei Siebt- bis Neuntklässlern straffer als bei Zehnt- und Elftklässlern. In zwei weiteren Studien mit Primar- und Sekundarschullehrkräften und deren Klassen ergaben sich ebenfalls hohe positive Zusammenhänge zwischen einem autonomieförderlichen Unterricht und habitueller intrinsischer Lesemotivation sowie dem Leseverstehen (Lau 2011; Law 2011). Beim *Schreiben* gibt es ähnliche Zusammenhänge. So waren in einer chinesischen Studie mit Siebt- und Achtklässlern die Wahrnehmung eines autonomieförderlichen Unterrichtsstils stark mit der aktuellen intrinsischen Schreibmotivation verquickt, welche im Gegenzug mit einer erhöhten Schreibleistung korrespondierte (Lam/Law 2007). Welch mächtige Rolle die Relevanz des Lesens und Schreibens hat, verdeutlichen die nachstehenden Fallbeispiele von drei Jugendlichen, die unter erschwerten Bedingungen das Lesen und Schreiben für sich entdeckt haben.

Fallbeispiel zur Relevanz des Lesens und Schreibens (15)
Felipe, Israel und Johnny und ihr für sie relevantes Lesen und Schreiben
In einer Interview- und Beobachtungsstudie wurden vier Jungen begleitet, die aufgrund ihrer Testleistungen an eine High-School hätten gehen können, deren Notendurchschnitt aber zu gering war, um diese Schule tatsächlich zu besuchen (Daniels/Arapostathis 2005). Die Jungen neunter Klassen hatten demnach aus kognitiver Sicht ausreichend Potenzial, das sich aber nicht in ihren Noten widerspiegelte und das sie also nicht nutzten. David, Israel, Johnny und Felipe betonten in den Interviews, dass sie dann tätig werden, wenn die unterrichtsbezogenen Aktivitäten – darunter das Lesen und Schreiben – Aufgaben aus ihrer Sicht relevant seien. Die Jungen gaben außerdem zu Protokoll, dass sie immer weniger für die Schule taten, weil sie den Eindruck hätten, es gehe nur noch um die für sie aktuell wenig relevanten Noten. Ihnen war die Bedeutung der Noten für ihre Zukunft präsent, aber trotzdem nahmen sie sehr selektiv am Unterricht teil. Von drei der vier Jungen erfährt man mehr zum Lesen und Schreiben, und was sie berichten, passt zu anderen Studien (Smith/Wilhelm 2002).
Felipe etwa sagte nach der Lektüre des Gang-Romans „Die Outsider" von Susan Hinton: „Ich las das Buch und begann, das Lesen zu mögen. Es hatte eine Verbindung mit mir, also war es interessant" (Daniels/Arapostathis 2005, S. 45). Felipe, der im Unterricht häufig mit der Kapuze auf dem Kopf in einer Ecke saß, war bei einem Schreibauftrag zu persönlichen Erinnerungen wie ausgewechselt. Mit ganzem Herzen bei der Sache, entwarf und überarbeitete er den Text über seinen Kampf mit seinem Temperament und teilte ihn mit anderen.
Israel konnte sich noch gut an seine Erfahrungen mit dem Lesen in der dritten Klasse erinnern: „Ich habe es nicht kapiert, wie man einen Buchstaben mit einem anderen kombiniert, um einen Laut zu bekommen. Also wurde ich echt frustriert, und ich hasste das Lesen in diesem Jahr, ich hasste es" (ebd., S. 50). Aber es gab etwas, was ihn zum Lesen brachte: der Wunsch, den heimischen Computer zu bedienen: „Ich versuchte, versuchte, versuchte es. Ich wollte, also habe ich es so oft getan, bis ich es konnte" (ebd., S. 46). Er betonte, dass er sich damit das Wissen aneigne, von dem er fest überzeugt war, es später zu benötigen, und er gab als Berufswunsch die Computerbranche an. Auch im Unterricht war Israel beim Lesen zu beobachten. Als sein Lehrer ihm die Wahl anbot, was er lesen wollte, las Israel, statt wie sonst die Zeichnung mit einem aufgeschlagenen Buch zu verdecken, an der er arbeitete. Auch das Schreiben wurde für Israel wichtig: „Als ich anfing, Mädchen wahrzunehmen, habe ich viel Schmerzhaftes erlebt. Ich begann damit, das aufzuschreiben, was ich fühlte. Du tust all deine Gedanken und Gefühle aufs Papier, du liest es und es ist wie ‚wow'. Für mich war es cool, wie ich in den Geist anderer Menschen gelange – einfach durch das Lesen" (ebd., S. 47).
Der im Zeichnen talentierte Johnny erklärte, wie er zum Lesen und Schreiben kam: „Es war in der sechsten Klasse, als ich anfing, das Lesen und Schreiben zu mögen, weil ich viele Bücher las, die mich interessierten. Und ich fing an, das Schreiben zu mögen, weil ich wusste, dass ich Geschichten schreiben konnte und alles, was ich wollte. Wenn ich jemals ein Cartoon-Künstler werde, dann muss ich so etwas wie ein Skript für meinen Cartoon machen. Ich muss dafür eine gute Geschichte erstellen" (ebd., S. 50).

6.5.2 Elemente und Dimensionen der Autonomieunterstützung

Wenn sich selbst schulisch wenig motivierte Jugendliche so engagiert mit Schriftsprache auseinandersetzen, wie es Felipe, Israel und Johnny tun, dann liegt die Frage auf der Hand, wie man sie in der Schule gezielt anspricht. Hierfür sind die Befunde aus einer Metaanalyse ermutigend, nach der Lehrkräfte durch gezielte Weiterbildungen unter Berücksichtigung der aktuellen Befunde zur Motivationspsychologie in ihrer Instruktion die Autonomieförderung erhöhen können (Su/Reeve 2011). Insbesondere die Art des Sprechens als eines von fünf zentralen Elementen der Autonomieunterstützung (s. Fokus) ließ sich besonders positiv beeinflussen.

Fokus: Fünf zentrale Elemente der Autonomieunterstützung (16)
1. *Geben Sie sinnvolle Begründungen*, d. h. Erklärungen, die dabei helfen, dass Personen verstehen, warum das selbstgesteuerte Absolvieren der Aktivität einen persönlichen Nutzen hat.
2. *Negieren bzw. unterdrücken sie negative Gefühle der Schülerinnen und Schüler nicht.* Wenn es Spannungen zwischen den im Unterricht verlangten Tätigkeiten und den individuellen Bedürfnissen und Vorlieben gibt, muss das nicht zu fehlendem Engagement führen. Deshalb ist es günstig, Kritik zuzulassen und bei Schwierigkeiten zuzuhören.
3. *Verwenden Sie eine nicht-kontrollierende Sprache*. Vermeiden Sie Ausdrücke, die Druck ausüben („Du sollst", „Ihr müsst") zugunsten einladender, Auswahl bietender Aussagen.
4. *Bieten Sie Wahlmöglichkeiten an*. Geben Sie Informationen über Optionen und bestärken Sie Heranwachsende, eigene Wege zu beschreiten.
5. *Sprechen Sie die inneren motivationalen Ressourcen an*. Adressieren Sie mit Ihrer Instruktion die Interessen von Heranwachsenden und ihre Bedürfnisse nach Autonomie, Kompetenzerleben sowie Verbundenheit.

(Quellen: nach Su/Reeve 2011, S. 162; Reeve 2009)

Wichtig ist bei den fünf Elementen, dass sich die Förderung von Autonomie nicht darauf beschränken darf, lediglich einzelne Elemente zu betonen, da sich zum Beispiel die Wahlmöglichkeiten allein nicht unbedingt als positiv für das Engagement beim Lernen erweisen (Katz/Assor 2007), sondern in Verbindung mit Relevanz (s. dazu auch die authentischen/situierten Lese- und Schreibanlässe in Kap. 6.1) oder Begründungen den gewünschten Effekt auf das Schülerverhalten haben: Sie finden dies auch in den Fallbeispielen wie jenem von Ms Sharp und Ms Irving aus Kapitel 4.2 wieder, die gleich mehrere dieser Elemente kombinieren und gerade das abstrakt klingende letzte Element mit Leben füllen. Dass es manchmal schon Kleinigkeiten sind, die den Unterschied ausmachen, mögen die nachstehenden beiden Äußerungen einer Lehrkraft verdeutlichen:

▸ Version 1 mit Wahlmöglichkeit, aber ohne Begründung: „Euer Text ist am Montag fällig. Heute gehen wir in die Bibliothek. In der Bibliothek findet ihr die Informationen, die ihr aus Büchern und Websites braucht. Verschwendet eure Zeit nicht und trödelt nicht; sorgt dafür, dass ihr die Arbeit erledigt. Ihr könnt in der Bibliothek für euch allein oder mit einem Partner arbeiten."
▸ Version 2 mit Wahlmöglichkeit und Begründung: „Euer Text ist am Montag fällig. Als Hilfe dafür, dass ihr einen gut recherchierten Text schreibt, gehen wir dahin, wo die Informationen sind – in die Schulbibliothek. Der Grund, weshalb wir in die Bibliothek gehen, ist, dass ihr dort die Informationen findet, die ihr aus Büchern und Websites braucht. Wenn wir dort sind, könntet ihr versucht sein, eure Zeit zu vertrödeln, aber in der Vergangenheit haben andere Schüler gefunden, dass ein Besuch der Bibliothek ein extrem wichtiger Bestandteil war, um einen exzellenten Text zu schreiben. Damit ihr euren bestmöglichen Text schreiben könnt, könnt ihr euch aussuchen, wie ihr arbeiten wollt: allein oder zu zweit." (Quelle: Reeve 2009, S. 169)

Weil Autonomieförderung so viele Ansatzpunkte aufweist, gibt es in der Literatur dazu entsprechend viele Sichtweisen. Gewinnbringend scheint die Differenzierung von drei Dimensionen, in denen die Selbstständigkeit von Heranwachsenden gefördert werden können:
▸ die *Organisation*. Das meint, dass Schülerinnen und Schüler Gelegenheiten haben sollen, sich Partner auszusuchen, mit denen sie arbeiten wollen, Termine und Fristen selbst festzulegen, Klassenregeln mitzubestimmen und bei Sitzordnungen mitzureden.
▸ die *Aktivität*. Das bedeutet, dass Heranwachsende bei Lese- und Schreibaktivitäten Thema, Texte und den Umgang mit ihnen mitbestimmen können, ein Mitspracherecht haben, wie sie ihre Fähigkeiten unter Beweis stellen, ihre Arbeit auf individuelle Art und Weise durchführen und zu guter Letzt ihre Wünsche artikulieren können.
▸ die *Kognition*. In diesen Bereich fällt, dass Schülerinnen und Schüler verschiedene Ansätze und Strategien bei der Lösung von Aufgaben diskutieren sowie verschiedene Lösungen zu einem Problem finden und verteidigen können. Dazu haben sie ausreichend Zeit für Entscheidungen, setzen sich selbst Ziele, erfahren Unterstützung und sind zugleich bei der Problemlösung unabhängig. Hierfür helfen ihnen ein informationsreiches Feedback, das Diskutieren über Lösungen, generell viel Zeit zum Sprechen über ihre Lösungen und Wege dorthin und die Gelegenheit, viele Fragen zu stellen (Stefanou/Perencevich/DiCintio/Turner 2004).

Wie die Förderaktivitäten auf den drei Ebenen aussehen können, zeigt eine Studie mit Mathematik-Lehrkräften, die unterschiedliche Konstellationen der Autonomieförderung aufwiesen (Stefanou et al. 2004). Es gab Lehrkräfte, die bei den verschiedenen Dimensionen unterschiedlich stark Akzente setzten, also zum

Beispiel Personen, die gleichermaßen bei der Organisation, der Aktivität und der Kognition wenig oder viel Unterstützung gaben bzw. bei ein bis zwei Dimensionen mehr Selbstständigkeit zuließen als bei den übrigen (s. Kasten mit den Fallbeispielen Carey und Benjamin). Für das Lesen und Schreiben haben übrigens schon die Fallbeispiele von Ms Monte und Ms Bonstead (s. o., Kap. 4.2) demonstriert, wie eine geringe Autonomieförderung in allen drei Dimensionen aussieht. Die Fallbeispiele Ms Sharp und Ms Irving bilden dazu das Gegenstück, da diese Lehrerinnen die Selbstständigkeit der Schülerinnen und Schüler in allen Dimensionen stark fördern. Daneben gibt es auch noch Lehrkräfte, die in der einen oder anderen Dimension besser in der Lage sind, Selbstständigkeit zu ermöglichen (s. Fallbeispiele).

Zwei Fallbeispiele zur Autonomieförderung und Kognition (17)
Fallbeispiel 1: Ms Carey – hohe Autonomieförderung bei der Organisation und Aktivität, geringe Unterstützung bei der autonomen Kognition

Ms Careys Unterricht zeichnet sich durch große Freiheiten bei der Organisation und den Aktivitäten aus. So dürfen die Schülerinnen und Schüler Hausaufgaben jederzeit nachreichen, solange es nur vor den Tests zu dem jeweiligen Thema erfolgt. Hierdurch können die Kinder selbst eigene Fristen setzen. Daneben involviert die Pädagogin die Klassenmitglieder in Entscheidungen über das Vorgehen. Oft fragt sie, was die Klasse jetzt tun solle und ob sie es auf eine bestimmte Weise tun solle bzw. könne. Die folgende Beschreibung einer Stunde ist typisch für den Unterricht von Ms Carey.

Im Rahmen einer Prozentzahl-Einheit arbeiteten die Kinder zusammen und füllten eine Grafik aus, die Ms Carey vorbereitet hatte. Sie sagte zu dieser Grafik, sie sei nur ein Modell. Die Schülerinnen und Schüler würden später ihre eigenen Projekte zu Prozentzahlen durchführen. Der Inhalt der Stunde bestand darin, dass die Kinder zunächst schätzen sollten, wie viele unterschiedliche Geschmacksrichtungen es in einer Bonbontüte gibt, danach sollten sie die jeweiligen Anteile der Geschmacksrichtungen genau berechnen und diese Prozentzahlen in Brüche und Dezimalzahlen transformieren. Mit Fragen forderte die Lehrerin ihre Klasse auf, geschätzte und tatsächliche Werte zu vergleichen und Abweichungen zu markieren. Ms Carey fragte auch, wie sich die Werte verändern würden, gäbe man eine neue Geschmacksrichtung hinzu, ohne dass sich die Anzahl der Bonbons ändern würde.

Im zweiten Teil der Stunde setzten die Kinder ihr eigenes Projekt um. Sie sollten verschiedene Objekte auswählen, um ein Prozentzahl-Problem umzusetzen, das mit dem Bonbon-Beispiel korrespondierte (also auch ein Diagramm und weitere Fragen umfassen). Dabei ermutigte Ms Carey die Kinder zur Kreativität: „Es soll hübsche, farbenprächtige Dekorationen haben. Lasst es uns ein wenig lustig und kreativ machen. Ich benötige verschiedene mathematische Operationen inklusive Algebra und Vorhersagen, aber ihr könnt zum Beispiel lustige Fragen stellen" (ebd., S. 103).

Obwohl Ms Carey ihren Schülerinnen und Schülern beträchtlichen Spielraum hinsichtlich der Organisation und der konkreten Ausgestaltung der Aktivität einräumte und zur Kreativität ermunterte, waren die Lösungen der Kinder ausschließlich Imitationen des Bonbon-Beispiels. Mit anderen Worten: Die kognitive Autonomie, die sich in kreativen Produkten geäußert hätte, war trotz aller Bemühungen noch nicht erreicht. Das ist ein wichtiger Befund, unterstreicht er doch die Wichtigkeit, im Unterricht die kognitive Autonomie explizit zu fördern. Das verdeutlicht gerade das folgende Fallbeispiel.

Fallbeispiel 2: Ms Benjamin – geringe Autonomieförderung bei der Organisation und Aktivität, hohe Unterstützung bei der autonomen Kognition
Ms Benjamins Unterricht zeichnet sich dadurch aus, dass sie viele Merkmale der Routinen und Aktivitäten selbst bestimmt. Sie entscheidet, welche Aktivität wann stattfindet, ob es dabei Gruppenarbeiten gibt und falls ja, wer die Mitglieder der Gruppe sind. Dasselbe gilt für Lernmaterialien und sämtliche Abläufe. Bei einem Aspekt gewährt sie ihren Schülerinnen und Schülern aber absolute Freiheit: bei den kognitiven Prozessen während der Aufgabenbearbeitung.
Ms Benjamin betont stets in ihren Stunden, dass sich die Schülerinnen und Schüler anstrengen und fragte immer wieder nach, wie die Schülerinnen und Schüler vorgehen. Oft hört man sie sagen „Oh, ich liebe diese Lösung" oder „Das ist wirklich prima – haben alle mitbekommen, wie er/sie das gemacht hat?". Wenn jemand aus der Klasse einen ungewöhnlichen Lösungsweg gefunden hat, begibt sich Ms Benjamin in die Rolle einer Mitforscherin und lässt sich von dem Schüler oder der Schülerin das Vorgehen genau erklären.
Die folgende Situation steht beispielhaft für ihren Unterricht. In jener Lektion hatte Ms Benjamin drei Bereiche an der Tafel vorbereitet, in denen erstens Dezimalangaben in Prozente transformiert werden sollten, in einem zweiten Bereich Brüche in Prozent und in dem dritten Bereich Brüche in Dezimalzahlen. Wie üblich strukturierte die Lehrerin stark vor, aber sie stellte auch auf einmal folgende Frage: „Wie geht ihr vor, wenn ihr zwischen den Dezimal- und Prozentangaben wechselst? Es ist einfach, wenn man nur sagt, man bewegt das Dezimalkomma um zwei Stellen. Aber was heißt das? Was ist die Bedeutung der beiden Stellen?" (ebd., S. 104) Während die Klasse die Lösungen überprüfte, begrüßte und ermutigte Ms Benjamin andere Herangehensweisen, wie es das folgende Zitat verdeutlicht:
„Wer kann diesen Bruch (5/8) in eine Dezimalzahl umwandeln? Wie würdet ihr es tun? Denkt darüber eine Minute nach. Wir können das nämlich zu unserem Vorteil nutzen. Wenn wir es bei einem Bruch schaffen, können wir auch andere umwandeln. Es gibt viele, viele Wege für die Umwandlungen. Solange ihr mit korrekten mathematischen Strategien arbeitet, werdet ihr zur richtigen Antwort gelangen" (ebd., S. 104).
Anders als bei Ms Carey, deren Schülerinnen und Schüler die Lösungen der Lehrkraft weitgehend replizierten, demonstrierten die Kinder im Unterricht von Ms Benjamin vielfältige Strategien. Das ging sogar so weit, dass die Kinder ihre Ideen untereinander noch austauschten, als die Zeit für die Aufgaben abgelaufen war. Oft fand es Ms Benjamin schwierig, zum nächsten Thema überzugehen, weil ihre Schülerinnen und Schüler immer noch in die mathematische Aktivität verstrickt waren. (Quelle: Darstellung nach Stefanou et al. 2004, S. 103 f.)

Die Beispiele Ms Carey und Benjamin zeigen, dass Lehrkräfte in ganz verschiedenen Dimensionen Autonomie offerieren können und sich ein autonomiefördernder Unterricht höchst unterschiedlich aussehen kann. Es zeichnet sich aus den Daten ab, dass die Förderung von Autonomie im Bereich der Kognition besonders erfolgversprechend ist. Dies wird von einer weiteren Studie unterstrichen, nach welcher zwei Faktoren für die beobachtete Beteiligung von Jugendlichen am Unterricht wichtig waren (Jang/Reeve/Deci 2010). Das war erstens eine Autonomieförderung in Form von Gelegenheiten für die Jugendlichen, selbst die Initiative zu ergreifen, herausfordernden, interessanten Aktivitäten, informativer Sprache und dem Zuhören der Lehrkraft und dem Akzeptieren anderer Meinungen. Zweitens half eine klare Strukturierung, auf die Sie auch schon im Kapitel 4.2 als Merkmal des motivierenden Lese- und Schreibunterrichts gestoßen sind. Klare Strukturierung meint hier: eine klare Organisation, präzise Anweisungen und Ziele sowie ein kompetenzförderliches, konstruktives Feedback. Struktur und Autonomie sind demnach keine Gegensätze, sondern gehen vielmehr Hand in Hand, und das ist für die Förderung der Autonomie insofern ermutigend, als sich die Ausweitung der schülerseitigen Selbstbestimmung gleichsam in mehreren Phasen vollziehen kann, sich also auf kognitive Prozesse und die konkrete Ausgestaltung der Prozeduren und Organisation ausweiten kann.

ZUSAMMENFASSUNG

Die Selbstbestimmung bzw. Autonomie zu fördern, kennt viele Zugänge, die in diesem Kapitel als Elemente und Dimensionen bezeichnet wurden. Die fünf Elemente umfassen a) Begründungen, warum Heranwachsende etwas lernen sollen, b) ein offener Umgang mit negativen Emotionen beim Lernen, c) eine ermunternde Art des Sprechens, d) Wahlmöglichkeiten und e) eine Ausrichtung an den lese- und schreibbezogenen Interessen sowie weiteren Facetten der Lese- und Schreibmotivation. Autonomieförderung gemäß diesen fünf Elementen darf aber nicht als isolierte Maßnahme missverstanden werden, vielmehr entfalten die fünf Elemente erst im Zusammenspiel ihr positives Potenzial, also etwa wenn Wahlmöglichkeiten in nicht-kontrollierter Sprache in Bereichen offeriert werden, die auf die Vorlieben eingehen bzw. relevant erscheinen. Neben die fünf Elemente treten drei Dimensionen der Autonomieförderung. Dabei handelt es sich erstens um die Gestaltung der Lernumgebung, in der Heranwachsende ein Mitspracherecht erhalten, zweitens um die Art und Weise, wie Schülerinnen und Schüler konkret die Lese- und Schreibaufgaben bearbeiten, und drittens um die kognitiven Prozesse, die sie dabei individuell auswählen und aktivieren. In jeder dieser Dimensionen können Lehrkräfte ganz unterschiedliche Grade an individueller Freiheit bei den Schülerinnen und Schülern zulassen. Da es nicht wahrscheinlich ist, dass Lehrkräfte gleich in allen drei Dimensionen der Autonomieförderung maximale Selbstbestimmung zulassen, erscheint es im Lichte der Studien günstig, dass Lehrkräfte vorstrukturieren, aber die konkrete (kognitive) Ausgestaltung ihren Schülerinnen und Schülern überlassen. Das ist zugleich ein sehr planvolles Vorgehen, das hohes Wissen über Lernprozesse voraussetzt.

7 Ausblick: A Teacher under Construction

„Ich dachte, ich sei bereit, einige Veränderungen vorzunehmen, aber diese Veränderungen sind weitreichender und anders, als ich je hätte vorhersehen können."
(eine Lehrerin)

7 Ausblick: A teacher under Construction

Dieser Ausblick soll noch einmal die Quintessenz dieses Buches verdeutlichen, indem die Veränderungen im Unterricht einer Lehrkraft im Zentrum stehen. Das Kapitel ist damit wie eine Art Resonanzboden gedacht, in dem die wichtigsten Erkenntnisse aus den Kapiteln zuvor noch einmal anhand eines abschließenden ausführlichen Beispiels ‚widerhallen', dem in Kommentaren die Querverweise zu den relevanten Kapiteln dieses Bandes beigefügt sind. Das Fallbeispiel stammt aus einem Artikel mit dem bemerkenswerten Titel *Teacher under Construction*, übersetzt: sich im Bau befindliche Lehrkraft. In jenem Text geht es darum, wie Linda, eine mit 13 Berufsjahren durchaus erfahrene Pädagogin, sich und ihren Unterricht wegen ihres Wunsches nach Veränderungen in einem Master-Programm und einer sich anschließenden Studie gewandelt hat (Hunsaker/Johnston 1992). Ohne hier zu sehr ins Detail zu gehen: In dem Programm sollten die beteiligten Lehrkräfte über ihr Unterrichten im Lichte von Lesetheorien und anderen als den eigenen Ansätzen – nämlich denen von anderen Lehrkräften – reflektieren. Zum Teil ist das schriftlich geschehen. Die Lehrerin Linda hat eine solche Bestandsaufnahme („Eine Lehrerin verändert ihren Unterricht", 18) vorgenommen, und sie hat zunächst ihr früheres Klassenzimmer beschrieben:

> **Fallbeispiel: Mein Klassenzimmer – früher (18)**
> Das Aussehen des Klassenzimmers meiner ersten Klasse war eines der Ordnung. (Aus meiner derzeitigen Perspektive würde ich es eine „organisierte Sterilität" nennen.) Die Tische waren in Reihen getrennt. Und obwohl die Schüler manchmal nebeneinander saßen, gab es keine Interaktion. Ich habe die Sitzordnung nahezu wöchentlich geändert, weil es schwierig war, die Kinder vom Reden mit ihren Nachbarn abzuhalten, wenn sie zu lange zusammen waren.
> Der Morgen begann mit einem förmlichen Appell, dem Schwur auf die amerikanische Flagge, und Kalenderaktivitäten. Wir hatten eine ganze Stunde, meistens eine Wiederholung von einzelnen Lesefertigkeiten. Dann gab ich ihnen Arbeitsblätter und erklärte sie ihnen. Ich schrieb eine Liste von Dingen an die Tafel, die vor der Pause oder dem Mittag erledigt sein mussten. Den Rest des Vormittags arbeiteten die Kinder unabhängig. Es gab keine Gespräche. Jedes Bild auf den Arbeitsblättern musste sorgfältig ausgemalt werden, und die Schüler mussten ihre beste Handschrift zeigen. Wenn sie mit der Arbeit fertig waren, durften sie ein Spiel oder ein Puzzle aussuchen.
> Meine Lesegruppen waren fähigkeitsbasiert, und ich traf mich mit jeder Gruppe täglich. Die Stunden in der Lesegruppe bestanden aus dem Lernen neuer Wörter, eine Geschichte aus dem Schulbuch lesen und meinen Fragen aus dem Lehrermanual, um zu sehen, ob sie sorgfältig gelesen haben. Am Schluss unterrichtete ich eine fähigkeitsorientierte Lektion laut Manual, das sie dazu befähigen sollte, ihre vorgegebenen Arbeitsbuchseiten zu vervollständigen. Ich hatte den Eindruck, dass – wenn einige Seiten gut wären – mehr noch besser wären. Wenn die Hersteller sie empfehlen, müssen sie gut sein.
>
> (Hunsaker/Johnston 1992, S. 355–358)

Von dieser Momentaufnahme von früher hin zum Zeitpunkt, als Linda ihren aktuellen Unterricht beschreibt, haben sich eklatante Veränderungen ergeben. Im Folgenden seien dafür einige Aspekte hervorgehoben, die Linda von sich aus beschrieben hat. Als Erstes kommen die Sitzordnung und die Gestaltung des Klassenzimmers zur Sprache.

> **Fallbeispiel:**
> **Das Klassenzimmer-heute: Klassenzimmergestaltung und Sitzordnung (18)**
> Das Aussehen des Zimmers ist jetzt ziemlich anders, weil die Aktivitäten im Klassenzimmer anders sind. Die Tische stehen in Gruppen oder so, dass vier bis acht Schüler miteinander interagieren oder leicht etwas mit den anderen tun können, wenn sie arbeiten. Buchregale und Zeitschriftenständer teilen den Raum in verschiedene Arbeitssphären, in denen kleine Gruppen von Kindern zusammenarbeiten können, ohne andere zu stören. Die Sitzordnung ändert sich alle zwei Wochen, aber jetzt ist der Grund, damit die Kinder einander kennenlernen und zusammenarbeiten, um so einen Gemeinschaftssinn zu stiften. Die Verantwortung, beim Gestalten einer guten Lernumgebung mitzuhelfen, liegt jetzt bei allen – nicht nur bei mir. (ebd.)

Es ist auffällig, dass aus dem Problem der miteinander interagierenden Kinder nun eine Chance geworden ist. Statt wie früher die Kinder umzusetzen, um vermeintlich störende Gespräche zu unterbinden, werden die Kinder nun dazu ermutigt, und die regelmäßigen Wechsel in der Sitzordnung dienen zum einen dazu, eine sichere soziale Lernumgebung zu schaffen (4.2.3). Damit korrespondiert die physische Lernumgebung, die nun nicht mehr klinisch kühl anmutet, sondern eine reiche Schriftumgebung einerseits und Arbeitssphären schafft. Zum anderen ist die Zusammenarbeit mit Peers nun integraler Bestandteil in Lindas Klassenzimmer (6.4). Diese Veränderungen in der Organisation des Klassenzimmers werden von Modifikationen in den Unterrichtsroutinen begleitet. Diese sind sehr vielfältig und hängen miteinander zusammen, sodass es sich lohnt, sie in einem längeren Stück darzustellen. Bitte achten Sie auf die Interaktionsformen, die Lesegruppen und ganz besonders die didaktischen Zielsetzungen.

> **Fallbeispiel: Das Klassenzimmer – heute: Die Unterrichtsroutinen an einem durchschnittlichen Tag (18)**
> Wir beginnen den Tag mit unserem Leseworkshop. Vor dem Unterricht schreibe ich eine kurze Mitteilung – die Morgennachricht – auf die Tafel, die den Helfer des Tages benennt, etwas über die Tagesaktivitäten verrät und die Kinder bittet, mit einer stillen Einzel- bzw. Partnerarbeit zu beginnen. Die Kinder können auch ihre eigenen Nachrichten ergänzen. Die Kinder entdecken allein oder in Partnerarbeit ihren Weg durch die Nachricht. Ich ermutige sie, die Teile

7 Ausblick: A teacher under Construction

der Nachricht zu suchen, die sie lesen können, und über die unbekannten Teile zu spekulieren. Was können wir tun, wenn wir etwas nicht wissen? Was könnte hier einen Sinn ergeben? Welche Laute aus den Wörtern kennen wir? Wenn sie sich durch diese Probleme arbeiten, lernen sie durchs Zuhören, dass andere durch den gleichen Prozess gehen.

Wir haben eine halbe Stunde Partnerlesen. Die Kinder wählen ihre Partner und Bücher selbst, um für sich zu lesen oder anderen vorzulesen. Jedes Tandem muss sagen, wie es seine Zeit nutzen wird. Werden sie gemeinsam laut lesen, sich abwechseln, allein lesen oder einfach dicht beieinander bleiben, wenn sie Hilfe brauchen oder sie etwas Interessantes teilen wollen? Während dieser Zeit bewege ich mich durchs Zimmer. Ich stelle Fragen oder setze mich und beobachte ihre Interaktionen. Durch das Zuhören lerne ich, welche Teile des Leseprozesses wir später in der ganzen Klasse diskutieren müssen. Während dieser Zeit arbeite ich auch mit einzelnen Schülern. Sie suchen sich ein Buch zum Lesen aus, und ich betrachte, welche Strategien sie erfolgreich oder zu viel anwenden und welche Fehler sie machen. Wir diskutieren dann einige der Dinge, die mir aufgefallen sind. Ich beschreibe ihre Stärken, frage sie, wie sie ihre Probleme gelöst haben oder was sie sonst noch hätten tun können, und gebe wenn möglich 1-zu-1-Instruktion. Ich halte all das auf einer Fortschrittskarte fest, die ich für jedes Kind anlege.

Wenn die Partnerarbeit vorbei ist, diskutieren wir die Morgennachricht in der ganzen Klasse. Freiwillige zeigen uns, was sie von der Nachricht wissen, und sie können frei entscheiden, wie viel sie uns zeigen. Jedes Angebot wird als das akzeptiert, was es ist: etwas, das eine Person weiß und teilen will. Beim Teilen der Nachricht achte ich wieder sorgfältig darauf, was ich lehren oder wiederholen muss. Wenn zum Beispiel ein Schüler beim Lesen eines Satzes hängenbleibt, zum Satzanfang zurückkehrt, erneut liest und erfolgreich weiterverfährt, lenke ich die Aufmerksamkeit auf die Strategie namens Zurückkehren und erkläre, wie sie Kindern helfen kann, wenn sie für sich lesen. Keine Lehrerhandreichung kann mir dabei helfen, solche Stunden zu planen. Es muss aus meinem Verständnis des Leseprozesses und den Bedürfnissen meiner Schüler kommen.

Danach lesen und diskutieren wir typischerweise ein „großes Buch". „Große Bücher" sind vergrößerte Ausgaben von Kinderliteratur, die man in Gruppen lesen kann. Eine Lektion in Lesefähigkeiten wird gegeben, und wir diskutieren über Strategien, wie man Probleme beim Lesen lösen kann. Ich modelliere, frage, probiere etwas aus und diskutiere mit den Kindern. „Ich frage mich …", „Was denkt ihr, wird als Nächstes passieren?" oder „Woher wusstet ihr, dass …" sind Fragen, die ich verwende. Wir reden darüber, wie wir unsere Ideen teilen können. Es ist Teil der unabhängigen Aufgabenbearbeitung geworden, dass sich die Kinder darauf vorbereiten, mit anderen das zu teilen, was sie gelernt haben.

Es gibt immer noch eine Liste mit Dingen auf der Tafel, die zu erledigen sind, aber es ist jetzt eine Liste der Wahl. Von den Kindern erwarte ich, dass sie sich in einer Aktivität engagieren, die ihnen dabei hilft, ihr eigenes Verständnis einer Geschichte zu konstruieren. Ich bin zu der Überzeugung gelangt, dass Schüler in Entscheidungsfindungen bezüglich ihres eigenen Lernens einbezogen werden müssen. Wenn ich all ihre Entscheidungen fälle, stehle ich die Investition, die aus dem Festlegen eigener Absichten kommt.

> Jeden Tag treffe ich mich mit einer von vier Lesegruppen, die „Literaturgruppen" genannt werden. Diese Gruppen sind recht anders als die, die ich oben beschrieben habe. Die Schüler suchen sich selbst eines von vier Büchern aus, das sie lesen wollen. Es gibt keine schwach, mittel oder gut lesenden Gruppen. Jeder lernt voneinander, und von den Kindern wird erwartet, dass sie das Gelernte mit allen aus der Klasse teilen und das vorbereiten. In den Gruppen führe ich sie mitunter durch den Anfang eines Buches, und wir überprüfen bzw. üben Strategien für Verständnisprobleme oder andere Fähigkeiten. Ich plane eine Lektion, aber wenn die Neugierde und die Bedürfnisse meiner Schüler von meinem Plan abweichen, mache ich Anpassungen.
>
> Der Vormittag endet mit einem Schreibworkshop. Für gewöhnlich beginnt der Workshop mit einer Minilektion, die ich am Abend zuvor geplant habe, nachdem ich in den Schreibmappen der Kinder deren Texte gelesen hatte. Wir lesen dann eine Geschichte, welche aus Sicht des Autors diskutiert werden kann. Was hat dieser Autor getan, um die Geschichte interessant zu machen? Wie können wir das für unser eigenes Schreiben nutzen? Gibt es irgendwas in der Geschichte, über das wir schreiben wollen? Die Kinder erhalten dann ihre Schreibmappen, überprüfen, was sie am Vortag geschrieben haben, und entscheiden danach, worüber sie heute schreiben. (ebd.)

Auffällig ist, dass Linda Wert auf analytisches, selbstständiges Denken und strategisches Lesen legt (4.2.3, 5.4), statt wie früher auf Handschrift und genaues Ausmalen. Markant ist ferner, wie viel Autonomie die Schülerinnen und Schüler inzwischen haben (6.5). Zwar wird von ihnen erwartet, dass sie ihre Lösungsansätze mitteilen, aber in welchem Ausmaß das geschieht, entscheiden sie selbst. Sie dürfen selbst Themen beim Schreiben und Texte zum Lesen auswählen, befinden über die Reihenfolge der zu erledigenden Aufträge und auch darüber, ob sie allein oder gemeinsam vorgehen und planen dies genau (5.1).

Die Mitschüler und Linda fungieren als Modelle (6.4), und Linda beobachtet ihre Schülerinnen und Schüler genau und entscheidet situativ, was zu tun ist und was sie lehrt. Die frühere Abhängigkeit von vorgefertigten Arbeitsmaterialien scheint sie abgelegt zu haben. Das gilt auch für die unterschwellige Betonung von Leistungsunterschieden in Lesegruppen, die nun nicht mehr leistungsbasiert gebildet werden. Lob und die Fokussierung auf die eigenen Anstrengungen dürften den Kindern dabei helfen, die eigenen Fähigkeiten in einem positiven Licht zu sehen (6.2, 6.3).

Zu guter Letzt hat die Lehrerin Linda nicht nur die zahlreichen Veränderungen ihres Unterrichts beschrieben, sondern auch, wie sich ihr Rollenverständnis veränderte und was sie dafür als Ursache benennt. Auch diese Passage ist instruktiv und verdient daher eine genauere Betrachtung.

7 Ausblick: A teacher under Construction

> **Fallbeispiel: Wie Linda ihre Veränderungen selbst sieht (18)**
>
> Das sieht nach gewaltigen Veränderungen aus, die in nur vier Jahren auftraten. Ich habe die Änderungen beschrieben, wie sich die Abläufe verändert haben, aber diese Änderungen spiegeln auch, wie sich meine Überzeugungen gewandelt haben. Ich glaube nicht mehr, dass Kinder dadurch lernen, dass wir ihnen sagen, was sie sich merken sollen. Vielmehr müssen sie ihr eigenes Verständnis konstruieren, indem sie neue Informationen mit ihrem Vorwissen verknüpfen. Meine Rolle als Lehrerin ist es, ihnen beim Verständnis dieses Prozesses zu helfen. Ich war es gewohnt zu denken, dass alles Lernen von mir kommt; heute sehe ich meine Rolle mehr als Förderer oder Coach. Ich verwende Ideen aus Büchern oder von Experten, aber erst nachdem ich mich gefragt habe, ob sie zu meinen Überzeugungen von Lernen und Unterrichten sowie den Bedürfnissen meiner Schüler passen.
>
> Die Veränderungen in meinem Unterrichten und in meinen Überzeugungen haben Heiterkeit und Frustration erzeugt. Alles in allem aber haben sie mein Interesse an meinem eigenen Lernen erneuert, mir Zutrauen in meine eigenen Fähigkeiten als Lehrerin gegeben und resultierten in einem Klassenzimmer, das sich menschlicher, lebendiger und lernfreundlicher anfühlt. Als ich das Master-Programm angefangen habe, habe ich nach dem „richtigen" Weg gesucht, Dinge zu tun. Was ich gefunden habe, war etwas anderes. Ich dachte, ich sei bereit, einige Veränderungen vorzunehmen, aber diese Veränderungen sind weitreichender und anders, als ich je hätte vorhersehen können.
>
> Marylin, die Forscherin, bat uns darüber nachzudenken, wie unsere Ideen mit unserem Unterrichten zusammenhängen. Ich habe versucht, diese Information außerhalb von mir zu finden. Was wollte sie, das ich sagen sollte? Sie ermutigte uns, kritisch über unsere eigenen Überzeugungen und deren Zusammenhang mit unseren Unterrichtspraktiken nachzudenken. Es war schmerzhaft, Inkongruenzen zu erkennen. Nach und nach kam ich dazu, meine eigenen Fragen und eigenen Antworten zu finden.
>
> Ich habe keine Ahnung, wie viel die Teilnahme am Master-Programm und dieser Studie meine Veränderung beeinflusst haben. Aber ich habe die Ahnung, dass der reflexive Charakter des Programms und die kontinuierliche langfristige Unterstützung zentral waren. Ohne beides hätte ich nicht den Grad an Veränderung durchgemacht, den ich erreicht habe. (ebd.)

Das Eindrucksvolle an Lindas Aussage ist, dass die weiter oben angeführten umfangreichen Veränderungen im Unterricht an der Oberfläche reflektieren, was sich in den Einstellungen und Überzeugungen bei Linda geändert hat. Sie sieht sich nicht mehr als die Person, die allein verantwortlich für das Lernen ist, sondern als Förderin und Begleiterin. Dabei scheint aber nicht der ursprünglich angedachte Weg einer partiellen Veränderung geholfen zu haben, sondern die Erkenntnis, dass es keine einfachen Direktiven gibt, denen sie nur zu folgen habe. Introspektion und Divergenzerfahrungen zwischen Wunsch und Wirklichkeit scheinen eine treibende Kraft in einem offenbar für Linda nicht leichten Prozess gewesen zu sein. Dabei haben anscheinend zum einen ausreichende Gelegenheiten, über das eigene unterrichtliche Handeln nachzudenken und mit anderen darüber zu sprechen, geholfen und zum anderen die langfristige Begleitung. Vielleicht ist das die eigentliche Essenz dieser und vieler anderer Studien, die sich der professionellen Weiterentwicklung von Lehrkräften bei der Leseinstruktion gewidmet haben (Anderson 1992; Duffy 1993; Hilden/Pressley 2007; Lau 2011): Positive Veränderungen benötigen nicht nur bei Heranwachsenden, sondern auch bei ihren Lehrkräften Unterstützung und Zeit – im Falle der Lehrerin Linda waren es vier Jahre. Diese trivial anmutende Erkenntnis liegt auch dem Erwerb der Selbstregulation und der Lese- und Schreibkompetenz zugrunde. Und das ist auch der Grund, weshalb die Förderung von Lese- und Schreibmotivation ebenso wie die Förderung von Kompetenzen im Umgang mit Schriftsprache unbedingt längerfristig und konzertiert erfolgen sollte.

Literatur

Abbott, J. A. 2000: "Blinking Out" and "Having the Touch." Two Fifth-Grade Boys Talk about Flow Experiences in Writing. In: Written Communication. H. 1. S. 53–92.

Akyol, H./Ulusoy, M. 2010: Pre-Service Teachers' Use of Reading Strategies in Their Own Readings and Future Classrooms. In: Teaching and Teacher Education. H. 4. S. 878–884.

Alexander, P. A. 2005: The Path to Competence: A Lifespan Developmental Perspective on Reading. In: Journal of Literacy Research. H. 4. S. 413–436.

Ames, C. 1992: Classrooms: Goals, Structures, and Student Motivation. In: Journal of Educational Psychology. H. 3. S. 261–271.

Anderman, E. M./Midgley, C. 1997: Changes in Achievement Goal Orientations, Perceived Academic Competence, and Grades across the Transition to Middle-Level Schools. In: Contemporary Educational Psychology. H. 3. S. 269–298.

Anderson, R. C./Wilson, P. T./Fielding, L. G. 1988: Growth in Reading and How Children Spend Their Time outside of School. In: Reading Research Quarterly. H. 3. S. 285–303.

Anderson, V. 1992: A Teacher Development Project in Transactional Strategy Instruction for Teachers of Severely Reading-Disabled Adolescents. In: Teaching and Teacher Education. H. 4. S. 391–403.

Andrade, H. L./Wang, X./Du, Y./Akawi, R. L. 2009: Rubric-Referenced Self-Assessment and Self-Efficacy for Writing. In: Journal of Educational Research. H. 4. S. 287–302.

Andreassen, R./Bråten, I. 2011: Implementation and Effects of Explicit Reading Comprehension Instruction in Fifth-Grade Classrooms. In: Learning and Instruction. H. 4. S. 520–537.

Andringa, E. 2004: The Interface between Fiction and Life: Patterns of Identification in Reading Autobiographies. In: Poetics Today. H. 2. S. 205–240.

Anmarkrud, Ø./Bråten, I. 2009: Motivation for Reading Comprehension. In: Learning and Individual Differences. H. 2. S. 252–256.

Applebee, A. N./Langer, J. A. 2009: What Is Happening in the Teaching of Writing? In: English Journal. H. 5. S. 18–28.

Applebee, A. N./Langer, J. A. 2011: A Snapshot of Writing Instruction in Middle Schools and High Schools. In: English Journal. H. 6. S. 14–27.

Archambault, I./Eccles, J./Vida, M. 2010: Ability Self-Concepts and Subjective Value in Literacy: Joint Trajectories from Grades 1 through 12. In: Journal of Educational Psychology. H. 4. S. 804–816.

Artelt, C./Naumann, J./Schneider, W. 2010: Lesemotivation und Lernstrategien. In: E. Klieme/C. Artelt/J. Hartig/N. Jude/O. Köller/M. Prenzel/W. Schneider/P. Stanat (Hg.): PISA 2009. Bilanz nach einem Jahrzehnt. Münster. S. 73–112.

Artelt, C./Schiefele, U./Schneider, W./Stanat, P. 2002: Leseleistungen deutscher Schülerinnen und Schüler im internationalen Vergleich (PISA). Ergebnisse und Erklärungsansätze. In: Zeitschrift für Erziehungswissenschaft. H. 1. S. 6–27.

Assor, A./Kaplan, H./Roth, G. 2002: Choice is Good, but Relevance is Excellent: Autonomy-Enhancing and Suppressing Teacher Behaviours Predicting Students' Engagement in Schoolwork. In: British Journal of Educational Psychology. H. 2. S. 261–278.

Bachmann, T./Becker-Mrotzek, M. 2010: Schreibaufgaben situieren und profilieren. In: T. Pohl/T. Steinhoff (Hg.): Textformen als Lernformen. Duisburg. S. 191–209.

Baker, L./Scher, D./Mackler, K. 1997: Home and Family Influences on Motivations for Reading. In: Educational Psychologist. H. 2. S. 69–82.

Baker, L./Wigfield, A. 1999: Dimensions of Children's Motivation for Reading and Their Rela-

tions to Reading Activity and Reading Achievement. In: Reading Research Quarterly. H. 4. S. 452–477.
Baker, S. K./Chard, D. J./Ketterlin-Geller, L. R./Apichatabutra, C./Doabler, C. 2009: Teaching Writing to At-Risk Students: The Quality of Evidence for Self-Regulated Strategy Development. In: Exceptional Children. H. 3. S. 303–318.
Bandura, A. 1977: Self-Efficacy: Toward a Unifying Theory of Behavioral Change. In: Psychological Review. H. 2. S. 191–215.
Bandura, A. 1997: Self-Efficacy. The Exercise of Control. New York.
Bangert-Drowns, R. L./Hurley, M. M./Wilkinson, B. 2004: The Effects of School-Based Writing-to-Learn Interventions on Academic Achievement: A Meta-Analysis. In: Review of Educational Research. H. 1. S. 29–58.
Barbeiro, L. 2011: What Happens When I Write? Pupils' Writing about Writing. In: Reading and Writing. H. 7. S. 813–834.
Becker, M./McElvany, N./Kortenbruck, M. 2010: Intrinsic and Extrinsic Reading Motivation as Predictors of Reading Literacy: A Longitudinal Study. In: Journal of Educational Psychology. H. 4. S. 773–785.
Becker-Mrotzek, M./Schindler, K. 2007: Schreibkompetenz modellieren. In: M. Becker-Mrotzek/K. Schindler (Hg.): Texte schreiben. Duisburg. S. 7–26.
Bereiter, C./Scardamalia, M. 1987: The Psychology of Written Composition. Hillsdale.
Bieg, S./Backes, S./Mittag, W. 2011: The Role of Intrinsic Motivation for Teaching, Teachers' Care and Autonomy Support in Students' Self-Determined Motivation. In: Journal for Educational Research Online. H. 1. S. 124–140.
Bogner, K./Raphael, L./Pressley, M. 2002: How Grade 1 Teachers Motivate Literate Activity by Their Students. In: Scientific Studies of Reading. H. 2. S. 135–165.
Bong, M. 2001: Between- and Within-Domain Relations of Academic Motivation among Middle and High School Students: Self-Efficacy, Task-Value, and Achievement Goals. In: Journal of Educational Psychology. H. 1. S. 23–34.
Bong, M./Skaalvik, E. M. 2003: Academic Self-Concept and Self-Efficacy: How Different Are They Really? In: Educational Psychology Review. H. 1. S. 1–40.
Borsch, F. 2010: Kooperatives Lehren und Lernen im schulischen Unterricht. Stuttgart.
Boscolo, P. 2009: Engaging and Motivating Children to Write. In: R. Beard/D. Myhill/J. Riley/M. Nystrand (Hg.): The Sage Handbook of Writing Development. Los Angeles. S. 300–312.
Boscolo, P./Hidi, S. 2007: The Multiple Meanings of Motivation to Write. In: G. Rijlaarsdam/P. Boscolo/S. Hidi (Hg.): Writing and Motivation. Bingley. S. 1–14.
Bouffard, T./Marcoux, M.-F./Vezeau, C./Bordeleau, L. 2003: Changes in Self-Perceptions of Competence and Intrinsic Motivation among Elementary Schoolchildren. In: British Journal of Educational Psychology. H. 2. S. 171–186.
Braaksma, M. A. H./Rijlaarsdam, G./van den Bergh, H./van Hout-Wolters, B. H. A. M. 2004: Observational Learning and Its Effects on the Orchestration of Writing Processes. In: Cognition and Instruction. H. 1. S. 1–36.
Braaksma, M. A. H./Rijlaarsdam, G./van den Bergh, H./van Hout-Wolters, B. H. A. M. 2006: What Observational Learning Entails: A Multiple Case Study. In: L1 – Educational Studies in Language and Literature. H. 1. S. 31–62.
Bräuer, G./Schindler, K. 2011: Authentische Schreibaufgaben – ein Konzept. In: G. Bräuer/K. Schindler (Hg.): Schreibarrangements für Schule, Hochschule, Beruf. Freiburg. S. 12–63.
Brophy, J. 1999: Toward a Model of the Value Aspects of Motivation in Education: Developing

Appreciation for Particular Learning Domains and Activities. In: Educational Psychologist. H. 2. S. 75–85.

Brophy, J. 2008: Developing Students' Appreciation for What's Taught in School. In: Educational Psychologist. H. 3. S. 132–141.

Bruning, R./Horn, C. 2000: Developing Motivation to Write. In: Educational Psychologist. H. 1. S. 25–37.

Brunstein, Joachim C./Glaser, Cornelia 2011: Testing a Path-Analytic Mediation Model of How Self-Regulated Writing Strategies Improve Fourth Graders' Composition Skills: A Randomized Controlled Trial. In: Journal of Educational Psychology. H. 4. S. 922–938.

Cameron, J./Banko, K. M./Pierce, W. D. 2001: Pervasive Negative Effects of Rewards on Intrinsic Motivation: The Myth Continues. In: The Behavior Analyst. H. 1. S. 1–44.

Cameron, J./Pierce, W. D. 1994: Reinforcement, Reward, and Intrinsic Motivation: A Meta-Analysis. In: Review of Educational Research. H. 3. S. 363–423.

Campitelli, G./Gobet, F. 2008: The Role of Practice in Chess: A Longitudinal Study. In: Learning and Individual Differences. H. 4. S. 446–458.

Chan, L. K. S. 1994: Relationship of Motivation, Strategic Learning, and Reading Achievement in Grades 5, 7, and 9. In: Journal of Experimental Education. H. 4. S. 319–339.

Chapman, J. W./Tunmer, W. E. 1995: Development of Young Children's Reading Self-Concepts: An Examination of Emerging Subcomponents and Their Relationship with Reading Achievement. In: Journal of Educational Psychology. H. 1. S. 154–167.

Chapman, J. W./Tunmer, W. E. 1997: A Longitudinal Study of Beginning Reading Achievement and Reading Self-Concept: Self Perception and Performance. In: British Journal of Educational Psychology. H. 3. S. 279–291.

Chard, D. J./Vaughn, S./Tyler, B.-J. 2002: A Synthesis of Research on Effective Interventions for Building Reading Fluency with Elementary Students with Learning Disabilities. In: Journal of Learning Disabilities. H. 5. S. 386–406.

Charlton, M./Sutter, T. 2007: Lese-Kommunikation. Mediensozialisation in Gesprächen über mehrdeutige Texte. Bielefeld.

Charness, N./Tuffiash, M./Krampe, R./Reingold, E./Vasyukova, E. 2005: The Role of Deliberate Practice in Chess Expertise. In: Applied Cognitive Psychology. H. 2. S. 151–165.

Chiu, M. M. 2004: Adapting Teacher Interventions to Student Needs during Cooperative Learning: How to Improve Student Problem Solving and Time On-Task. In: American Educational Research Journal. H. 2. S. 365–399.

Chiu, M. M./McBride-Chang, C. 2006: Gender, Context, and Reading: A Comparison of Students in 43 Countries. In: Scientific Studies of Reading. H. 4. S. 331–362.

Cipielewski, J./Stanovich, K. E. 1992: Predicting Growth in Reading Ability from Children's Exposure to Print. In: Journal of Experimental Child Psychology. H. 1. S. 74–89.

Cleary, L. M. 1990: The Fragile Inclination to Write: Praise and Criticism in the Classroom. In: English Journal. H. 2. S. 22–28.

Cleary, L. M. 1991: Affect and Cognition in the Writing Processes of Eleventh Graders: A Study of Concentration and Motivation. In: Written Communication. H. 4. S. 473–508.

Coddington, C. S./Guthrie, J. T. 2009: Teacher and Student Perceptions of Boys' and Girls' Reading Motivation. In: Reading Psychology. H. 3. S. 225–249.

Cohen, E. G. 1994: Restructuring the Classroom: Conditions for Productive Small Groups. In: Review of Educational Research. H. 1. S. 1–35.

Crinon, J./Marin, B. 2010: The Role of Peer Feedback in Learning to Write Explanatory Texts: Why the Tutors Learn the Most. In: Language Awareness. H. 2. S. 111–128.

Cromley, J. G./Azevedo, R. 2007: Testing and Refining the Direct and Inferential Mediation Model of Reading Comprehension. In: Journal of Educational Psychology. H. 2. S. 311–325.

Cruickshank, D. R./Haefele, D. 2001: Good Teachers, Plural. In: Educational Leadership. H. 5. S. 26–30.

Crumpton, H. E./Gregory, A. 2011: "I'm Not Learning": The Role of Academic Relevancy for Low-Achieving Students. In: The Journal of Educational Research. H. 1. S. 42–53.

Cunningham, A. E./Stanovich, K. E. 1991: Tracking the Unique Effects of Print Exposure in Children: Associations with Vocabulary, General Knowledge, and Spelling. In: Journal of Educational Psychology. H. 2. S. 264–274.

Cutler, L./Graham, S. 2008: Primary Grade Writing Instruction: A National Survey. In: Journal of Educational Psychology. H. 4. S. 907–919.

Daniels, E./Arapostathis, M. 2005: What Do they Really Want? Student Voices and Motivation Research. In: Urban Education. H. 1. S. 34–59.

Deci, E. L./Koestner, R./Ryan, R. M. 1999: A Meta-Analytic Review of Experiments Examining the Effects of Extrinsic Rewards on Intrinsic Motivation. In: Psychological Bulletin. H. 6. S. 627–668.

Deci, E. L./Koestner, R./Ryan, R. M. 2001: Extrinsic Rewards and Intrinsic Motivation in Education: Reconsidered Once Again. In: Review of Educational Research. H. 1. S. 1–27

Deci, E. L./Ryan, R. M. 1985: Intrinsic Motivation and Self-Determination in Human Behavior. New York, London.

De La Paz, S. 2005: Effects of Historical Reasoning Instruction and Writing Strategy Mastery in Culturally and Academically Diverse Middle School Classrooms. In: Journal of Educational Psychology. H. 2. S. 139–156.

Diefenbach, H. 2010: Jungen – die „neuen" Bildungsverlierer. In: G. Quenzel/K. Hurrelmann (Hrsg.): Bildungsverlierer. Neue Ungleichheiten. Wiesbaden. S. 245–271.

Dignath, C./Büttner, G. 2008: Components of Fostering Self-Regulated Learning among Students. A Meta-Analysis on Intervention Studies at Primary and Secondary School Level. In: Metacognition and Learning. H. 3. S. 231–264.

Dignath, C./Büttner, G./Langfeldt, H.-P. 2008: How Can Primary School Students Learn Self-Regulated Learning Strategies Most Effectively? A Meta-Analysis on Self-Regulation Training Programmes. In: Educational Research Review. H. 2. S. 101–129.

Dolezal, S. E./Welsh, L. M./Pressley, M./Vincent, M. M. 2003: How Nine Third-Grade Teachers Motivate Student Academic Engagement. In: Elementary School Journal. H. 3. S. 239–267.

Duffy, G. G. 1993: Teachers' Progress toward Becoming Expert Strategy Teachers. In: The Elementary School Journal. H. 2. S. 109–120.

Duke, N. K./Pearson, P. D. 2002: Effective Practices for Developing Reading Comprehension. In: A. E. Farstrup/S. J. Samuels (Hrsg.): What Research Has to Say about Reading Instruction. 3rd ed., Newark. S. 205–242.

Durik, A. M./Vida, M./Eccles, J. S. 2006: Task Values and Ability Beliefs as Predictors of High School Literacy Choices: A Developmental Analysis. In: Journal of Educational Psychology. H. 2. S. 382–393.

Durkin, D. 1979: What Classroom Observations Reveal about Reading Comprehension Instruction. In: Reading Research Quarterly. H. 4. S. 481–533.

Eccles, J. S./Wigfield, A. 2002: Motivational Beliefs, Values, and Goals. In: Annual Review of Psychology. S. 109–132.

Eccles, J. S./Wigfield, A./Harold, R./Blumenfeld, P. 1993: Age and Gender Differences in Children's Self- and Task Perceptions during Elementary School. In: Child Development. H. 3. S. 830–847.

Edmonds, M. S./Vaughn, S./Wexler, J./Reutebuch, C. K./Cable, A./Klingler Tackett, K./Wick Schnakenberg, J. 2009: A Synthesis of Reading Interventions and Effects on Reading Comprehension Outcomes for Older Struggling Readers. In: Review of Educational Research. H. 1. S. 262–300.

Edmunds, K. M./Tancock, S. M. 2002: Incentives: The Effects on the Reading Motivation of Fourth-Grade Students. In: Reading Research and Instruction. H. 2. S. 17–37

Eisenberger, R./Cameron, J. 1996: Detrimental Effects of Reward. Reality or Myth? In: American Psychologist. H. 11. S. 1153–1166.

Eisenberger, R./Pierce, W. D./Cameron, J. 1999: Effects of Reward on Intrinsic Motivation – Negative, Neutral, and Positive: Comment on Deci, Koestner, and Ryan (1999). In: Psychological Bulletin. H. 6. S. 677–691.

Elliot, A. J. 2005: A Conceptual History of the Achievement Goal Construct. In: A. J. Elliot/C. S. Dweck (Hrsg.): Handbook of Competence and Motivation. New York. S. 52–72

Elliot, A. J./Fryer, J. W. 2008: The Goal Concept in Psychology. In: J. Y. Shah/W. L. Gardner (Hrsg.): Handbook of Motivation Science. New York. S. 235–250.

Emmer, E. T./Gerwels, M. C. 2002: Cooperative Learning in Elementary Classrooms: Teaching Practices and Lesson Characteristics. In: The Elementary School Journal. H. 1. S. 75.

Ericsson, K. A./Krampe, R. T./Tesch-Römer, C. 1993: The Role of Deliberate Practice in the Acquisition of Expert Performance. In: Psychological Review. H. 3. S. 363–406.

Ferrer, E./McArdle, J./Shaywitz, B./Holahan, J./Marchione, K./Shaywitz, S. 2007: Longitudinal Models of Developmental Dynamics between Reading and Cognition from Childhood to Adolescence. In: Developmental Psychology. H. 6. S. 1460–1473.

Fink, R. 1998: Literacy Development in Successful Men and Women with Dyslexia. In: Annals of Dyslexia. H. 1. S. 311–346.

Fink, R. 2006: Why Jane and John Couldn't Read – and How They Learned. A New Look at Striving Readers. Newark.

Fisher, D. 2009: The Use of Instructional Time in the Typical High School Classroom. In: Educational Forum. H. 2. S. 168–176.

Fix, M. 2006: Texte schreiben. Schreibprozesse im Deutschunterricht. Paderborn.

Florio, S./Clark, C. M. 1982: The Functions of Writing in an Elementary Classroom. In: Research in the Teaching of English. H. 2. S. 115–130.

Frattaroli, J. 2006: Experimental Disclosure and Its Moderators: A Meta-Analysis. In: Psychological Bulletin. H. 6. S. 823–865.

Garrett, L./Moltzen, R. 2011: Writing because I Want to, Not because I Have To. Young Gifted Writers' Perspectives on the Factors That "Matter" in Developing Expertise. In: English Teaching: Practice and Critique. H. 1. S. 165–180.

Gee, J. P. 2008: What Video Games Have to Teach us about Learning and Literacy. Rev. and updated ed. Basingstoke.

Gentile, D. A./Gentile, J. R. 2008: Violent Video Games as Exemplary Teachers: A Conceptual Analysis. In: Journal of Youth and Adolescence. H. 2. S. 127–141.

Gersten, R./Baker, S. 2001: Teaching Expressive Writing to Students with Learning Disabilities: A Meta-Analysis. In: The Elementary School Journal. H. 3. S. 251–272.

Gilbert, J./Graham, S. 2010: Teaching Writing to Elementary Students in Grades 4-6: A National Survey. In: Elementary School Journal. H. 4. S. 494–518.

Gillies, R. M. 2003: Structuring Cooperative Group Work in Classrooms. In: International Journal of Educational Research. H. 1. S. 35–49.
Gillies, R. M. 2004: The Effects of Communication Training on Teachers' and Students' Verbal Behaviours during Cooperative Learning. In: International Journal of Educational Research. H. 3. S. 257–279.
Gillies, R. M./Boyle, M. 2008: Teachers' Discourse during Cooperative Learning and Their Perceptions of This Pedagogical Practice. In: Teaching and Teacher Education. H. 5. S. 1333–1348.
Gillies, R. M./Boyle, M. 2010: Teachers' Reflections on Cooperative Learning: Issues of Implementation. In: Teaching and Teacher Education: An International Journal of Research and Studies. H. 4. S. 933–940.
Ginsburg-Block, M. D./Rohrbeck, C. A./Fantuzzo, J. W. 2006: A Meta-Analytic Review of Social, Self-Concept, and Behavioral Outcomes of Peer-Assisted Learning. In: Journal of Educational Psychology. H. 4. S. 732–749.
Gottfried, A. E. 1990: Academic Intrinsic Motivation in Young Elementary School Children. In: Journal of Educational Psychology. H. 3. S. 525–538.
Gottfried, A. E./Fleming, J. S./Gottfried, A. W. 1998: Role of Cognitively Stimulating Home Environment in Children's Academic Intrinsic Motivation: A Longitudinal Study. In: Child Development. H. 5. S. 1448–1460.
Gottfried, A. E./Fleming, J. S./Gottfried, A. W. 2001: Continuity of Academic Intrinsic Motivation from Childhood through Late Adolescence: A Longitudinal Study. In: Journal of Educational Psychology. H. 1. S. 3–13.
Graf, W. 1995: Fiktionales Lesen und Lebensgeschichte. Lektürebiografien der Fernsehgeneration. In: C. Rosebrock (Hrsg.): Lesen im Medienzeitalter. Biographische und historische Aspekte literarischer Sozialisation. Weinheim. S. 97–125.
Graf, W. 2004a: Der Sinn des Lesens. Modi der literarischen Rezeptionskompetenz. Münster.
Graf, W. 2004b: Zur Sachtextpräferenz männlicher Jugendlicher. In: SPIEL. H. 1. S. 23–37.
Graf, W. 2007: Lesegenese in Kindheit und Jugend. Einführung in die literarische Sozialisation. Baltmannsweiler.
Graham, S. 2006: Writing. In: P. A. Alexander/P. P. Winne (Hrsg.): Handbook of Educational Psychology. 2nd ed., Mahwah. S. 457–478.
Graham, S. 2008: Strategy Instruction and the Teaching of Writing: A Meta-Analysis. In: C. A. MacArthur/S. Graham/J. Fitzgerald (Hrsg.): Handbook of Writing Research. New York. S. 187–207.
Graham, S./Harris, K. R. 1999: Assessment and Intervention in Overcoming Writing Difficulties: An Illustration From the Self-Regulated Strategy Development Model. In: Language, Speech, and Hearing Services in Schools. H. 3. S. 255–264.
Graham, S./Harris, K. R. 2000: The Role of Self-Regulation and Transcription Skills in Writing and Writing Development. In: Educational Psychologist. H. 1. S. 3–12.
Graham, S./Harris, K. R. 2003: Students with Learning Disabilities and the Process of Writing. A Meta-Analysis of SRSD Studies. In: H. L. Swanson/K. R. Harris/S. Graham (Hrsg.): Handbook of Learning Disabilities. New York. S. 323–344
Graham, S./Harris, K. R. 2005: Writing Better. Effective Strategies for Teaching Students with Learning Difficulties. Baltimore.
Graham, S./Harris, K. R. 2009: Evidence-Based Writing Practices: Drawing Recommendations from Multiple Sources. In: J. E. Dockrell/D. Galbraith/D. Myhill (Hrsg.): Teaching and Learning Writing: British Journal of Educational Psychology. Leicester. S. 95–111.

Graham, S./Harris, K. R./Fink-Chorzempa, B./MacArthur, C. 2003: Primary Grade Teachers' Instructional Adaptations for Struggling Writers: A National Survey. In: Journal of Educational Psychology. H. 2. S. 279–292.

Graham, S./Harris, K. R./ Hebert, M. 2011: Informing Writing. The Benefits of Formative Assessment. Washington.

Graham, S./Hebert, M. 2011: Writing to Read: A Meta-Analysis of the Impact of Writing and Writing Instruction on Reading. In: Harvard Educational Review. H. 4. S. 710–744.

Graham, S./Perin, D. 2007: A Meta-Analysis of Writing Instruction for Adolescent Students. In: Journal of Educational Psychology. H. 3. S. 445–476.

Graham, S./Schwartz, S. S./MacArthur, C. A. 1993: Knowledge of Writing and the Composing Process, Attitude Toward Writing, and Self-Efficacy for Students With and Without Learning Disabilities. In: Journal of Learning Disabilities. H. 4. S. 237–249.

Greaney, V./Neuman, S. B. 1990: The Functions of Reading: A Cross-Cultural Perspective. In: Reading Research Quarterly. H. 3. S. 172–195.

Groeben, N. 2004a: Einleitung: Funktionen des Lesens – Normen der Gesellschaft. In: N. Groeben/B. Hurrelmann (Hrsg.): Lesesozialisation in der Mediengesellschaft. Ein Forschungsüberblick. Weinheim. S. 11–35.

Groeben, N. 2004b: (Lese-)Sozialisation als Ko-Konstruktion – Methodisch-methodologische Problem-(Lösungs-)Perspektiven. In: N. Groeben/B. Hurrelmann (Hrsg.): Lesesozialisation in der Mediengesellschaft. Ein Forschungsüberblick. Weinheim. S. 145–168.

Groeben, N./Hurrelmann, B. 2004: Fazit: Lesen als Schlüsselqualifikation? In: N. Groeben/B. Hurrelmann (Hrsg.): Lesesozialisation in der Mediengesellschaft. Ein Forschungsüberblick. Weinheim. S. 440–465.

Groeben, N./Schroeder, S. 2004: Versuch einer Synopse: Sozialisationsinstanzen – Ko-Konstruktion. In: N. Groeben/B. Hurrelmann (Hrsg.): Lesesozialisation in der Mediengesellschaft. Ein Forschungsüberblick. Weinheim. S. 306–348.

Guay, F./Chanal, J. P./Ratelle, C. F./Marsh, H. W./Larose, S./Boivin, M. 2010: Intrinsic, Identified, and Controlled Types of Motivation for School Subjects in Young Elementary Schoolchildren. In: British Journal of Educational Psychology. H. 4. S. 711–735

Guthrie, J. T./Alao, S. 1997: Designing Contexts to Increase Motivations for Reading. In: Educational Psychologist. H. 2. S. 95–105.

Guthrie, J. T./Coddington, C. S. 2009: Reading Motivation. In: K. R. Wentzel/A. Wigfield (Hrsg.): Handbook of Motivation at School. New York. S. 503–525.

Guthrie, J. T./Coddington, C. S./Wigfield, A. 2009: Profiles of Reading Motivation among African American and Caucasian Students. In: Journal of Literacy Research. H. 3. S. 317–353.

Guthrie, J. T./Humenick, N. M. 2004: Motivating Students to Read: Evidence for Classroom Practices that Increase Reading Motivation and Achievement. In: P. McCardle/V. Chhabra (Hrsg.): The Voice of Evidence in Reading Research. Baltimore. S. 329–354.

Guthrie, J. T./Wigfield, A. 2000: Engagement and Motivation in Reading. In: P. D. Pearson/R. Barr/M. L. Kamil (Hrsg.): Handbook of Reading Research. Volume III. Mahwah. S. 403–422.

Guthrie, J. T./Wigfield, A./Metsala, J. L./Cox, K. E. 1999: Motivational and Cognitive Predictors of Text Comprehension and Reading Amount. In: Scientific Studies of Reading. H. 3. S. 231–256.

Guthrie, J. T./Wigfield, A./VonSecker, C. 2000: Effects of Integrated Instruction on Motivation and Strategy Use in Reading. In: Journal of Educational Psychology. H. 2. S. 331–341.

Hacker, D. J./Tenent, A. 2002: Implementing Reciprocal Teaching in the Classroom: Overcoming Obstacles and Making Modifications. In: Journal of Educational Psychology. H. 4. S. 699–718.

Hall, A. H./Grisham-Brown, J. 2011: Writing Development Over Time: Examining Preservice Teachers' Attitudes and Beliefs About Writing. In: Journal of Early Childhood Teacher Education. H. 2. S. 148–158.

Hallenbeck, M. J. 1995: The Cognitive Strategy in Writing: Welcome Relief for Adolescents with Learning Disabilities. Vortrag auf der jährlichen Tagung des Council for Exceptional Children, 5. April 1995. Indianapolis [Vortragsmanuskript abrufbar unter: *http://www.eric.ed.gov/PDFS/ED381981.pdf*, recherchiert am 14. November 2011].

Hand, B./Prain, V. 2002: Teachers Implementing Writing-to-Learn Strategies in Junior Secondary Science: A Case Study. In: Science Education. H. 6. S. 737–755.

Harackiewicz, J. M./Barron, K. E./Pintrich, P. R./Elliot, A. J./Thrash, T. M. 2002: Revision of Achievement Goal Theory: Necessary and Illuminating. In: Journal of Educational Psychology. H. 3. S. 638–645.

Harsch, C./Neumann, A./Lehmann, R./Schröder, K. 2007: Schreibfähigkeiten. In: B. Beck/E. Klieme (Hrsg.): Sprachliche Kompetenzen. Konzepte und Messung – DESI-Studie (Deutsch-Englische-Schülerleistungen-International). Weinheim. S. 38–58.

Hattie, J. 2009: Visible Learning. A Synthesis of over 800 Meta-Analyses Relating to Achievement. London.

Hattie, J./Timperley, H. 2007: The Power of Feedback. In: Review of Educational Research. H. 1. S. 81–112.

Helmke, A. 2009: Unterrichtsqualität und Lehrerprofessionalität. Diagnose, Evaluation und Verbesserung des Unterrichts. 2., aktual. Aufl. Seelze-Velber.

Henderlong, J./Lepper, M. R. 2002: The Effects of Praise on Children's Intrinsic Motivation: A Review and Synthesis. In: Psychological Bulletin. H. 5. S. 774–795.

Hidi, S./Ainley, M. 2008: Interest and Self-Regulation: Relationships between Two Variables That Influence Learning. In: D. H. Schunk/B. J. Zimmerman (Hrsg.): Motivation and Self-Regulated Learning. Theory, Research, and Applications. New York. S. 77-109.

Hidi, S./Boscolo, P. 2008: Motivation and Writing. In: C. A. MacArthur/S. Graham/J. Fitzgerald (Hrsg.): Handbook of Writing Research. New York. S. 144–157.

Hidi, S./Renninger, K. A. 2006: The Four-Phase Model of Interest Development. In: Educational Psychologist. H. 2. S. 111–127.

Hilden, K. R./Pressley, M. 2007: Self-Regulation through Transactional Strategies Instruction. In: Reading & Writing Quarterly. H. 1. S. 51–75.

Hill, C. J./Bloom, H. S./Black, A. R./Lipsey, M. W. 2008: Empirical Benchmarks for Interpreting Effect Sizes in Research. In: Child Development Perspectives. H. 3. S. 172–177.

Huang, C. (im Druck): Gender Differences in Academic Self-Efficacy: A Meta-Analysis. In: European Journal of Psychology of Education.

Hunsaker, L./Johnston, M. 1992: Teacher Under Construction: A Collaborative Case Study of Teacher Change. In: American Educational Research Journal. H. 2. S. 350–372.

Hurrelmann, B. 2004: Bildungsnormen als Sozialisationsinstanz. In: N. Groeben/B. Hurrelmann (Hrsg.): Lesesozialisation in der Mediengesellschaft. Ein Forschungsüberblick. Weinheim. S. 280–305.

Hurrelmann, B./Becker, S./Nickel-Bacon, I. 2006: Lesekindheiten. Familie und Lesesozialisation im historischen Wandel. Weinheim.

Hurrelmann, Bettina/Groeben, Norbert 2004: Geschlecht und Medien: Immer noch mehr Fragen als Antworten. In: SPIEL. H. 1. S. 175–186.
Husfeldt, V./Lindauer, T. 2009: Kompetenzen beschreiben und messen. Eine Problematisierung selbstverständlicher Begriffe. In: A. Bertschi-Kaufmann/C. Rosebrock (Hrsg.): Literalität. Bildungsaufgabe und Forschungsfeld. Weinheim. S. 137–150.
Hyde, J. S. 2005: The Gender Similarities Hypothesis. In: American Psychologist. H. 6. S. 581–592.
Hyde, J. S./Linn, M. C. 1988: Gender Differences in Verbal Ability: A Meta-Analysis. In: Psychological Bulletin. H. 1. S. 53–69.
In'nami, Y./Koizumi, R. 2009: A Meta-Analysis of Test Format Effects on Reading and Listening Test Performance: Focus on Multiple-Choice and Open-Ended Formats. In: Language Testing. H. 2. S. 219–244.
Jacobs, J. E./Lanza, S./Osgood, D. W./Eccles, J. S./Wigfield, A. 2002: Changes in Children's Self-Competence and Values: Gender and Domain Differences across Grades One through Twelve. In: Child Development. H. 2. S. 509–527.
Jang, H./Reeve, J./Deci, E. L. 2010: Engaging Students in Learning Activities: It Is Not Autonomy Support or Structure but Autonomy Support and Structure. In: Journal of Educational Psychology. H. 3. S. 588–600.
Johnson, D. W. 2003: Social Interdependence: Interrelationships Among Theory, Research, and Practice. In: American Psychologist. H. 11. S. 934–945.
Johnson, D. W./Johnson, R. T. 1999: Learning Together and Alone. Cooperative, Competitive, and Individualistic Learning. 5th ed. Boston.
Katz, I./Assor, A. 2007: When Choice Motivates and When It Does Not. In: Educational Psychology Review. H. 4. S. 429–442.
Kellogg, R. T. 1999: The Psychology of Writing. New York.
Kellogg, R. T. 2008: Training Writing Skills: A Cognitive Development Perspective. In: Journal of Writing Research. H. 1. S. 1–26.
Kellogg, R. T./Whiteford, A. P. 2009: Training Advanced Writing Skills: The Case for Deliberate Practice. In: Educational Psychologist. H. 4. S. 250–266.
Kelly, P. R. 1986: The Influence of Reading Content on Students' Perceptions of the Masculinity or Femininity of Reading. In: Journal of Reading Behavior. H. 3. S. 243–256.
King, C. M./Parent Johnson, L. M. 1999: Constructing Meaning via Reciprocal Teaching. In: Reading Research and Instruction. H. 3. S. 169–186.
Kirschner, P. A./Sweller, J./Clark, R. E. 2006: Why Minimal Guidance During Instruction Does Not Work: An Analysis of the Failure of Constructivist, Discovery, Problem-Based, Experiential, and Inquiry-Based Teaching. In: Educational Psychologist. H. 2. S. 75–86.
Kiuhara, S. A./Graham, S./Hawken, L. S. 2009: Teaching Writing to High School Students: A National Survey. In: Journal of Educational Psychology. H. 1. S. 136–160.
Klassen, R. 2002: Writing in Early Adolescence: A Review of the Role of Self-Efficacy Beliefs. In: Educational Psychology Review. H. 2. S. 173–203.
Klassen, R. M. 2007: Using Predictions to Learn about the Self-Efficacy of Early Adolescents with and without Learning Disabilities. In: Contemporary Educational Psychology. H. 2. S. 173–87.
Klassen, R. M./Georgiou, G. 2008: Spelling and Writing Self-Efficacy of Indo-Canadian and Anglo-Canadian Early Adolescents. In: Journal of International Migration and Integration. H. 3. S. 311–326.

Klassen, R. M./Usher, E. L. 2010: Self-Efficacy in Educational Settings: Recent Research and Emerging Directions. In: T. C. Urdan/S. A. Karabenick (Hrsg.): The Decade Ahead. Theoretical Perspectives on Motivation and Achievement. Bingley. S. 1–33.

Klauda, S. L./Wigfield, A. 2012: Relations of Perceived Parent and Friend Support for Recreational Reading With Children's Reading Motivations. In: Journal of Literacy Research. H. 1. S. 3–44.

Klauda, S. L. 2009: The Role of Parents in Adolescents' Reading Motivation and Activity. In: Educational Psychology Review. S. 325–363.

Klingner, J. K./Urbach, J./Golos, D./Brownell, M./Menon, S. 2010: Teaching Reading in the 21st Century: A Glimpse at How Special Education Teachers Promote Reading Comprehension. In: Learning Disability Quarterly. H. 2. S. 59–74.

Kolic-Vehovec, S./Roncevic, B./Bajsanski, I. 2008: Motivational Components of Self-Regulated Learning and Reading Strategy Use in University Students: The Role of Goal Orientation Patterns. In: Learning and Individual Differences. H. 1. S. 108-113.

Korat, O./Schiff, R. 2005: Do Children Who Read More Books Know "What is Good Writing" Better Than Children Who Read Less? A Comparison between Grade Levels and SES Groups. In: Journal of Literacy Research. H. 3. S. 289–324.

Korthagen, F. A. J. 2004: In Search of the Essence of a Good Teacher: Towards a More Holistic Approach in Teacher Education. In: Teaching and Teacher Education. H. 1. S. 77–97.

Kos, R./Maslowski, C. 2001: Second Graders' Perceptions of What Is Important in Writing. In: The Elementary School Journal. H. 5. S. 567–584.

Kurtz-Costes, B./Ehrlich, M. F./McCall, R. J./Loridant, C. 1995: Motivational Determinants of Reading Comprehension: A Comparison of French, Caucasian–American, and African–American Adolescents. In: Applied Cognitive Psychology. H. 4. S. 351–364.

Lafontaine, D./Monseur, C. 2009: Gender Gap in Comparative Studies of Reading Comprehension: To What Extent Do the Test Characteristics Make a Difference? In: European Educational Research Journal. H. 1. S. 69–79.

Lam, S.-F./Law, Y.-K. 2007: The Roles of Instructional Practices and Motivation in Writing Performance. In: Journal of Experimental Education. H. 2. S. 145–164.

Lau, K.-L. 2004: Construction and Initial Validation of the Chinese Reading Motivation Questionnaire. In: Educational Psychology. H. 6. S. 845–865.

Lau, K.-L. 2009a: Grade Differences in Reading Motivation among Hong Kong Primary and Secondary Students. In: British Journal of Educational Psychology. H. 4. S. 713–733.

Lau, K.-L. 2009b: Reading Motivation, Perceptions of Reading Instruction and Reading Amount: A Comparison of Junior and Senior Secondary Students in Hong Kong. In: Journal of Research in Reading. H. 4. S. 366–382.

Lau, K.-l. 2011: Collaborating with Front-Line Teachers to Incorporate Self-Regulated Learning in Chinese Language Classes. In: Educational Research and Evaluation. H. 1. S. 47–66.

Lau, K.-L./Lee, J. 2008: Examining Hong Kong Students' Achievement Goals and Their Relations with Students' Perceived Classroom Environment and Strategy Use. In: Educational Psychology. H. 4. S. 357–372.

Law, Y.-K. 2009: The Role of Attribution Beliefs, Motivation and Strategy Use in Chinese Fifth-Graders' Reading Comprehension. In: Educational Research. H. 1. S. 77–95.

Law, Y.-K. 2011: The Role of Teachers' Cognitive Support in Motivating Young Hong Kong Chinese Children to Read and Enhancing Reading Comprehension. In: Teaching and Teacher Education. H. 1. S. 73–84.

Leflot, G./Onghena, P./Colpin, H. 2010: Teacher–Child Interactions: Relations with Children's Self-Concept in Second Grade. In: Infant Child Development. H. 4. S. 385–405.

Lepper, M. R./Henderlong, J./Iyengar, S. S. 2005: Intrinsic and Extrinsic Motivational Orientations in the Classroom: Age Differences and Academic Correlates. In: Journal of Educational Psychology. H. 2. S. 184–196.

Lietz, P. 2006: Issues in the Change in Gender Differences in Reading Achievement in Cross-National Research Studies since 1992: A Meta-Analytic View. In: International Education Journal. H. 2. S. 127–149.

Lin, C./Monroe, B. W./Troia, G. A. 2007: Development of Writing Knowledge in Grades 2–8: A Comparison of Typically Developing Writers and Their Struggling Peers. In: Reading & Writing Quarterly. H. 3. S. 207–230.

Lin, D./Wong, K./McBride-Chang, C. 2012: Reading Motivation and Reading Comprehension in Chinese and English among Bilingual Students. In: Reading and Writing. H. 3. S. 171–737.

Linnenbrink, E. A./Pintrich, P. R. 2002: Motivation as an Enabler for Academic Success. In: School Psychology Review. H. 3. S. 313–27.

Lipstein, R. L./Renninger, K. A. 2007a: Interest for Writing: How Teachers Can Make a Difference. In: English Journal. H. 4. S. 79–85.

Lipstein, R. L./Renninger, K. A. 2007b: "Putting Things into Words". The Development of 12–15-Year-Old Students' Interest for Writing. In: G. Rijlaarsdam/P. Boscolo/S. Hidi (Hrsg.): Writing and Motivation. Bingley. S. 113–140.

Lou, Y./Abrami, P. C./d'Apollonia, S. 2001: Small Group and Individual Learning with Technology: A Meta-Analysis. In: Review of Educational Research. H. 3. S. 449–521.

Lou, Y./Abrami, P. C./Spence, J. C./Poulsen, C./Chambers, B./d'Apollonia, S. 1996: Within-Class Grouping: A Meta-Analysis. In: Review of Educational Research. H. 4. S. 423–458

Ludwig, O. 1980: Funktionen geschriebener Sprache und ihr Zusammenhang mit Funktionen der gesprochenen und inneren Sprache. In: Zeitschrift für Germanistische Linguistik. H. 1. S. 74–95.

Lynn, R./Mikk, J. 2009: Sex Differences in Reading Achievement. In: TRAMES. H. 1. S. 3–13

MacArthur, C. A./Schwartz, S. S./Graham, S. 1991: Effects of a Reciprocal Peer Revision Strategy in Special Education ClassrooMs In: Learning Disabilities Research and Practice. H. 4. S. 201–210.

Maehr, M. L./Zusho, A. 2009: Achievement Goal Theory. The Past, Present, and Future. In: K. R. Wentzel/A. Wigfield (Hrsg.): Handbook of Motivation at School. New York. S. 77–104.

Magnifico, A. M. 2010: Writing for Whom? Cognition, Motivation, and a Writer's Audience. In: Educational Psychologist. H. 3. S. 167–184.

Marcoulides, G. A./Gottfried, A. E./Gottfried, A. W./Oliver, P. H. 2008: A Latent Transition Analysis of Academic Intrinsic Motivation from Childhood through Adolescence. In: Educational Research and Evaluation. H. 5. S. 411–427.

Margolis, H./McCabe, P. P. 2006: Motivating Struggling Readers in an Era of Mandated Instructional Practices. In: Reading Psychology. H. 5. S. 435–455.

Marinak, B. A./Gambrell, L. B. 2008: Intrinsic Motivation and Rewards: What Sustains Young Children's Engagement with Text? In: Literacy Research and Instruction. H. 1. S. 9–26.

Marinak, B. A./Gambrell, L. B. 2010: Reading Motivation: Exploring the Elementary Gender Gap. In: Literacy Research and Instruction. H. 2. S. 129–141.

Marsh, H. W. 2006: Self-Concept Theory, Measurement and Research into Practice. The Role of Self-Concept in Educational Psychology. Leicester.

Mason, L. H. 2004: Explicit Self-Regulated Strategy Development Versus Reciprocal Questioning: Effects on Expository Reading Comprehension Among Struggling Readers. In: Journal of Educational Psychology. H. 2. S. 283–296.

Mason, L. H./Meadan, H./Hedin, L. R./Cramer, A. M. 2012: Avoiding the Struggle: Instruction That Supports Students' Motivation in Reading and Writing About Content Material. In: Reading & Writing Quarterly. H. 1. S. 70–96.

Massey, D. D. 2009: Self-Regulated Comprehension. In: S. E. Israel/G. G. Duffy (Hrsg.): Handbook of Research on Reading Comprehension. New York. S. 389–399.

Mata, L. 2011: Motivation for Reading and Writing in Kindergarten Children. In: Reading Psychology. H. 3. S. 272–299.

Mata, L./Monteiro, V./Peixoto, F. 2009: Motivação para a leitura ao longo da escolaridade. In: Análise Psicológica. H. 4. S. 563–572.

Mathers, B. G./Benson, S. K./Newton, E. 2006: "The Teacher Said My Story Was Excellent": Preservice Teachers Reflect on the Role of the "External" in Writing. In: Journal of Adolescent & Adult Literacy. H. 4. S. 290–297.

McDermott, M. A./Hand, B. 2010: A Secondary Reanalysis of Student Perceptions of Non-Traditional Writing Tasks over a Ten Year Period. In: Journal of Research in Science Teaching. H. 5. S. 518–539

McElvany, N./Kortenbruck, M./Becker, M. 2007: Freude am Lesen: Entwicklung und Bedeutung der Lesemotivation von Klassenstufe 3 bis 6. Vortrag auf der Tagung des Arbeitskreises Empirisch-Pädagogische Forschung vom 10.09.2007. Lüneburg.

McElvany, N./Kortenbruck, M./Becker, M. 2008: Lesekompetenz und Lesemotivation. Entwicklung und Mediation des Zusammenhangs durch Leseverhalten. In: Zeitschrift für Pädagogische Psychologie. H. 3-4. S. 207–219.

McGeown, S./Goodwin, H./Henderson, N./ Wright, P. 2012: Gender Differences in Reading Motivation: Does Sex or Gender Identity Provide a Better Account? In: Journal of Research in Reading. H. 3. S. 328–336.

Medford, E./McGeown, S. P. im Druck: The Influence of Personality Characteristics on Children's Intrinsic Reading Motivation. In: Learning and Individual Differences.

Meece, J. L./Miller, S. D. 1999: Changes in Elementary School Children's Achievement Goals for Reading and Writing: Results of a Longitudinal and an Intervention Study. In: Scientific Studies of Reading. H. 3. S. 207–229.

Midgley, C./Kaplan, A./Middleton, M./Maehr, M. L./Urdan, T./Anderman, L. H./Anderman, E./ Roeser, R. W. 1998: The Development and Validation of Scales Assessing Students' Achievement Goal Orientations. In: Contemporary Educational Psychology. H. 2. S. 113–131.

Miller, S. D. 2003: How High- and Low-Challenge Tasks Affect Motivation and Learning: Implications for Struggling Learners. In: Reading & Writing Quarterly. H. 1. S. 39–57.

Miller, S. D./Adkins, T./Hooper, M. L. 1993: Why Teachers Select Specific Literacy Assignments and Students' Reactions to Them. In: Journal of Literacy Research. H. 1. S. 69–95.

Miller, S. D./Meece, J. L. 1999: Third Graders' Motivational Preferences for Reading and Writing Tasks. In: Elementary School Journal. H. 1. S. 19–35

Mol, S. E./Bus, A. G. 2011: To Read or Not to Read. A Meta-Analysis of Print Exposure from Infancy to Early Adulthood. In: Psychological Bulletin. H. 2. S. 267–296

Möller, J./Bonerad, E.-M. 2007: Fragebogen zur habituellen Lesemotivation. In: Psychologie in Erziehung und Unterricht. H. 1. S. 259–267.

Möller, J./Schiefele, U. 2004: Motivationale Grundlagen der Lesekompetenz. In: U. Schiefele/C. Artelt/W. Schneider/P. Stanat (Hrsg.): Struktur, Entwicklung und Förderung von Lesekompetenz. Vertiefende Analysen im Rahmen von PISA 2000. Wiesbaden. S. 101–124

Morgan, P. L./Fuchs, D. 2007: Is There a Bidirectional Relationship between Children's Reading Skills and Reading Motivation? In: Exceptional Children. H. 2. S. 165–183.

Mucherah, W./Yoder, A. 2008: Motivation for Reading and Middle School Students' Performance on Standardized Testing in Reading. In: Reading Psychology. H. 3. S. 214–235.

Mücke, S. 2009: Schulleistungen von Jungen und Mädchen in der Grundschule – eine metaanalytische Bilanz. In: Empirische Pädagogik. H. 3. S. 290–337.

Murphy, P. K./Alexander, P. A. 2000: A Motivated Exploration of Motivation Terminology. In: Contemporary Educational Psychology. H. 1. S. 3–53.

Naeghel, J. de/van Keer, H./Vansteenkiste, M./Rosseel, Y. 2012: The Relation Between Elementary Students' Recreational and Academic Reading Motivation, Reading Frequency, Engagement, and Comprehension: A Self-Determination Theory Perspective. In: Journal of Educational Psychology. H. 4. S. 1006–1021.

Nagengast, B./Marsh, H. W./Scalas, L. F./Xu, M. K./Hau, K.-T./Trautwein, U. 2011: Who Took the "×" out of Expectancy-Value Theory? A Psychological Mystery, a Substantive-Methodological Synergy, and a Cross-National Generalization. In: Psychological Science. H. 8. S. 1058–1066.

Neber, H./Finsterwald, M./Urban, N. 2001: Cooperative Learning with Gifted and High-Achieving Students: A Review and Meta-Analyses of 12 Studies. In: High Ability Studies. H. 2. S. 199–214.

Ness, M. 2011: Explicit Reading Comprehension Instruction in Elementary Classrooms: Teacher Use of Reading Comprehension Strategies. In: Journal of Research in Childhood Education. H. 1. S. 98–117.

Nolen, S. B. 2007: Young Children's Motivation to Read and Write: Development in Social Contexts. In: Cognition and Instruction. H. 2. S. 219–270.

Norman, K. A./Spencer, B. H. 2005: Our Lives as Writers: Examining Preservice Teachers' Experiences and Beliefs about the Nature of Writing and Writing Instruction. In: Teacher Education Quarterly. H. 1. S. 25–40.

Nurmi, J.-E./Aunola, K. 2005: Task-Motivation during the First School Years: A Person-Oriented Approach to Longitudinal Data. In: Learning and Instruction. H. 2. S. 103–122.

OECD 2010a: PISA 2009 Ergebnisse: Was Schülerinnen und Schüler wissen und können. Schülerleistungen in Lesekompetenz, Mathematik und Naturwissenschaften. Bielefeld.

OECD 2010b: PISA 2009 Results: Learning to Learn – Student Engagement, Strategies and Practices. Volume III. Paris.

Ohlsen, N. 2008: Lesen zwischen Lust und Frust. Eine empirische Untersuchung zur Lesesozialisation in der Schule anhand autobiografischer Texte. Unveröffentlichte erste Staatsexamensarbeit. Lüneburg.

Oldfather, P. 2002: Students' Experiences When Not Initially Motivated for Literacy Learning. In: Reading & Writing Quarterly. H. 3. S. 231–256.

O'Mara, A. J./Marsh, H. W./Craven, R. G./Debus, R. L. 2006: Do Self-Concept Interventions Make a Difference? A Synergistic Blend of Construct Validation and Meta-Analysis. In: Educational Psychologist. H. 3. S. 181–206.

Ossner, J. 1995: Prozessorientierte Schreibdidaktik in Lehrplänen. In: J. Baurmann/R. Weingarten (Hrsg.): Schreiben. Prozesse, Prozeduren und Produkte. Opladen. S. 29–50.

Otis, N./Grouzet, F. M. E./Pelletier, L. G. 2005: Latent Motivational Change in an Academic Setting: A 3-Year Longitudinal Study. In: Journal of Educational Psychology. H. 2. S. 170–183.

Paige, D. D. 2011: Engaging Struggling Adolescent Readers through Situational Interest: A Model Proposing the Relationships among Extrinsic Motivation, Oral Reading Proficiency, Comprehension, and Academic Achievement. In: Reading Psychology. H. 5. S. 395–425.

Pajares, F. 2003: Self-Efficacy Beliefs, Motivation, and Achievement in Writing: A Review of the Literature. In: Reading & Writing Quarterly. H. 2. S. 139–158.

Pajares, F. 2006: Self-Efficacy during Childhood and Adolescence. Implications for Teachers and Parents. In: F. Pajares/T. Urdan (Hrsg.): Self-Efficacy Beliefs of Adolescents. Greenwich. S. 339–367.

Pajares, F. 2007: Empirical Properties of a Scale to Assess Writing Self-Efficacy in School Contexts. In: Measurement & Evaluation in Counseling & Development. H. 4. S. 239–249.

Pajares, F./Britner, S. L./Valiante, G. 2000: Relation between Achievement Goals and Self-Beliefs of Middle School Students in Writing and Science. In: Contemporary Educational Psychology. H. 4. S. 406–422.

Pajares, F./Cheong, Y. F. 2003: Achievement Goal Orientations in Writing: A Developmental Perspective. In: International Journal of Educational Research. H. 4. S. 437–455.

Pajares, F./Johnson, M. J. 1996: Self-Efficacy Beliefs and the Writing Performance of Entering High School Students. In: Psychology in the Schools. H. 2. S. 163–175.

Pajares, F./Johnson, M. J./Usher, E. L. 2007: Sources of Writing Self-Efficacy Beliefs of Elementary, Middle, and High School Students. In: Research in the Teaching of English. H. 1. S. 104–120.

Pajares, F./Miller, M. D./Johnson, M. J. 1999: Gender Differences in Writing Self-Beliefs of Elementary School Students. In: Journal of Educational Psychology. H. 1. S. 50–61.

Pajares, F./Valiante, G. 1997: Influence of Self-Efficacy on Elementary Students' Writing. In: Journal of Educational Research. H. 6. S. 353–360.

Pajares, F./Valiante, G. 1999: Grade Level and Gender Differences in the Writing Self-Beliefs of Middle School Students. In: Contemporary Educational Psychology. H. 4. S. 390–405.

Pajares, F./Valiante, G. 2001: Gender Differences in Writing Motivation and Achievement of Middle School Students: A Function of Gender Orientation? In: Contemporary Educational Psychology. H. 3. S. 366–381.

Palincsar, A. S./Brown, A. L. 1984: Reciprocal Teaching of Comprehension-Fostering and Comprehension-Monitoring Activities. In: Cognition and Instruction. H. 2. S. 117–175.

Parr, J. M./Timperley, H. S. 2010: Feedback to Writing, Assessment for Teaching and Learning and Student Progress. In: Assessing Writing. H. 2. S. 68–85.

Payne, S. C./Youngcourt, S. S./Beaubien, J. M. 2007: A Meta-Analytic Examination of the Goal Orientation Nomological Net. In: Journal of Applied Psychology. H. 1. S. 128–150.

Pecjak, S./Peklaj, C. 2006: Dimensions of Reading Motivation and Reading Achievement in 3rd and 7th Grade Students. In: Studia Psychologica. H. 1. S. 11–30.

Perin, D. 2011: Facilitating Student Learning Through Contextualization: A Review of Evidence. In: Community College Review. H. 3. S. 268–295.

Perry, N. E. 1998: Young Children's Self-Regulated Learning and Contexts that Support It. In: Journal of Educational Psychology. H. 4. S. 715–29

Perry, N. E./VandeKamp, K. O. 2000: Creating Classroom Contexts That Support Young Children's Development of Self-Regulated Learning. In: International Journal of Educational Research. H. 7. S. 821–43.

Pfaff-Rüdiger, S. 2011: Lesemotivation und Lesestrategien. Der subjektive Sinn des Bücherlesens für 10- bis 14-Jährige. Münster.

Philipp, M. 2010: Lesen empeerisch. Eine Längsschnittstudie zur Bedeutung von Peer Groups für Lesemotivation und -verhalten. Wiesbaden.

Philipp, M. 2011: Lesesozialisation in Kindheit und Jugend. Lesemotivation, Leseverhalten und Lesekompetenz in Familie, Schule und Peer-Beziehungen. Stuttgart.

Philipp, M. 2012a: Besser lesen und schreiben. Wie Schüler effektiv mit Sachtexten umgehen lernen. Stuttgart.

Philipp, M. 2012b: Guter Unterricht in der Domäne Schrift – was ist das? Teil 2: Eine Synopse von Erkenntnissen aus Beobachtungsstudien von exemplarischen Lehrkräften und ihrem kognitiv sowie motivational anregendem Unterricht. URL: *www.leseforum.ch*, Stand 6.8.2012.

Philipp, M. 2012c: Was wirkt? Zehn Prinzipien einer nachweislich wirksamen Lese- und Schreibförderung. In: M. Philipp/A. Schilcher (Hrsg.): Selbstreguliertes Lesen. Ein Überblick über wirksame Leseförderansätze. Seelze-Velber. S. 59–85.

Philipp, M./Sturm, A. 2011: Literalität und Geschlecht. Zum subjektiv wahrgenommenen und in Leistungstests ermittelten schriftsprachlichen Leistungsvermögen von Jungen und Mädchen. In: Didaktik Deutsch. H. 31. S. 68–95.

Pieper, I. 2010: Lese- und literarische Sozialisation. In: M. Kämper-van den Boogaart/K. H. Spinner (Hrsg.): Lese- und Literaturunterricht. Teil 1: Geschichte und Entwicklung; Konzeptionelle und empirische Grundlagen. Baltmannsweiler. S. 87–147.

Pieper, I./Rosebrock, C./Wirthwein, H./Volz, S. 2004: Lesesozialisation in schriftfernen Lebenswelten. Lektüre und Mediengebrauch von HauptschülerInnen. Weinheim.

Pintrich, P. R. 2000: The Role of Goal Orientation in Self-Regulated Learning. In: M. Boekaerts/P. R. Pintrich/M. Zeidner (Hrsg.): Handbook of Self-Regulation. San Diego. S. 451–502.

Pintrich, P. R. 2003: A Motivational Science Perspective on the Role of Student Motivation in Learning and Teaching Contexts. In: Journal of Educational Psychology. H. 4. S. 667–686.

Plante, I./Theoret, M./Favreau, O. E. 2009: Student Gender Stereotypes: Contrasting the Perceived Maleness and Femaleness of Mathematics and Language. In: Educational Psychology. H. 4. S. 385–405.

Poloczek, S./Karst, K./Praetorius, A.-K./Lipowsky, F. 2011: Generalisten oder Spezialisten? Bereichsspezifität und leistungsbezogene Zusammenhänge des schulischen Selbstkonzepts von Schulanfängern. In: Zeitschrift für Pädagogische Psychologie. H. 3. S. 173–183.

Pomplun, M./Sundbye, N. 1999: Gender Differences in Constructed Response Reading Items In: Applied Measurement in Education. H. 1. S. 95–109.

Potter, E. F./McCormick, C. B./Busching, B. A. 2001: Academic and Life Goals: Insights from Adolescent Writers. In: High School Journal. H. 1. S. 45–55.

Prain, V./Hand, B. 1996: Writing for Learning in Secondary Science: Rethinking Practices. In: Teaching and Teacher Education. H. 6. S. 609–626.

Pressley, M./Afflerbach, P. 1995: Verbal Protocols of Reading. The Nature of Constructively Responsive Reading. Hillsdale.

Pressley, M./Forrest-Pressley, D.-L./Elliott-Faust, D. J./Miller, G. E. 1985: Children's Use of Cognitive Strategies. How to Teach Strategies, and What to Do If They Can't Be Taught. In: M. Pressley/C. J. Brainerd (Hrsg.): Cognitive Learning and Memory in Children. Progress in Cognitive Development Research. New York. S. 1–47.

Pressley, M./Wharton-McDonald, R./Mistretta-Hampston, J./Echevarria, M. 1998: Literacy Instruction in 10 Fourth- and Fifth-Grade Classrooms in Upstate New York. In: Scientific Studies of Reading. H. 2. S. 159–194.
Purcell-Gates, V./Duke, N. K./Martineau, J. A. 2007: Learning to Read and Write Genre-Specific Text: Roles of Authentic Experience and Explicit Teaching. In: Reading Research Quarterly. H. 1. S. 8–45.
Puustinen, M./Pulkkinen, L. 2001: Models of Self-Regulated Learning: A Review. In: Scandinavian Journal of Educational Research. H. 3. S. 269–286
RAND Reading Study Group 2002: Reading for Understanding. Toward an R&D Program in Reading Comprehension. Santa Monica.
Raphael, L. M./Pressley, M./Mohan, L. 2008: Engaging Instruction in Middle School Classrooms: An Observational Study of Nine Teachers. In: The Elementary School Journal. H. 1. S. 61–81
Rauch, D./Hartig, J. 2010: Multiple-Choice versus Open-Ended Response Formats of Reading Test Items: A Two-Dimensional IRT Analysis. In: Psychological Test and Assessment Modeling. H. 4. S. 354–379.
Reeve, J. 2009: Why Teachers Adopt a Controlling Motivating Style Toward Students and How They Can Become More Autonomy Supportive. In: Educational Psychologist. H. 3. S. 159–175.
Renninger, K. A. 2009: Interest and Identity Development in Instruction: An Inductive Model. In: Educational Psychologist. H. 2. S. 105–118.
Renninger, K. A./Hidi, S. 2011: Revisiting the Conceptualization, Measurement, and Generation of Interest. In: Educational Psychologist. H. 3. S. 168–184.
Retelsdorf, J./Köller, O./Möller, J. 2011: On the Effects of Motivation on Reading Performance Growth in Secondary School. In: Learning and Instruction. H. 4. S. 550–559.
Retelsdorf, J./Möller, J. 2008a: Entwicklungen von Lesekompetenz und Lesemotivation: Schereneffekte in der Sekundarstufe? In: Zeitschrift für Entwicklungspsychologie und Pädagogische Psychologie. H. 4. S. 179–188.
Retelsdorf, J./Möller, J. 2008b: Familiäre Bedingungen und individuelle Prädiktoren der Lesekompetenz von Schülerinnen und Schülern. In: Psychologie in Erziehung und Unterricht. H. 4. S. 227–237.
Retelsdorf, J./Möller, J. 2010: Klassifikation von Entwicklungsverläufen von Lesemotivation in der Sekundarstufe. Vortrag auf dem 47. Kongress der Deutschen Gesellschaft für Psychologie vom 27. September 2010. Bremen.
Rheinberg, F. 2002: Motivation. 4., überarb. und erw. Aufl. Stuttgart
Rogers, L. A./Graham, S. 2008: A Meta-Analysis of Single Subject Design Writing Intervention Research. In: Journal of Educational Psychology. H. 4. S. 879–906.
Rohrbeck, C. A./Ginsburg-Block, M. D./Fantuzzo, J. W./Miller, T. R. 2003: Peer-Assisted Learning Interventions with Elementary School Students: A Meta-Analytic Review. In: Journal of Educational Psychology. H. 2. S. 240–257.
Roorda, D. L./Koomen, H. M. Y./Spilt, J. L./Oort, F. J. 2011: The Influence of Affective Teacher-Student Relationships on Students' School Engagement and Achievement: A Meta-Analytic Approach. In: Review of Educational Research. H. 4. S. 493–529.
Rosebrock, C./Rieckmann, C./Nix, D./Gold, A. 2010: Förderung der Leseflüssigkeit bei leseschwachen Zwölfjährigen. In: Didaktik Deutsch. H. 28. S. 33–58.
Rosenshine, B./Meister, C. 1994: Reciprocal Teaching: A Review of the Research. In: Review of Educational Research. H. 4. S. 479–530

Rost, D. H./Sparfeldt, J. R. 2002: Facetten des schulischen Selbstkonzepts. Ein Verfahren zur Messung des differentiellen Selbstkonzepts schulischer Leistungen und Fähigkeiten (DISK-Gitter). In: Diagnostica. H. 3. S. 130–140.
Rowan, L./Knobel, M./Bigum, C./Lankshear, C. 2002: Boys, Literacies and Schooling. The Dangerous Territories of Gender-Based Literacy Reform. Buckingham.
Ruddell, R. B. 2004: Researching the Influential Literacy Teacher: Characteristics, Beliefs, Strategies, and New Research Directions. In: R. B. Ruddell/N. Unrau (Hrsg.): Theoretical Models and Processes of Reading. 5th ed., Newark. S. 979–997.
Rupley, W. H./Blair, T. R./Nichols, W. D. 2009: Effective Reading Instruction for Struggling Readers: The Role of Direct/Explicit Teaching. In: Reading & Writing Quarterly. H. 2. S. 125–138.
Ryan, R. M./Deci, E. L. 2000a: Intrinsic and Extrinsic Motivations: Classic Definitions and New Directions. In: Contemporary Educational Psychology. H. 1. S. 54–67.
Ryan, R. M./Deci, E. L. 2000b: Self-Determination Theory and the Facilitation of Intrinsic Motivation, Social Development, and Well-Being. In: American Psychologist. H. 1. S. 68–78
Saddler, B./Graham, S. 2007: The Relationship between Writing Knowledge and Writing. Performance among More and Less Skilled Writers. In: Reading & Writing. Quarterly. H. 3. S. 231–247.
Salahu-Din, D./Persky, H./Miller, J. 2008: The Nation's Report Card: Writing 2007. National Assessment of Educational Progress at Grades 8 and 12. Washington.
Schaffner, E. 2009: Effekte kognitiver und motivationaler Faktoren auf das Verstehen und Lernen von Texten. Unveröffentlichte Dissertation. Berlin.
Schaffner, E./Schiefele, U. 2007: Auswirkungen habitueller Lesemotivation auf die situative Textrepräsentation. In: Psychologie in Erziehung und Unterricht. H. 4. S. 268–286.
Schaffner, E./Schiefele, U./Schneider, W. 2004: Ein erweitertes Verständnis der Lesekompetenz: Die Ergebnisse des nationalen Ergänzungstests. In: U. Schiefele/C. Artelt/W. Schneider/P. Stanat (Hrsg.): Struktur, Entwicklung und Förderung von Lesekompetenz. Vertiefende Analysen im Rahmen von PISA 2000. Wiesbaden. S. 197–242.
Schiefele, U. 2009: Situational and Individual Interest. In: K. R. Wentzel/A. Wigfield (Hrsg.): Handbook of Motivation at School. New York. S. 197–222.
Schiefele, U./Schaffner, E./Möller, J./ Wigfield, A. 2012: Dimensions of Reading Motivations and their Relation to Reading Behavior and Competence. In: Reading Research Quarterly. H. 4. S. 427–463
Schilling, S. R./Sparfeldt, J. R./Rost, D. H. 2006: Facetten schulischen Selbstkonzepts. Welchen Unterschied macht das Geschlecht? In: Zeitschrift für Pädagogische Psychologie. H. 1/2. S. 9–18.
Schilling, S. R./Sparfeldt, J. R./Rost, D. H./Nickels, G. 2005: Schulische Selbstkonzepte – Zur Validität einer erweiterten Version des Differentiellen Selbstkonzept-Gitters (DISK-Gitter). In: Diagnostica. H. 1. S. 21–28.
Schleppegrell, M. J. 2004: The Language of Schooling. A Functional Linguistics Perspective. Mahwah.
Schunk, D. H. 1987: Peer Models and Children's Behavioral Change. In: Review of Educational Research. H. 2. S. 149–174.
Schunk, D. H./Pajares, F. 2009: Self-Efficacy Theory. In: K. R. Wentzel/A. Wigfield (Hrsg.): Handbook of Motivation at School. New York. S. 35–53.
Schunk, D. H./Zimmerman, B. J. 2007: Influencing Children's Self-Efficacy and Self-Regulation of Reading and Writing through Modeling. In: Reading & Writing Quarterly. H. 1. S. 7–25.
Shell, D. F./Colvin, C./Bruning, R. H. 1995: Self-Efficacy, Attribution, and Outcome Expectancy Mechanisms in Reading and Writing Achievement: Grade-Level and Achievement-Level Differences. In: Journal of Educational Psychology. H. 3. S. 386–398.

Shute, V. J. 2008: Focus on Formative Feedback. In: Review of Educational Research. H. 1. S. 153–189.
Sideridis, G. D./Mouzaki, A./Simos, P./Protopapas, A. 2006: Classification of Students with Reading Comprehension Difficulties: The Roles of Motivation, Affect, and Psychopathology. In: Learning Disability Quarterly. H. 3. S. 159–180.
Skaalvik, S./Skaalvik, E. 2004: Gender Differences in Math and Verbal Self-Concept, Performance Expectations, and Motivation. In: Sex Roles. H. 3. S. 241–252.
Slavin, R. E. 1995: Cooperative Learning. Theory, Research, and Practice. Boston.
Sloboda, J. A./Davidson, J. W./Howe, M. J. A./Moore, D. G. 1996: The Role of Practice in the Development of Performing Musicians. In: British Journal of Psychology. H. 2. S. 287–309.
Smith, E. 2003: Failing Boys and Moral Panics: Perspectives on the Underachievement Debate. In: British Journal of Educational Studies. H. 3. S. 282–295.
Smith, J. K./Smith, L. F./Gilmore, A./Jameson, M. 2012: Students' Self-Perception of Reading Ability, Enjoyment of Reading and Reading Achievement. In: Learning and Individual Differences. Im Druck.
Smith, M. W./Wilhelm, J. D. 2002: Reading Don't Fix No Chevys. Literacy in the Lives of Young Men. Portsmouth.
Smyth, J. M. 1998: Written Emotional Expression: Effect Sizes, Outcome Types, and Moderating Variables. In: Journal of Consulting and Clinical Psychology. H. 1. S. 174–184.
Souvignier, E./Antoniou, F. 2007: Förderung des Leseverständnisses bei Schülerinnen und Schülern mit Lernschwierigkeiten – eine Metaanalyse. In: Vierteljahresschrift für Heilpädagogik und ihre Nachbargebiete. H. 1. S. 46–62.
Souvignier, E./Mokhlesgerami, J. 2006: Using Self-Regulation as a Framework for Implementing Strategy Instruction to Foster Reading Comprehension. In: Learning and Instruction. H. 1. S. 57–71.
Stanat, P./Kunter, M. 2001: Geschlechterunterschiede in Basiskompetenzen. In: Deutsches PISA-Konsortium (Hrsg.): PISA 2000. Basiskompetenzen von Schülerinnen und Schülern im internationalen Vergleich. Opladen. S. 249–269.
Steel, P. 2007: The Nature of Procrastination: A Meta-Analytic and Theoretical Review of Quintessential Self-Regulatory Failure. In: Psychological Bulletin. H. 1. S. 65–94.
Stefanou, C. R./Perencevich, K. C./DiCintio, M./Turner, J. C. 2004: Supporting Autonomy in the Classroom: Ways Teachers Encourage Student Decision Making and Ownership. In: Educational Psychologist. H. 2. S. 97–110.
Steitz-Kallenbach, J. 2006: Warum lesen Jungen (nicht)? - Lesen Jungen nicht? Überlegungen zum Zusammenhang von Lesen und Geschlecht - Teil 1. In: Beiträge Jugendliteratur und Medien. H. 1. S. 3–12.
Sternberg, R. J./Horvath, J. A. 1995: A Prototype View of Expert Teaching. In: Educational Researcher. H. 6. S. 9–17.
Stone, C. A. 1998: The Metaphor of Scaffolding. In: Journal of Learning Disabilities. H. 4. S. 344–364.
Street, C. 2003: Pre-Service Teachers' Attitudes about Writing and Learning to Teach Writing: Implications for Teacher Educators. In: Teacher Education Quarterly. H. 3. S. 33–50.
Su, Y.-L./Reeve, J. 2011: A Meta-Analysis of the Effectiveness of Intervention Programs Designed to Support Autonomy. In: Educational Psychology Review. H. 1. S. 159–188.
Swanson, H. L. 1999: Reading Research for Students with LD: A Meta-Analysis of Intervention Outcomes. In: Journal of Learning Disabilities. H. 6. S. 504–532.
Sweet, A. P./Guthrie, J. T./Ng, M. M. 1998: Teacher Perceptions and Student Reading Motivation. In: Journal of Educational Psychology. H. 2. S. 210–223.

Swiatek, M. A. 2005: Gifted Students' Self-Perceptions of Ability in Specific Subject Domains: Factor Structure and Relationship with Above-Level Test Scores. In: Roeper Review. H. 2. S. 104–109.

Taboada, A./Tonks, S./Wigfield, A./Guthrie, J. T. 2009: Effects of Motivational and Cognitive Variables on Reading Comprehension. In: Reading and Writing. H. 1. S. 85–106.

Tang, S.-H./Hall, V. C. 1995: The Overjustification Effect: A Meta-Analysis. In: Applied Cognitive Psychology. H. 5. S. 365–404.

Tercanlioglu, L. 2001: The Nature of Turkish Students' Motivation for Reading and Its Relation to Their Reading Frequency. In: Reading Matrix: An International Online Journal. H. 2.

Terwel, J./Gillies, R. M./van den Eeden, P./Hoek, D. 2001: Co-Operative Learning Processes of Students: A Longitudinal Multilevel Perspective. In: British Journal of Educational Psychology. H. 4. S. 619–645.

Tonks, S. M./Taboada, A. 2011: Developing Self-Regulated Readers through Instruction for Reading Engagement. In: B. J. Zimmerman/D. H. Schunk (Hrsg.): Handbook of Self-Regulation of Learning and Performance. New York. S. 173–186.

Topping, K. J./Ehly, S. W. 1998: Introduction to Peer-Assisted Learning. In: K. J. Topping/S. W. Ehly (Hrsg.): Peer-Assisted Learning. Mahwah. S. 1–23.

Troia, G. A./Harbaugh, A./Shankland, R./Wolbers, K. A./Lawrence, A. M. (im Druck): Relationships between Writing Motivation, Writing Activity, and Writing Performance: Effects of Grade, Sex, and Ability. In: Reading & Writing.

Turner, J. C. 2010: Unfinished Business: Putting Motivation Theory to the "Classroom Test". In: T. C. Urdan/S. A. Karabenick (Hrsg.): The Decade Ahead. Applications and Contexts of Motivation and Achievement. Bingley. S. 109–138.

Unrau, N./Schlackman, J. 2006: Motivation and Its Relationship with Reading Achievement in an Urban Middle School. In: The Journal of Educational Research. H. 2. S. 81–101.

Urdan, T./Turner, J. C. 2005: Competence Motivation in the Classroom. In: A. J. Elliot/C. S. Dweck (Hrsg.): Handbook of Competence and Motivation. New York. S. 297–317.

Usher, E. L./Pajares, F. 2006: Sources of Academic and Self-Regulatory Efficacy Beliefs of Entering Middle School Students. In: Contemporary Educational Psychology. H. 2. S. 125–141.

Usher, E. L./Pajares, F. 2008: Sources of Self-Efficacy in School: Critical Review of the Literature and Future Directions. In: Review of Educational Research. H. 4. S. 751–796.

van Kraayenoord, C. E./Schneider, W. E. 1999: Reading Achievement, Metacognition, Reading Self-Concept and Interest: A Study of German Students in Grades 3 and 4. In: European Journal of Psychology of Education. H. 3. S. 305–324.

Vansteenkiste, M./Lens, W./Deci, E. L. 2006: Intrinsic Versus Extrinsic Goal Contents in Self-Determination Theory: Another Look at the Quality of Academic Motivation. In: Educational Psychologist. H. 1. S. 19–31.

Vansteenkiste, M./Sierens, E./Soenens, B./Luyckx, K./Lens, W. 2009: Motivational Profiles from a Self-Determination Perspective: The Quality of Motivation Matters. In: Journal of Educational Psychology. H. 3. S. 671–688

Walker, B. J. 2003: The Cultivation of Student Self-Efficacy in Reading and Writing. In: Reading and Writing Quarterly. H. 2. S. 173–187.

Wang, J. H.-y./Guthrie, J. T. 2004: Modeling the Effects of Intrinsic Motivation, Extrinsic Motivation, Amount of Reading, and Past Reading Achievement on Text Comprehension between U.S. and Chinese Students. In: Reading Research Quarterly. H. 2. S. 162–181.

Watkins, M. W./Coffey, D. Y. 2004: Reading Motivation: Multidimensional and Indeterminate. In: Journal of Educational Psychology. H. 1. S. 110–118.

Weaver-Hightower, M. 2003: The "Boy Turn" in Research on Gender and Education. In: Review of Educational Research. H. 4. S. 471–498.

Webb, N. M./Franke, M. L./De, T./Chan, A. G./Freund, D./Shein, P./Melkonian, D. K. 2009: "Explain to Your Partner": Teachers' Instructional Practices and Students' Dialogue in Small Groups. In: Cambridge Journal of Education. H. 1. S. 49–70.

Weiner, B. 1985: An Attributional Theory of Achievement Motivation and Emotion. In: Psychological Review. H. 4. S. 548–573.

Weiner, B. 2005: Motivation from an Attribution Perspective and the Social Psychology of Perceived Competence. In: A. J. Elliot/C. S. Dweck (Hrsg.): Handbook of Competence and Motivation. New York. S. 73–94.

Weiner, B. 2010: The Development of an Attribution-Based Theory of Motivation: A History of Ideas. In: Educational Psychologist. H. 1. S. 28–36.

White, B. 2007: Are Girls Better Readers than Boys? Which Boys? Which Girls? In: Canadian Journal of Education. H. 2. S. 554–581.

Wigfield, A./Cambria, J. 2010: Students' Achievement Values, Goal Orientations, and Interest: Definitions, Development, and Relations to Achievement Outcomes. In: Developmental Review. H. 1. S. 1–35.

Wigfield, A./Cambria, J./Ho, A. N. 2012: Motivation for Reading Information Texts. In: J. T. Guthrie/A. Wigfield/S. Klauda (Hrsg.): Adolescents' Engagement in Academic Literacy. College Park. S. 52–102.

Wigfield, A./Eccles, J. S./Yoon, K. S./Harold, R. D./Arbreton, A. J. A./Freedman-Doan, C./Blumenfeld, P. C. 1997: Change in Children's Competence Beliefs and Subjective Task Values across the Elementary School Years: A 3-Year Study. In: Journal of Educational Psychology. H. 3. S. 451–469.

Wigfield, A./Guthrie, J. T. 1997: Relations of Children's Motivation for Reading to the Amount and Breadth of Their Reading. In: Journal of Educational Psychology. H. 3. S. 420–432.

Wigfield, A./Wilde, K./Baker, L./Fernandez-Fein, S./Scher, D. 1996: The Nature of Children's Motivations for Reading, and Their Relations to Reading Frequency and Reading Performance. Reading Research Report No. 63. Athens.

Wilgenbusch, T./Merrell, K. W. 1999: Gender Differences in Self-Concept among Children and Adolescents: A Meta-Analysis of Multidimensional Studies. In: School Psychology Quarterly. H. 2. S. 101–120.

Wolters, C. A. 2011: Regulation of Motivation: Contextual and Social Aspects. In: Teachers College Record. H. 2. S. 265–283.

Zimmerman, B. J. 2000: Attaining Self-Regulation. In: M. Boekaerts/P. R. Pintrich/M. Zeidner (Hrsg.): Handbook of Self-Regulation. San Diego. S. 13–39.

Zimmerman, B. J./Cleary, T. J. 2009: Motives to Self-Regulate Learning: A Social Cognitve Account. In: K. R. Wentzel/A. Wigfield (Hrsg.): Handbook of Motivation at School. New York. S. 247–264.

Zimmerman, B. J./Risemberg, R. 1997: Becoming a Self-Regulated Writer: A Social Cognitive Perspective. In: Contemporary Educational Psychology. H. 1. S. 73–101.

Zimmerman, B. J./Schunk, D. H. 2008: Motivation. An Essential Dimension of Self-Regulated Learning. In: D. H. Schunk/B. J. Zimmerman (Hrsg.): Motivation and Self-Regulated Learning. Theory, Research, and Applications. New York. S. 1–30.

Zimmerman, B. J./Schunk, D. H. 2011: Self-Regulated Learning and Performance. An Introduction and an Overview. In: B. J. Zimmerman/D. H. Schunk (Hrsg.): Handbook of Self-Regulation of Learning and Performance. New York. S. 1–12.

Stichwortverzeichnis

A
Amotivation 40
 Verhältnis zu Leistungen 51
Attribution
 Definition 34, 45
 Erwartungs-×-Wert-Theorie 48
 Lob 177
 Stile 45, 83, 102
Aufgabeneinsatz und -gestaltung
 Anspruchsvolle Aufgaben 66, 101, 102, 110, 112, 116, 122, 150, 175, 177
 Attribution 45, 116
 authentische Aufgaben 163
 authentische Aufgaben (Merkmale) 165
 Belohnungen 169
 Beurteilung seitens Heranwachsender 80, 91, 122, 167, 192
 Feedback 170, 172
 Lesen und Schreiben 165
 Lob 176
 Kontextualisiertes Lesen und Schreiben 165
 Kooperatives Lernen 179, 181
 Selbstregulation 145
 Selbstwirksamkeit 51, 65
 situierte Aufgaben 166
 Stützstrategien 135
 Wenig anspruchsvolle Aufgaben 111, 112, 116, 122

E
Erwartungskognitionen 32
 Verhältnis zu Leistungen 50, 51
 Verhältnis zur Selbstwirksamkeit 46
Erwartungs-×-Wert-Theorie 32, 46, 47, 62, 66, 84, 149
Extrinsische Motivation 92
 Anerkennung 57, 60, 73
 Definition 34
 Entwicklung 83
 Erwartungs-×-Wert-Theorie 48
 Externale Regulierung 40
 Fügsamkeit 57, 60, 73, 91
 Geschlecht 73, 74
 habituelle 55
 identifizierende Regulierung 40, 41
 integrierende Regulierung 40, 41
 introjizierte Regulierung 40
 Kontinuum 38, 40
 leistungsbezogene 24, 40
 notenbezogene 40, 57, 60, 73
 soziale 24, 40, 60, 61, 73
 Verhältnis verschiedener Dimensionen 61
 Verhältnis zu Leistungen 51, 67
 Verhältnis zum Selbstkonzept 62
 Verhältnis zur intrinsischen Motivation 40, 62
 Verhältnis zur Leseleistung 60
 Wettbewerb 57
 wettbewerbsbezogene 24, 40, 57, 60, 61, 73

F
Feedback 105
 Formative Evaluation 170
 Funktion 170
 günstiges 102
 Merkmale lernförderlicher Rückmeldungen 171, 172
 Umgang bei verschiedenen Zielorientierungen 43
 Umgang nach Phase der intrinsischen Motivation 81

I
Interesse
 Definition (individuelles Interesse) 34

Definition (situatives Interesse) 34
Entwicklung vom situativen zum individuellen Interesse 36, 93
Erwartungs-×-Wert-Theorie 48
Interesse 37, 79, 80, 81, 186
Intrinsische Motivation
  Definition 34
  Entwicklung 83, 86, 92
  Erwartungs-×-Wert-Theorie 48
  Feedback 81
  Förderung 149
  gegenstandsspezifische 24, 36, 37, 40, 57, 60, 73, 83, 93, 94
  Geschlecht 70, 73, 86, 88
  habituelle 55, 66, 86
  Integration 38
  Internalisierung 38
  Kooperatives Lernen 81
  situative 66
  Stabilität 87
  tätigkeitsspezifische 24, 37, 40, 57, 60, 73, 79, 81, 83, 86, 105, 186
  Überveranlassungseffekt 169
  Verhältnis von gegenstands- und tätigkeitsspezifischer 60
  Verhältnis zu Leistungen 66, 71, 106
  Verhältnis zu Strategien 48, 66
  Verhältnis zum Selbstkonzept 62
  Verhältnis zur extrinsischen Motivation 40, 62
  Verhältnis zur Leseleistung 60

K
Kooperatives Lernen 102, 114, 122
  Lesestrategien 152
  Merkmale 178
  nach Phase der intrinsischen Motivation 81
  Peer-Assessment 180, 181, 183
  Peer-Modeling 180, 181, 183
  Peer-Monitoring 180, 181, 183
  Peer-Tutoring 180, 181, 183
  Selbstregulation 181, 187

L
Lesemotivation
  Definition 31
  Gemeinsamkeit mit Schreibmotivation 32
  Motivation for Reading Questionnaire 31, 73
  Motivationsprofile 51
Lesesozialisation
  Familie 90, 95
  Peers 90, 95, 96
  Schule 90, 93, 94, 95, 96
Lob 110, 111, 119, 146, 152
  Effekte auf intrinsische Motivation 168, 169
  förderliches 169, 176, 177
  kooperatives Lernen 183
  Selbstregulation 171

S
Schreibmotivation
  Definition 31, 32
  Gemeinsamkeit mit Lesemotivation 32
Schreibsozialisation 90
  Familie 90
  Peers 90
  Schule 90, 91, 92
Selbstbestimmungstheorie
  extrinsische Motivation 38, 39, 40
  Grundbedürfnisse 38, 68, 106, 190
  intrinsische Motivation 38, 39
Selbstkonzept
  Abgrenzung von der Selbstwirksamkeit 44
  Bedeutung der Attribution 45
  Definition 34, 44
  Einflussquellen 173, 177
  Entwicklung 85

Erwartungs-x-Wert-Theorie 48
Förderung 63, 66, 150, 178, 191
Geschlecht 70, 71, 73, 74, 75, 86
lesebezogenes 24, 41, 57, 58, 60, 66, 73, 83, 85, 86, 149, 178
lesebezogenes und schreibbezogenes 77
Muttersprachenunterricht und Geschlecht 74
schreibbezogenes 41, 64, 66, 78
Verhältnis zu Leistungen 50, 60, 64, 66
Verhältnis zu Zielorientierungen 65
Verhältnis zur Attribution 174
Verhältnis zur extrinsischen Motivation 62, 63
Verhältnis zur intrinsischen Motivation 62, 66
Verhältnis zur Selbstwirksamkeit 65, 174
Selbstregulation
  Attribution 133
  Definition (allgemein) 130
  Definition (selbstreguliertes Schreiben) 140
  Erwerbsmodell 144, 147
  instruktionale Prinzipien 150
  Interventionsstudien 149
  kooperatives Lernen 181, 187
  Lob 145, 171
  Merkmale gut lesender Personen 139
  modellieren 110, 145, 148, 152, 153, 175
  Motivation 132, 134, 135, 136
  Nachahmen 126, 145, 146
  Phasen 132
  Rolle der Lehrperson 102, 106, 107, 148, 157, 175, 187
  Rückmeldungen der Lehrkraft 171
  Selbstkontrolle 145, 146
  Selbstwirksamkeit 145

Strategien 131, 132
Wirksamkeit von Interventionen 124
Ziel des Unterrichts 101, 102, 111, 112, 113, 114, 116, 119, 125, 147
Selbstwirksamkeit
  Abgrenzung vom Selbstkonzept 44
  beobachten 177
  Definition 34, 44
  Einflussquellen 147, 174
  Erwartungs-x-Wert-Theorie 48
  Förderung 150, 175
  Geschlecht 79
  lesebezogene 83
  schreibbezogene 24, 54, 58, 64, 66, 77, 78, 149
  Verhältnis zu Erwartungskognitionen 46
  Verhältnis zu Leistungen 50, 51, 64, 65, 66
  Verhältnis zu Lernzielorientierung 44
  Verhältnis zu Zielorientierungen 65
  Verhältnis zum Selbstkonzept 65, 174
Strategien
  Attribution 102
  Definition 131
  Instruktion 147, 150, 157
  kognitive 131, 143, 151, 155, 183
  Kooperatives Lernen 152, 183
  Lesestrategien 15, 66, 67, 126, 131, 139, 143, 146, 151
  metakognitive 131, 151, 155
  modellieren 110, 119, 148, 152, 153, 156
  Schreibstrategien 81, 125, 126, 131, 146, 150, 155
  Selbstregulation 132
  Stützstrategien 132, 134, 135, 136
  Verhältnis zu Zielorientierungen 44

Verhältnis zur intrinsischen Motivation 48
Wissen über Strategien 71
Ziel des Unterrichts 117, 124, 126

T
Textverarbeitungssoftware 125, 142, 152

W
Wert des Lesens 24, 41, 45, 48, 50, 85, 135, 138
   Entwicklung 85
   Geschlecht 73, 86
   Verhältnis zu Leistungen 50, 51
Wert des Schreibens 41, 45, 48, 50, 64, 78, 135
   Geschlecht 70
   Verhältnis zu Leistungen 50, 51
   Verhältnis zum Selbstkonzept 65
   Verhältnis zur Selbstwirksamkeit 65
Wertkognitionen 32, 46, 48

Z
Ziele
   Arten 42
   Definition (allgemein) 42
   Definition (Performanz- und Lernziele, Annäherungs- und Vermeidungsziele) 34
   extrinsische 44
   intrinsische 44
Zielorientierungen
   Einsatz von Strategien 44
   Erwartungs-x-Wert-Theorie 48
   Geschlecht 70
   Lernannäherungsziele 24, 43, 64, 84, 134
   Lernvermeidungsziele 43
   Lesen 83

Performanzannäherungsziele 24, 43, 64, 84
Performanzvermeidungsziele 24, 43, 64, 84
Schreiben 24
Verhältnis der Zielorientierungen untereinander 64
Verhältnis zu Leistungen 50, 51
Verhältnis zum Selbstkonzept 65
Verhältnis zur Selbstwirksamkeit 65

Bildquellenverzeichnis

Bildenquellen

S. 11: © Bookogami.de – ein Projekt von DieBuchBar.de
S. 17: © Jonathan Wolstenholme
S. 39: © Christian Schwier – Fotolia.com
S. 53: © suze – Photocase.com
S. 55 und 101: © contrastwerkstatt – Fotolia.com
S. 99: © complize – Photocase.com
S. 129: © spacejunkie – Photocase.com
S. 161: © Yuri Arcurs – Fotolia.com
S. 199: © arsdigital – Fotolia.com

Übersicht über das Downloadmaterial

1 Mein Lesen — Buch Seite 19 f.
2 Mein Schreiben — Buch Seite 21 f.
3 Mein Profil: mein Lese- und Schreibmotivationsprofil — Buch Seite 24
4 Fallbeispiel: Tracy und ihr Schreiben während der Schulzeit — Buch Seite 90 f.
5 Fallbeispiel: Die ungewöhnliche Geschichte des Genetikers und Biochemikers Ronald Wayne Davis — Buch Seite 93
6 Fallbeispiele: Tamarik, Anthony und ihre Lehrerinnen — Buch Seite 105
7 Zwei Fallbeispiele aus dritten Klassen — Buch Seite 109 ff.
8 Fallbeispiele: Was tun Schülerinnen und Schüler, um sich zu motivieren? — Buch Seite 134 ff.
9 Fallbeispiel: Leonie und wie sie liest — Buch Seite 138 f.
10 Fallbeispiel: Anton und sein Schreiben — Buch Seite 141 f.
11 Fallbeispiel: Alvin und sein Weg zum besseren und stärker motivierten Schreiben — Buch Seite 154 ff.
12 Fokus: Meisterschaftserfahrungen ermöglichen — Buch Seite 175 f.
13 Fokus: Sieben Spielregeln für Rückmeldungen von Peers zu Texten — Buch Seite 186
14 Fokus: Was Lehrkräfte tun, um kooperatives Lernen günstig zu gestalten — Buch Seite 187 f.
15 Fallbeispiel zur Relevanz des Lesens und Schreibens — Buch Seite 192 f.
16 Fokus: Fünf zentrale Elemente der Autonomieunterstützung — Buch Seite 193
17 Fallbeispiele zur Autonomieförderung und Kognition — Buch Seite 195 f.
18 Fallbeispiel: Eine Lehrerin verändert ihren Unterricht — Buch Seite 200 ff.

Unter **www.friedrich-verlag.de** finden Sie Materialien zum Buch als Download.
Bitte geben Sie den Download-Code in das Suchfeld ein.

DOWNLOAD-CODE: d14964ms

Hinweis:

Download-Material (pdf)

Das Download-Material enthält Fragebogen und Material zur Selbstdiagnose des eigenen Lese- und Schreibverhaltens, das in einem eignen Profil festgehalten werden kann. Außerdem werden die im Buch genannten Fallbeispiele und ausgewählte Fokus-Kästen als praktische Beispiele und Anleitungen zur Hintergrundinformation für Konferenzen und zum gedanklichen Austausch mit Kollegen angeboten. Als Käufer des Buches (ISBN 978-3-7800-4964-3) sind Sie zum Download dieser Datei berechtigt. Weder die gesamte Datei noch einzelne Teile daraus dürfen ohne Einwilligung des Verlages an Dritte weitergegeben oder in ein Netzwerk gestellt werden. Dies gilt auch für Intranets von Schulen und sonstigen Bildungseinrichtungen.

Der Verlag behält sich vor, gegen urheberrechtliche Verstöße vorzugehen.

**Haben Sie Fragen zum Download? Dann wenden Sie sich bitte
an den Leserservice der Friedrich Verlags GmbH.
Schreiben Sie uns oder rufen Sie uns an!**

Sie erreichen unseren Leserservice
Montag bis Donnerstag von 8 – 18 Uhr
Freitag von 8 – 14 Uhr
Tel.: 05 11/4 00 04-150
Fax: 05 11/4 00 04-170
E-Mail: *leserservice@friedrich-verlag.de*

Wir freuen uns über Ihre Rückmeldungen und helfen Ihnen gerne weiter!